El misterio de la virgen de Guadalupe

Biblioteca J. J. Benítez
Investigación

Biografía

Juan José Benítez nació en Pamplona en 1946. Como periodista, su curiosidad lo llevó a centrar sus investigaciones en los grandes enigmas del mundo y lo ha conducido a misteriosos países durante más de cuarenta años. Hasta el momento (2015) ha escrito cincuenta y siete libros, miles de artículos, pronunciado cientos de conferencias y dirigido varios cursos sobre el fenómeno OVNI, así como diferentes series televisivas. Después de su encuentro con la muerte en julio de 2002, se encuentra prácticamente retirado de toda actividad pública.

J. J. Benítez

El misterio de la Virgen de Guadalupe

Sensacionales descubrimientos en los ojos de la Virgen mexicana

Planeta

Obra editada en colaboración con Editorial Planeta – España

© 1982, J. J. Benítez
© 2004, Editorial Planeta, S.A. – Barcelona, España

© 2006, 2009, 2015, Editorial Planeta Mexicana, S.A. de C.V.
Bajo el sello editorial BOOKET M.R.
Avenida Presidente Masarik núm. 111, Piso 2
Colonia Polanco V Sección
Deleg. Miguel Hidalgo
C.P. 11560, México, D.F.
www.planetadelibros.com.mx

Diseño de portada: Alejandra Ruiz Esparza
Fotografía de portada: © Photo Stock
Fotografía del autor: Iván Benítez

Primera edición impresa en España en Colección Booket: marzo de 2003
ISBN: 84-08-04677-2

Primera edición en Booket impresa en México: marzo de 2009
Primera edición en esta presentación en Booket: marzo de 2015
ISBN: 978-607-07-2551-7

Impreso en los talleres de Impresora y Editora Infagon, S.A. de C.V.
Escibilla número 3, colonia Paseos de Churubusco, México, D.F.
Impreso en México – *Printed in Mexico*

ÍNDICE

*A Raquel que —como siempre—
me esperó en la otra orilla*

Primera parte

1. UN «CEBO» A 10 000 KILÓMETROS

La suerte estaba echada. Ya no podía volverme atrás. Acomodé entre mis pies la inseparable bolsa negra de las cámaras y traté de arrellanarme en el confortable asiento del avión de la Easter Lines.

El sol despegó con nosotros en aquel 14 de octubre de 1981. Y mientras el vuelo 905 dejaba atrás las últimas luces de Washington, rumbo a las ciudades de Atlanta y México (Distrito Federal), me pregunté con una cierta angustia por qué había tomado aquella decisión. ¿Por qué había salido de madrugada del hotel Marriot, abandonando a los periodistas que cubrían la información del viaje de SS. MM. los Reyes de España a los Estados Unidos? ¿Qué necesidad tenía de embarcarme en esta nueva aventura? Sobre mi mesa de trabajo, en España, aguardaban —y aguardan— una docena de libros «por escribir». Pienso que quizá es mi sino. Apenas he salido de una investigación ovni, del fondo del cráter de un volcán o de las selvas del África central, y, casi sin proponérmelo, ya me encuentro envuelto en una nueva aventura...

Pero esta experiencia parecía diferente. ¿Qué era lo que me atraía de la Virgen de Guadalupe? ¿Por qué había cerrado los ojos y me había lanzado a tumba abierta hacia la República mexicana?

Digo yo que parte de la culpa de este madrugón y de todo lo que me esperaba en las semanas siguientes la tuvieron Pilar Cernuda, entonces redactora-jefe de la agencia de noticias Colpisa, y el escritor Torcuato Luca de Tena.

En los primeros días del mes de octubre, mi querida Pilar me llamó a casa, a Lejona.

— ¿Has leído la tercera página de *ABC* de hoy? —me preguntó a «quemarropa».

Como suele suceder casi siempre en estos casos, yo no tenía ni la más remota idea del tema.

—...Te lo mando hoy mismo —prosiguió Pilar—. ¡Es formidable!... Torcuato escribe desde México un artículo increíble... Habla de unas extrañas figuras humanas descubiertas por científicos de la NASA en los ojos de la Virgen de Guadalupe...

El instinto periodístico me hizo temblar y no pude esperar hasta la anunciada carta de Pilar.

Dos horas más tarde, el artículo en cuestión estaba ya sobre mi mesa, plagado de apresurados comentarios y frases subrayadas en rojo.

Debo reconocerlo. Sentí cierto disgusto y un coraje mal contenido contra mí mismo. ¿Por qué? Muy simple: yo había conocido el tema en 1977, en uno de mis primeros viajes a México. Sin saber todavía cómo, y mientras revolvía en una librería, cayó en mis manos un diminuto libro. El título me enganchó desde el primer momento: *Descubrimiento de un busto humano en los ojos de la Virgen de Guadalupe. Dictámenes médicos y otros estudios científicos.* Los autores —Carlos Salinas y Manuel de la Mora— presentaban en aquel brevísimo reportaje unas fotografías y unos documentos sencillamente increíbles: la figura, en efecto, de un hombre con barba en la córnea del ojo derecho de la imagen que se venera actualmente en la basílica de Nuestra Señora de Guadalupe, en México (Distrito Federal).

El hallazgo quedó archivado en mi agenda de temas pendientes con el siguiente comentario: «Investigar. Muy interesante».

Y allí habría seguido de no haber sido por la fulminante llamada telefónica de Pilar Cernuda y por el irresistible «cebo» de Luca de Tena. En aquel artículo, que complementaba —¡y de qué forma!— lo que yo había devorado en 1977, se decía entre otras cosas:

1) Los asombrosos descubrimientos científicos que se han hecho recientemente, y aún se siguen haciendo, en torno a la imagen mexicana de la Virgen de Guadalupe tienen literalmente pasmados a cuantos los conocen.

2) Para entender la importancia de tales hallazgos es preciso hacer un breve repaso de lo que una antigua y piadosa leyenda declaraba acerca de la milagrosa confección de la imagen, no pintada por mano de hombre —según esta tradición—, sino milagrosamente impresa en la túnica o tilma de un indio llamado Juan Diego en 1531...

3) ... Y llegamos a nuestros días —o mejor, a nuestro siglo—, en que se forma una comisión de estudios para investigar no pocos fenómenos inexplicables de la famosa «tilma» de Juan Diego.

En primer lugar llama la atención de los expertos textiles la singular conservación del basto tejido. Hoy día está protegido por cristales. Pero durante algo más de un siglo estuvo expuesta a la buena de Dios, a la topa tolondra, a los rigores del calor, el polvo y la humedad sin que se deshilachase ni se enturbiase su rara policromía...

4) ... Se atribuyó esta virtud a la clase de pintura que cubre a la tela y que muy bien podría actuar como poderosa materia protectora y, en consecuencia, se remitió una muestra para que la analizase el sabio alemán y premio Nobel de Química, Richard Kuhn. Su respuesta dejó atónitos a los consultantes. Los colorantes de la imagen guadalupana —respondió el científico germano— no pertenecen al reino vegetal, ni al mineral, ni al animal.

5) ... Se encomendó a dos estudiosos norteamericanos (el doctor Callagan, del equipo científico de la NASA, y el profesor Jody B. Smith, catedrático de Filosofía de la Ciencia en el Pensacolla College) que sometiesen la imagen guadalupana al análisis fotográfico con rayos infrarrojos...

6) Y entre otras conclusiones, los científicos afirmaron: que el ayate —tela rala de hilo de maguey— carece de preparación alguna, lo que hace inexplicable a la luz de los conocimientos humanos que los colorantes impregnen y se conserven en una fibra tan inadecuada. Que no hay pinceladas y que la técnica empleada es desconocida en la historia de la pintura. «Es inusual —dicen—, incomprensible e irrepetible».

7) ... Paralelamente a esto, un conocido oculista, de apellido hispano-francés, Torija Lauvoignet, examinó con su oftalmoscopio de alta potencia la pupila de la imagen y observó maravillado que en la córnea se veía reflejada una mínima figura que parecía el busto de un hombre...

8) ...Éste fue el antecedente inmediato para promover la investigación que paso a explicar: la «digitalización» de los ojos de la Virgen de Guadalupe. Es sabido que en la córnea del ojo humano se refleja lo que se está viendo al instante. El doctor Aste Tonsmann hizo fotografiar (sin él estar presente) los ojos de una hija suya y utilizando el procedimiento denominado «proceso de digitalizar imágenes» pudo averiguar, sin más, todo cuanto veía su hija en el momento de ser fotografiada.

Este mismo científico, cuya profesión actual es la de captar las imágenes de la Tierra transmitidas desde el espacio por los satélites artificiales, «digitalizó» el año pasado la imagen guadalupana y los resultados empiezan ahora a ser conocidos...

...Los detalles que se observaron en los ojos de la Virgen son: un indio en el acto de desplegar su «tilma» o túnica ante un franciscano; al propio franciscano en cuyo rostro se ve deslizarse una lágrima; un paisano muy joven, la mano puesta sobre la barba con ademán de consternación; un indio con el torso desnudo en actitud casi orante; una mujer de pelo crespo, probablemente una negra de la servidumbre del obispo; un varón, una mujer y unos niños con la cabeza medio rapada y otros religiosos más en hábito franciscano, es decir... ¡el mismo episodio relatado en lengua náhuatl por un escritor indígena en la primera mitad del siglo XVI y editado en aquella lengua azteca y en castellano por Lasso de la Vega en 1649...!

Y el asombrado Torcuato Luca de Tena concluye así su trabajo:

... «¡Inexplicable!», exclamaron los miembros de la comisión de estudios cuando conocieron el veredicto del sabio alemán Richard Kuhn de que la policromía de la imagen guadalupana no procedía de colorantes minerales, vegetales o animales. «¡Inexplicable!», declararon por escrito los norteamericanos Smith y Callagan al ver por los rayos infrarrojos que la «pintura» carecía de pinceladas, y el miserable ayate de la tilma de Juan Diego de toda preparación. Y el doctor Aste Tonsmann, al referir en numerosas conferencias el hallazgo de figuras humanas de tamaño infinitesimal en los ojos de la Virgen, no se harta de repetir: «¡Inexplicable! ¡Radicalmente inexplicable!»

Mi grave ignorancia sobre el tema

Y muy poco explicable era mi presencia en aquel reactor norteamericano, rumbo a la capital de la República mexicana, con un monumental «bagaje» de ignorancia sobre la famosa Virgen...

Porque ¿qué sabía yo sobre aquella imagen? Algo había oído, sí, pero era tan escaso que no hubiera podido siquiera reconstruir la leyenda a que hacía referencia Torcuato Luca de Tena...

¿Quién era el indio Juan Diego? ¿Qué pasó en aquel año de 1531? ¿Qué diablos era lo de la tilma o túnica y la no menos misteriosa «impresión» de una imagen en la tela? ¿O no se trataba de un lienzo?

Debo reconocer igualmente que había visitado la basílica de Nuestra Señora de Guadalupe en 1978, en un tercer

En el mapa, la ruta que posiblemente siguió Juan Diego desde el pueblo donde vivía —Tulpetlac—hasta el cerro del Tepeyac. En 1531, la ciudad de México-Tenochtitlán y sus alrededores se encontraban rodeados de grandes lagos. Hoy, todos esos lagos se han secado o han sido rellenados, a excepción de Xochimilco que se halla situado al sur de la gran metrópoli de México Distrito Federal.

En el dibujo de la izquierda, Antonio Valeriano, sabio indígena, escribiendo el *Nican Mopohua*. En el centro, Ixtlixóchitl, que completó el relato de las apariciones con el «Nican Moctepana» (donde se detallan muchos milagros que hizo la Virgen de Guadalupe) y, por último, en el grabado de la derecha, el bachiller Lasso de la Vega, que publicó ambos e importantes testimonios.

viaje a México. Aquella soleada mañana de noviembre, y en compañía de los periodistas Gianni Ferrari y Alberto Schommer, había visto y fotografiado a decenas de mexicanos —de todas las edades y condición—, arrastrándose de rodillas por el áspero asfalto que rodea al nuevo templo. Era un continuo fluir de hombres, niños, mujeres y ancianos silenciosos y cabizbajos, la mayoría con flores entre las manos. Cien o doscientos metros antes de la entrada a la basílica, aquellos peregrinos, llegados desde todos los rincones de los estados mexicanos, se dejaban caer sobre sus rodillas y, lentamente, dando así cumplida cuenta de una promesa a la Señora, entraban en el templo y se aproximaban hasta el gran altar central.

Ahora no sabría explicarlo con exactitud, pero creo que fue aquella insólita, emocionante y auténtica manifestación de fe de los mexicanos la que me mantuvo alejado de la gran urna donde se venera la imagen en cuestión. Es más: en aquella oportunidad ni siquiera me fijé con detalle en la «pintura» de la Guadalupana. Quedé atrapado por la sinceridad de aquel pueblo. Por otra parte —y pienso que éste es el momento para aclararlo—, mi condición de creyente «no practicante» me ha mantenido siempre alejado de las devociones marianas. De niño, como casi todo el mundo en mi país, sentí, viví y quedé influenciado por las múltiples oraciones y prácticas a la Virgen María. Pero el tiempo y el alejamiento de aquellos círculos religiosos me condujeron hacia un estado de respetuosa indiferencia hacia estos asuntos.

Esta transparente postura personal hacia la Señora y con cuanto la rodea en el mundo hacía aún más inexplicable mi decisión de investigar el caso Guadalupe.

Pero, como ya empieza a ser habitual en mí, evité un análisis frío y objetivo de los riesgos, gastos y sacrificios, y me dejé llevar por el corazón y, sobre todo, por ese viejo instinto y curiosidad periodísticos.

Y a las 13.30 (hora local), el *jet* se inclinó sobre su plano izquierdo y apareció ante mí la metrópoli más poblada del mundo: México, con sus casi diecisiete millones de habitantes. Y el hormigueo que precede a toda aventura estalló de nuevo en mi estómago...

2. ROSAS PARA UN OBISPO ESCÉPTICO

La primera llamada desde mi habitación, en la planta 14 de un céntrico hotel de la ciudad de México, fue para Torcuato Luca de Tena. Era quizá una de las pocas «pistas» seguras a la hora de iniciar los trabajos de investigación. No me equivoqué. A los pocos minutos, y tras una breve conversación con el entrañable colega y maestro, disponía ya de un nombre clave —el abogado español Manuel Fernández— que me abriría numerosas puertas en días sucesivos. Torcuato hacía referencia en su artículo de *ABC* a este inquieto español afincado en tierras mexicanas —antiguo colaborador de la Editorial Católica— y a quien había prologado un libro sobre los sucesos de Guadalupe. Durante mi estancia en el Distrito Federal, el propio Manuel Fernández me facilitó su obra: *El gran documento guadalupano. 450 años después...*

Una vez iniciadas las gestiones traté de aprovechar al máximo aquella primera jornada en tierras americanas. Y me lancé a las calles de México. Debía encontrar toda la documentación posible sobre la historia de la famosa aparición de la Virgen al indio Juan Diego. A primeras horas de la noche volví a encerrarme en la habitación 1404 e inicié una frenética lectura de cuantos libros y documentos pude hallar en las librerías.

Allí conocí, al fin, la leyenda completa.

La totalidad de los trabajos que consulté aquella noche, así como otros muchos que fueron cayendo en mis manos conforme profundizaba en la investigación, señalaban a un antiquísimo documento indio —el *Nican Mopohua*— como uno de los más importantes y claros en la transmisión de los hechos que tuvieron lugar en los primeros días de diciembre de 1531.

El autor de dicho relato —cuyo original no ha sido encontrado por el momento— era Antonio Valeriano, un indígena de gran prestigio y cultura, que debió de poner por escrito las apariciones entre los años 1545 y 1550.

Aquel «autor», por tanto, fue coetáneo de Juan Diego y —¿quién sabe?— quizás conoció los sucesos de labios del propio protagonista. Según los historiadores, Valeriano tenía once años cuando se produjeron las apariciones y veintiocho cuando falleció Juan Diego.

Aunque su lengua natal era el náhuatl —idioma de los mexica—,[1] Antonio Valeriano aprendió también el castellano y el latín, alcanzando, como digo, gran renombre por su sabiduría. Su fama fue tal en aquellos primeros tiempos de la conquista española que el propio historiador fray Bernardino de Sahagún lo incluyó en su «equipo» de colaboradores para la redacción de su formidable obra *Historia general de las cosas de la Nueva España*.[2]

Tuvieron que pasar algunos años, sin embargo, para que el relato de Valeriano —escrito originalmente en náhuatl— fuera traducido al castellano. El acierto fue obra del bachiller Luis Lasso de la Vega, que lo envió a la imprenta en 1649.

¿Y qué quiere decir *Nican Mopohua*?

---

[1] *Mexica*: plural de *mexicatl,* «un mexicano».

[2] Nueva España: así fue denominado por los conquistadores españoles lo que hoy es la República mexicana.

Según los expertos: «Aquí se cuenta, se ordena...» Éstas, sencillamente, son las primeras palabras con que arranca la citada narración del indígena y humanista Antonio Valeriano. Y de ahí tomó el título el documento que paso a exponer a continuación y en el que están contenidos aquellos insólitos sucesos.

Dice así, textualmente, la traducción del *Nican Mopohua*:

AQUÍ SE CUENTA, se ordena, cómo hace poco, milagrosamente se apareció la Perfecta Virgen Santa María Madre de Dios, nuestra Reina, allá en el Tepeyac, de renombre Guadalupe.

Primero se dejó ver de un pobre indio llamado Juan Diego; y después se apareció su preciosa imagen del nuevo obispo don fray Juan de Zumárraga (se cuentan) todos los milagros que ha hecho.

Diez años después de tomada la ciudad de México, se suspendió la guerra y hubo paz en los pueblos, así como empezó a brotar la fe, el conocimiento del verdadero Dios, por quien se vive.

A la sazón, en el año de mil quinientos treinta y uno, a pocos días del mes de diciembre, sucedió que había un pobre indio, de nombre Juan Diego, según se dice, natural de Cuautitlán.

Tocante a las cosas espirituales, aún todo (el indio Juan Diego) pertenecía a Tlatilolco.

Primera aparición

Era sábado, muy de madrugada, y venía en pos del culto divino y de sus mandados.

Y al llegar junto al cerrillo llamado Tepeyácac (Tepeyac), amanecía...

Y oyó cantar arriba del cerrillo: semejaba canto de varios pájaros preciosos; callaban a ratos las voces de los cantores; y parecía que el monte les respondía. Su canto, muy suave y deleitoso, sobrepujaba al del *coyoltótotl* y del *tzinizcan* y de otros pájaros lindos que cantan.

Se paró Juan Diego a ver y dijo para sí: «¿Por ventura soy digno de lo que oigo?, ¿quizá sueño?, ¿me levanto de dormir?, ¿dónde estoy?, ¿acaso en el paraíso terrenal, que dejaron dicho los viejos, nuestros mayores?, ¿acaso ya en el cielo?».

Estaba viendo hacia el oriente, arriba del cerrillo, de donde procedía el precioso canto celestial.

Y así que cesó repentinamente y se hizo el silencio, oyó que le llamaban de arriba del cerrillo y le decían: «¡Juanito, Juan Diego!».

Luego se atrevió a ir a donde le llamaban. No se sobresaltó un punto; al contrario, muy contento, fue subiendo el cerrillo, a ver de dónde le llamaban.

Cuando llegó a la cumbre, vio a una señora, que estaba allí de pie y que le dijo que se acercara.

Llegado a su presencia, se maravilló mucho de su sobrehumana grandeza: su vestidura era radiante como el sol; el risco en que posaba su planta, flechado por los resplandores, semejaba una ajorca[3] de piedras preciosas; y relumbraba la tierra como el arco iris.

Los mezquites, nopales y otras diferentes hierbecillas que allí se suelen dar, parecían de esmeralda; su follaje, finas turquesas; y sus ramas y espinas brillaban como el oro.

Se inclinó delante de ella y oyó su palabra, muy blanda y cortés, cual de quien atrae y estima mucho.

Ella le dijo: «Juanito, el más pequeño de mis hijos, ¿a dónde vas?».

Él respondió: «Señora y Niña mía, tengo que llegar a tu casa de México Tlatilolco, a seguir las cosas divinas, que nos dan y enseñan nuestros sacerdotes, delegados de Nuestro Señor».

---

[3] Ajorca: argolla de metal que se usa como brazalete.

Portada del *Nican Mopohua*, publicado en náhuatl en 1649 por el bachiller Luis Lasso de la Vega.

Página Inicial del citado documento, en el que se relatan los hechos del vidente del Tepeyac.

Autógrafo del Indio sabio Antonio Valeriano, autor, según parece, del *Nican Mopohua*.

Copia de una página del famoso *Nican Mopohua*, escrita en papel amate, y que se conserva en la biblioteca de la ciudad de Nueva York. El original no ha sido descubierto.

Ella luego le habló y le descubrió su santa voluntad. Le dijo: «Sabe y ten entendido, tú el más pequeño de mis hijos, que yo soy la siempre Virgen Santa María, Madre del verdadero Dios por quien se vive; del Creador cabe quien está todo; Señor del cielo y de la tierra. Deseo vivamente que se me erija aquí un templo, para en él mostrar y dar todo mi amor, compasión, auxilio y defensa, pues soy vuestra piadosa Madre, a ti, a todos vosotros juntos los moradores de esta tierra y a los demás amadores míos que me invoquen y en mí confíen; oír allí sus lamentos, y remediar todas sus miserias, penas y dolores.

»Y para realizar lo que mi clemencia pretende, ve al palacio del obispo de México y le dirás cómo yo te envío a manifestarle lo que mucho deseo que aquí en el llano me edifique un templo; le contarás puntualmente cuanto has visto y admirado, y lo que has oído».

»Ten por seguro que lo agradeceré bien y lo pagaré, porque te haré feliz y merecerás mucho que yo recompense el trabajo y fatiga con que vas a procurar lo que te encomiendo.

»Mira que ya has oído mi mandato, hijo mío el más pequeño; anda y pon todo tu esfuerzo».

Al punto se inclinó delante de ella y le dijo:

«Señora mía, ya voy a cumplir tu mandato; por ahora me despido de ti, yo tu humilde siervo».

Luego bajó, para ir a hacer su mandato; y salió a la calzada que viene en línea recta a México.

Habiendo entrado en la ciudad, sin dilación se fue en derechura al palacio del obispo, que era el prelado que muy poco antes había venido y se llamaba don fray Juan de Zumárraga, religioso de San Francisco.

Apenas llegó, trató de verle; rogó a sus criados que fueran a anunciarle.

Y pasado un buen rato, vinieron a llamarle, que había mandado el señor obispo que entrara.

Luego que entró, se inclinó y arrodilló delante de él; en seguida le dio el recado de la Señora del cielo; y también le dijo cuanto admiró, vio y oyó.

Después de oír toda su plática y su recado, pareció no darle crédito. Y le respondió: «Otra vez vendrás, hijo mío, y te oiré despacio; lo veré muy desde el principio y pensaré en la voluntad y deseo con que has venido».

Él salió y se vino triste, porque de ninguna manera se realizó su mensaje.

Segunda aparición

En el mismo día se volvió; se vino derecho a la cumbre del cerrillo, y acertó con la Señora del cielo, que le estaba aguardando, allí mismo donde la vio la vez primera.

Al verla, se postró delante de ella y le dijo: «Señora, la más pequeña de mis hijas, Niña mía, fui a donde me enviaste a cumplir tu mandato: aunque con dificultad entré adonde es el asiento del prelado, le vi y expuse tu mensaje, así como me advertiste.

»Me recibió benignamente y me oyó con atención; pero en cuanto me respondió, pareció que no lo tuvo por cierto.

»Me dijo: "Otra vez vendrás: te oiré más despacio; veré muy desde el principio el deseo y voluntad con que has venido".

»Comprendí perfectamente en la manera con que me respondió, que piensa que es quizá invención mía que tú quieres que aquí te hagan un templo y que acaso no es de orden tuya; por lo cual te ruego encarecidamente, Señora y Niña mía, que a alguno de los principales, conocido, respetado y estimado, le encargues que lleve tu mensaje, para que le crean; porque yo soy un hombrecillo, soy un cordel, soy una escalerilla de tablas, soy cola, soy hoja, soy gente menuda, y tú, Niña mía, la más pequeña de mis hijas, Señora, me envías a un lugar por donde no ando y donde no paro.

»Perdóname que te cause gran pesadumbre y caiga en tu enojo. Señora y Dueña mía».

Le respondió la Santísima Virgen: «Oye, hijo mío el más pequeño, ten entendido que son muchos mis servidores y mensajeros, a quienes puedo encargar que lleven mi mensaje y hagan mi voluntad; pero es de todo punto preciso que tú mismo solicites y ayudes y que con tu mediación se cumpla mi voluntad.

»Mucho te ruego, hijo mío el más pequeño, y con rigor te mando, que otra vez vayas a ver al obispo.

»Dale parte en mi nombre y hazle saber por entero mi voluntad: que tiene que poner por obra el templo que le pido.

»Y otra vez dile que yo en persona, la siempre Virgen Santa María, Madre de Dios, te envía».

Respondió Juan Diego: «Señora y Niña mía, no te cause yo aflicción; de muy buena gana iré a cumplir tu mandato; de ninguna manera dejaré de hacerlo ni tengo por penoso el camino. Iré a hacer tu voluntad; pero acaso no seré oído con agrado; o si fuese oído, quizá no se me creerá.

»Mañana en la tarde, cuando se ponga el sol, vendré a dar razón de tu mensaje con lo que responda el prelado.

»Ya de ti me despido, Hija mía la más pequeña, mi Niña y Señora. Descansa entretanto».

Luego se fue él a descansar en su casa.

Al día siguiente, domingo, muy de madrugada, salió de su casa y se vino derecho a Tlatilolco, a instruirse de las cosas divinas y estar presente en la cuenta, para ver en seguida al prelado.

Casi a las diez, se aprestó, después de que se oyó Misa y se hizo la cuenta y se dispersó el gentío.

Al punto se fue Juan Diego al palacio del señor obispo.

Apenas llegó, hizo todo empeño por verle: otra vez con mucha dificultad le vio; se arrodilló a sus pies; se entristeció y lloró al exponerle el mandato de la Señora del cielo; que ojalá que creyera su mensaje, y la voluntad de la Inmaculada, de erigirle su templo donde manifestó que lo quería.

El señor obispo, para cerciorarse, le preguntó muchas cosas, dónde la vio y cómo era; y él refirió todo perfectamente al señor obispo.

Mas aunque explicó con precisión la figura de ella y cuanto había visto y admirado, que en todo se descubría ser ella la siempre Virgen Santísima Madre del Salvador Nuestro Señor Jesucristo; sin embargo, no le dio crédito y dijo que no solamente por su plática y solicitud se había de hacer lo que pedía; que, además, era muy necesaria alguna señal, para que se le pudiera creer que le enviaba la misma Señora del cielo.

Así que lo oyó, dijo Juan Diego al obispo: «Señor, mira cuál ha de ser la señal que pides; que luego iré a pedírsela a la Señora del cielo que me envió acá».

Viendo el obispo que ratificaba todo sin dudar ni retractar nada, le despidió.

Mandó inmediatamente a unas gentes de su casa, en quienes podía confiar, que le vinieran siguiendo y vigilando mucho a dónde iba y a quién veía y hablaba. Así se hizo. Juan Diego se vino derecho y caminó por la calzada; los que venían tras él, donde pasa la barranca, cerca del puente del Tepeyácac, le perdieron; y aunque más buscaron por todas partes, en ninguna le vieron.

Así es que regresaron, no solamente porque se fastidia-ron, sino también porque les estorbó su intento y les dio enojo. Eso fueron a informar al señor obispo, inclinándole a que no le creyera: le dijeron que no más le engañaba; que no más forjaba lo que venía a decir, o que únicamente soñaba lo que decía y pedía; y en suma discurrieron que si otra vez volvía, le habían de coger y castigar con dureza, para que nunca más mintiera y engañara.

Tercera aparición

Entretanto, Juan Diego estaba con la Santísima Virgen, di-ciéndole la respuesta que traía del señor obispo.

La que oída por la Señora, le dijo: «Bien está, hijito mío, volverás aquí mañana para que lleves al obispo la señal que te ha pedido; con eso te creerá y acerca de esto ya no dudará ni de ti sospechará.

»Y sábete, hijito mío, que yo te pagaré tu cuidado y el trabajo y cansancio que por mí has impedido.

»Ea, vete ahora; que mañana aquí te aguardo».

Al día siguiente, lunes, cuando tenía que llevar Juan Diego alguna señal para ser creído, ya no volvió.

Porque cuando llegó a su casa, a un tío que tenía, llama-do Juan Bernardino, le había dado la enfermedad, y estaba muy grave.

Primero fue a llamar a un médico y le auxilió; pero ya no era tiempo, ya estaba muy grave. Por la noche, le rogó su tío que de madrugada saliera y viniera a Tlatilolco a llamar a un sacerdote, que fuera a confesarle y disponerle, porque estaba muy cierto de que era tiempo de morir y que ya no se levantaría ni sanaría.

He aquí otra de las representaciones artísticas de la primera aparición de la Señora del Tepeyac al indio Juan Diego «Cuando llegó a la cumbre —dice el *Nican Mopohua* — vio a una señora que estaba allí, de pie, y que le dijo que se acercara...»

«Y llegado a su presencia se maravilló mucho de su sobrehumana grandeza: su vestidura era radiante como el sol; el risco en que posaba su planta, flechado por los resplandores, semejaba una ajorca de piedras preciosas...»

Cuarta aparición

El martes, muy de madrugada, se vino Juan Diego de su casa a Tlatilolco a llamar al sacerdote.

Y cuando venía llegando al camino que sale junto a la ladera del cerrillo del Tepeyácac (Tepeyac), hacia el poniente, por donde tenía costumbre de pasar, dijo:

«Si me voy derecho por el camino, no sea que me vaya a ver la Señora, y en todo caso me detenga, para que lleve la señal al prelado, según me previno: que primero nuestra aflicción nos deje y primero llame yo de prisa al sacerdote; el pobre de mi tío lo está ciertamente aguardando».

Luego dio vuelta al cerro; subió por entre él y pasó al otro lado, hacia el oriente, para llegar pronto a México y que no le detuviera la Señora del cielo. Pensó que por donde dio la vuelta, no podía verle la que está mirando bien a todas partes.

La vio bajar de la cumbre del cerrillo y que estuvo mirando hacia donde antes él la veía. Salió a su encuentro a un lado del cerro y le dijo:

«¿Qué hay, hijo mío el más pequeño?, ¿adonde vas?».

Se apenó él un poco, o tuvo vergüenza, o se asustó.

Se inclinó delante de ella y la saludó, diciendo:

«Niña mía, la más pequeña de mis hijas, Señora, ojalá estés contenta. ¿Cómo has amanecido?, ¿estás bien de salud, Señora y Niña mía?

»Voy a causarte aflicción: sabe, Niña mía, que está muy malo un pobre siervo tuyo, mi tío; le ha dado la peste, y está para morir. Ahora voy presuroso a tu casa de México a llamar a uno de los sacerdotes amados de Nuestro Señor, que vaya a confesarle y disponerle; porque desde que nacimos, vinimos a aguardar el trabajo de nuestra muerte.

31

»Pero sí voy a hacerlo, volveré luego otra vez aquí, para ir a llevar tu mensaje.

»Señora y Niña mía, perdóname, tenme por ahora paciencia. No te engaño, Hija mía la más pequeña. Mañana vendré a toda prisa».

Después de oír la plática de Juan Diego, respondió la piadosísima Virgen:

«Oye y ten entendido, hijo mío el más pequeño, que es nada lo que te asusta y aflige. No se turbe tu corazón. No temas esa enfermedad, ni otra alguna enfermedad y angustia.

»¿No estoy yo aquí?, ¿no soy tu Madre?, ¿no estás bajo mi sombra?, ¿no soy yo tu salud?, ¿no estás por ventura en mi regazo?, ¿qué más has menester?

»No te apene ni te inquiete otra cosa. No te aflija la enfermedad de tu tío, que no morirá ahora de ella: está seguro que ya sanó».

(Y entonces sanó su tío, según después se supo)

Cuando Juan Diego oyó estas palabras de la Señora del cielo, se consoló mucho; quedó contento.

Le rogó que cuanto antes le despachara a ver al señor obispo a llevarle alguna señal y prueba, a fin de que le creyera. La Señora del cielo le ordenó luego que subiera a la cumbre del cerrillo, donde antes la veía.

Y le dijo:

«Sube, hijo mío el más pequeño, a la cumbre del cerrillo; allí donde me viste y te di órdenes, hallarás que hay diferentes flores; córtalas, júntalas, recógelas; en seguida baja y tráelas a mi presencia».

Al punto subió Juan Diego al cerrillo. Y cuando llegó a la cumbre, se asombró mucho de que hubieran brotado tantas varias exquisitas rosas de Castilla, antes del tiempo en que se dan, porque a la sazón se encrudecía el hielo: estaban muy fragantes y llenas del rocío de la noche, que semejaba perlas preciosas.

Luego empezó a cortarlas; las juntó todas y las echó en su regazo.

La cumbre del cerrillo no era lugar en que se dieran ningunas flores, porque tenía muchos riscos, abrojos, espinas, nopales y mezquites; y sí se solían dar hierbecillas, entonces era el mes de diciembre, en que todo lo come y echa a perder el hielo.

Bajó inmediatamente y trajo a la Señora del cielo las diferentes rosas que fue a cortar; la que, así como las vio, las cogió en su mano y otra vez se las echó en el regazo, diciéndole:

«Hijo mío el más pequeño, esta diversidad de rosas es la prueba y señal que llevarás al obispo. Le dirás en mi nombre que vea en ella mi voluntad y que él tiene que cumplirla. Tú eres mi embajador, muy digno de confianza. Rigurosamente te ordeno que sólo delante del obispo despliegues tu manta y descubras lo que llevas. Contarás bien todo; dirás que te mandé subir a la cumbre del cerrillo, que fueras a cortar flores, y todo lo que viste y admiraste, para que puedas inducir al prelado a que dé su ayuda, con objeto de que se haga y erija el templo que he pedido».

Después que la Señora del cielo le dio su consejo, se puso en camino por la calzada que viene derecho a México: ya contento y seguro de salir bien, trayendo con mucho cuidado lo que portaba en su regazo, no fuera que algo se le soltara de las manos, y gozándose en la fragancia de las variadas hermosas flores.

La misteriosa «estampación» de la imagen

Al llegar al palacio del obispo, salieron a su encuentro el mayordomo y otros criados del prelado. Les rogó que le dijeran que deseaba verle; pero ninguno de ellos quiso, haciendo como que no le oían, sea porque era muy temprano, sea porque ya le conocían, que sólo los molestaba, porque les era importuno.

Además, ya les habían informado sus compañeros que le perdieron de vista, cuando habían ido en su seguimiento.

Largo rato estuvo esperando. Ya que vieron que hacía mucho que estaba allí, de pie, cabizbajo, sin hacer nada, por si acaso era llamado; y que al parecer traía algo que portaba en su regazo, se acercaron a él, para ver lo que traía y satisfacerse.

Viendo Juan Diego que no les podía ocultar lo que traía, y que por eso le habían de molestar, empujar o aporrear, descubrió un poco, que eran flores; y al ver que todas eran diferentes rosas de Castilla, y que no era entonces el tiempo en que se daban, se asombraron muchísimo de ello, lo mismo que estuvieran muy frescas, y tan abiertas, tan fragantes y tan preciosas.

Quisieron coger y sacarle algunas, pero no tuvieron suerte las tres veces que se atrevieron a tomarlas: no tuvieron suerte, porque cuando iban a recogerlas, ya no veían verdaderas flores, sino que les parecían pintadas o labradas o cosidas en la manta.

Fueron luego a decir al señor obispo lo que habían visto y que pretendía verle el indito que tantas veces había venido; el cual hacía mucho que por eso aguardaba, queriendo verle.

Cayó, al oírlo, el señor obispo en la cuenta de que aquello era la prueba, para que se certificara y cumpliera lo que solicitaba el indito.

En el grabado aparece la calzada que unía la ciudad de México-Tenochtitlán con tierra firme, precisamente con el pequeño cerro del Tepeyac, en el año 1531. (Fotografía tomada por J. J Benítez en el Museo Nacional de Antropología de México D F.)

Juan Diego habló por segunda vez con el obispo, fray Juan de Zumárraga, pero éste no le creyó y le pidió una señal.

En seguida mandó que entrara a verle.

Luego que entró, se humilló delante de él, así como antes lo hiciera, y contó de nuevo todo lo que había visto y admirado, y también su mensaje.

Dijo: «Señor, hice lo que me ordenaste, que fuera a decir a mi Ama, la Señora del cielo, Santa María, preciosa Madre de Dios, que pedías una señal para poder creerme que le has de hacer el templo donde ella te pide que lo erijas; y además le dije que yo te había dado mi palabra de traerte alguna señal y prueba, que me encargaste, de su voluntad.

»Condescendió a tu recado y acogió benignamente lo que pides, alguna señal y prueba para que se cumpla su voluntad.

»Hoy muy temprano me mandó que otra vez viniera a verte; le pedí la señal para que me creyeras, según me había dicho que me la daría; y al punto lo cumplió: me despachó a la cumbre del cerrillo, donde antes yo la viera, a que fuese a cortar varias rosas de Castilla.

»Después que fui a cortarlas, las traje abajo; las cogió con su mano y de nuevo las echó en mi regazo, para que te las trajera y a ti en persona te las diera.

»Aunque yo sabía bien que la cumbre del cerrillo no es lugar en que se den flores, porque sólo hay muchos riscos, abrojos, espinas, nopales y mezquites, no por eso dudé.

»Cuando fui llegando a la cumbre del cerrillo, miré que estaba en el paraíso, donde había juntas todas las varias y exquisitas rosas de Castilla, brillantes de rocío, que luego fui a cortar.

»Ella me dijo por qué te las había de entregar; y así lo hago, para que en ellas veas la señal que me pides y cumplas su voluntad; y también para que aparezca la verdad de mi palabra y de mi mensaje.

»Helas aquí: recíbelas».

Desenvolvió luego su blanca manta, pues tenía en su regazo las flores.

Y así que se esparcieron por el suelo todas las diferentes rosas de Castilla, se dibujó en ella y apareció de repente la preciosa imagen de la siempre Virgen Santa María, Madre de Dios, de la manera que está y se guarda hoy en su templo del Tepeyácac, que se nombra Guadalupe.

Luego que la vio el señor obispo, él y todos los que allí estaban, se arrodillaron: mucho la admiraron; se levantaron a verla; se entristecieron y acongojaron, mostrando que la contemplaron con el corazón y el pensamiento.

El señor obispo con lágrimas de tristeza oró y le pidió perdón de no haber puesto en obra su voluntad y su mandato.

Cuando se puso en pie, desató del cuello de Juan Diego, del que estaba atada, la manta en que se dibujó y apareció la Señora del cielo. Luego la llevó y fue a ponerla en su oratorio. Una día más permaneció Juan Diego en la casa del obispo, que aún le detuvo.

Al día siguiente, le dijo: «¡Ea!, a mostrar dónde es voluntad de la Señora del cielo que le erijan su templo».

Inmediatamente se convidó a todos para hacerlo.

No bien Juan Diego señaló dónde había mandado la Señora del cielo que se levantara su templo, pidió licencia de irse. Quería ahora ir a su casa a ver a su tío Juan Bernardino; el cual estaba muy grave, cuando le dejó y vino a Tlatilolco a llamar un sacerdote, que fuera a confesarle y disponerle, y le dijo la Señora del cielo que ya había sanado.

Aparición a Juan Bernardino

Pero no le dejaron ir solo, sino que le acompañaron a su casa. Al llegar, vieron a su tío que estaba muy contento y que nada le dolía.

Se asombró mucho de que llegara acompañado y muy honrado su sobrino, a quien preguntó la causa de que así lo hicieran y que le honraran mucho.

Le respondió su sobrino que, cuando partió a llamar al sacerdote que le confesara y dispusiera, se le apareció en el Tepeyácac la Señora del cielo; la que, diciéndole que no se afligiera, que ya su tío estaba bueno, con que mucho se consoló, le despachó a México, a ver al señor obispo, para que le edificara una casa en el Tepeyácac.

Manifestó su tío ser cierto que entonces le sanó y que la vio del mismo modo en que se aparecía a su sobrino; sabiendo por ella que le había enviado a México a ver al obispo.

También entonces le dijo la Señora que, cuando él fuera a ver al obispo, le revelara lo que vio y de qué manera milagrosa le había ella sanado; y que bien la nombraría, así como bien había de nombrarse su bendita imagen, la siempre Virgen Santa María de Guadalupe.

Trajeron luego a Juan Bernardino a presencia del señor obispo; a que viniera a informarle y atestiguar delante de él.

A entrambos, a él y a su sobrino, los hospedó el obispo en su casa algunos días, hasta que se erigió el templo de la Reina en el Tepeyácac, donde la vio Juan Diego.

El señor obispo trasladó a la Iglesia Mayor la santa imagen de la amada Señora del cielo: la sacó del oratorio de su palacio, donde estaba, para que toda la gente viera y admirara su bendita imagen. La ciudad entera se conmovió: venía a ver y admirar su devota imagen, y a hacerle oración.

Mucho le maravillaba que se hubiese aparecido por milagro divino; porque ninguna persona de este mundo pintó su preciosa imagen.

Por la noche, su tío Juan Bernardino le rogó a Juan Diego que fuera a Ttatilolco a llamar a un sacerdote, porque se estaba muriendo.

Aunque Juan Diego rodeó el cerro, tratando de evitar su encuentro con la «Señora del Tepeyac», ésta le estaba aguardando. Era la cuarta aparición.

Descripción de la imagen

Esta parte del *Nican Mopohua* finaliza con una descripción de la tilma o túnica del indio Juan Diego, así como de la misteriosa imagen que apareció impresa en el tejido. Dice así:

La manta en que milagrosamente se apareció la imagen de la Señora del cielo era el abrigo de Juan Diego: ayate un poco tieso y bien tejido. Porque en este tiempo era de ayate la ropa y abrigo de todos los pobres indios; sólo los nobles, los principales y los valientes guerreros se vestían y ataviaban con manta blanca de algodón.

El ayate, ya se sabe, se hace de *ichtli*, que sale del maguey. Este precioso ayate en que se apareció la siempre Virgen nuestra Reina es de dos piezas, pegadas y cosidas con hilo blando.

Es tan alta la bendita imagen, que empezando en la planta del pie, hasta llegar a la coronilla, tiene seis jemes[4] y uno de mujer. Su hermoso rostro es muy grave y noble, un poco moreno. Su precioso busto aparece humilde: están sus manos sobre el pecho, hacia donde empieza la cintura. Es morado su cinto. Solamente su pie derecho descubre un poco la punta de su calzado color ceniza. Su ropaje, en cuanto se ve por fuera, es de color rosado, que en las sombras parece bermejo; y está bordado con diferentes flores, todas en botón y de bordes dorados.

Prendido de su cuello está un anillo dorado, con rayas negras al derredor de las orillas, y en medio una cruz.

Además, de dentro asoma otro vestido blanco y blando, que ajusta bien a las muñecas y tiene deshilado el extremo. Su velo, por fuera, es celeste; sienta bien en su cabeza; para nada cubre su rostro; y cae hasta sus pies, ciñéndose un poco por en medio: tiene toda su franja dorada, que es algo ancha y estrellas de oro por dondequiera, las cuales son cuarenta y seis.

---

[4] Jeme: se trata de una medida de longitud. Concretamente, un jeme es la distancia que hay desde el extremo del dedo pulgar al del dedo índice de una misma mano, separando el uno del otro todo lo posible. El jeme de hombre es unos centímetros más grande que el de mujer.

Su cabeza se inclina hacia la derecha; y encima sobre su velo está una corona de oro, de figuras ahusadas hacia arriba y anchas hacia abajo.

A sus pies está la luna, y cuyos cuernos ven hacia arriba. Se yergue exactamente en medio de ellos y de igual manera aparece en medio del sol, cuyos rayos la siguen y rodean por das partes. Son cien los resplandores de oro, unos muy largos, otros pequeñitos y con figuras de llamas: doce circundan su rostro y cabeza; y son por todos cincuenta los que salen de cada lado. Al par de ellos, al final, una nube blanca rodea le bordes de su vestidura. Esta preciosa imagen, con todo lo demás, va corriendo sobre un ángel, que medianamente acaba en la cintura, en cuanto descubre; y nada de él aparece hacia sus pies, como que está metido en la nube.

Acabándose los extremos del ropaje y del velo de la Señora del cielo, que caen muy bien en sus pies, por ambos lados los coge con sus manos el ángel, cuya ropa es de color bermejo, a la que se adhiere un cuello dorado, y cuyas alas desplegadas son de plumas ricas, largas y verdes, y de otras diferentes.

La van llevando las manos del ángel, que, al parecer, está muy contento de conducir así a la Reina del cielo.

Demasiadas incógnitas por despejar

El famoso relato del siglo XVI concluye con un extenso capítulo «en el que se refieren ordenadamente todos los milagros que ha hecho la Señora del cielo nuestra bendita Madre de Guadalupe».

Pero no eran los milagros lo que a mí me interesaba en aquellos momentos de la investigación. Así que centré mi atención en la narración, propiamente dicha, de las apariciones. Ante mi sorpresa —tal y como puede verse en las páginas del *Nican Mopohua*— la Señora no se apareció una única vez, sino varias... Aquello, en principio, hacía mucho más interesante el caso.

Repasé una y otra vez la historia del «misterio» del Tepeyac y mi confusión —lejos de disiparse— fue en aumento. Aquella leyenda, al menos a primera vista, parecía tener mucho más de fantasía que de realidad...

Pero me prometí a mí mismo saltar por encima de mi natural escepticismo y situarme en una postura lo más fría y objetiva posible. No debía aceptar a ciegas la historia de las apariciones en el cerro del Tepeyac, pero tampoco podía rechazarla. Era preciso seguir investigando. Tenía que ir despejando aquella maraña de dudas e incógnitas. Pero ¿cómo?

¿Cómo podía comprobar que el autor del *Nican Mopohua* —Antonio Valeriano— había dicho la verdad? ¿Había existido un indio llamado Juan Diego?

¿Por qué aquella Virgen se llamaba «Guadalupe»? ¿Qué tenía que ver con la «Guadalupe» española, la que se venera en Cáceres? ¿No era un tanto extraño —yo diría que «sospechoso»— que se hubiera aparecido una Virgen con nombre español (aunque «Guadalupe» sea palabra árabe), justamente cuando los primeros conquistadores españoles —muchos de ellos nacidos en Extremadura y grandes devotos de la Guadalupe cacereña— acababan de desembarcar en México?[5]

Y suponiendo y aceptando que la tilma o manta o túnica del indio hubiera quedado mágica o milagrosa o misteriosamente «impresa» o «dibujada» o «pintada» con la figura de aquella Señora, ¿qué decían los científicos y expertos en pintura?

¿O no se trataba de una pintura, tal y como nosotros entendemos este arte?

[5]   La invasión de los españoles en tierras mexicanas se produjo en 1519 («Uno Caña», según el calendario indígena).

¿Qué diablos era una tilma? ¿Cómo y con qué estaba confeccionada? ¿Es posible que un tejido de esta naturaleza pueda conservarse durante 450 años?

Y, sobre todo, ¿qué tenía que ver el descubrimiento de un «hombre con barbas» en los ojos de esta supuesta pintura con la leyenda de las apariciones?

¿Qué decían los médicos?

3. TILMAS O MANTAS AL «ESTILO GRIEGO»

Por algún sitio había que empezar. Así que, en aquellos primeros días de estancia en México, puse especial interés en conocer la naturaleza de la tilma[6] o túnica sobre la que se había obrado el prodigio.

Consulté documentos, textos históricos, libros de botánica y, por supuesto, a especialistas.

Al final, y tras largas y áridas horas de estudio y consultas, supe que el material con que fue confeccionado el ayate[7] del indio Juan Diego era y es conocido aún entre naturales de la República mexicana como hilo de maguey.[8]

Debo aclarar que, a lo largo de las investigaciones, el lector observará que la túnica o manta que llevaba en

---

[6] Tilma: manta de algodón que llevan los hombres del campo, al modo de capa, en México. A pesar de esta definición de la Real Academia Española, también eran y son conocidas por este nombre otras prendas —hechas con un tejido mucho más grosero: los hilos de maguey— que se utilizaban por delante, anudadas al cuello o al hombro. (Éste fue el caso del indio Juan Diego)

[7] Ayate: se trata de una tela rala de hilo de maguey.

[8] Maguey: también conocido como «pita», es una planta vivaz, de las amarilídeas, de pencas carnosas, en pirámide triangular, con espinas en el margen y en la punta. Las pencas son de color verde claro y de ellas se saca una fibra textil. La pita es un hilo que se hace de las hojas de dicha planta. En España es muy abundante en Andalucía, Levante y archipiélagos balear y canario.

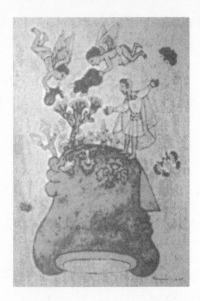

Sobre el cerro del Tepeyac, Juan Diego encontró las más variadas flores, impropias da la época y de aquel lugar pedregoso.

La señora tomó las flores en sus manos y las devolvió a la tilma del indio.

aquellos días de diciembre de 1531 el indio Juan Diego es llamada indistintamente «tilma» o «ayate». En realidad, tal como podemos comprobar en las notas 6 y 7, ambas prendas estaban hechas con tejidos diferentes. El ayate es mucho más pobre y tosco y, tal y como nos relatan los historiadores y costumbristas, era utilizado habitualmente por las gentes más sencillas y humildes de México. Lo formaba una tela rala de hilo de maguey. Es decir, una tela cuyos hilos estaban muy separados entre sí, dándole un aspecto burdo.

Juan Diego, por supuesto, no llevaba en aquellos días de las apariciones una tilma o manta de algodón. Esto era privilegio de las clases más pudientes o poderosas. Por tanto, y si hemos de hablar con propiedad, la prenda sobre la que se registró el misterioso fenómeno de la «estampación» o «impresión» de la figura de la Virgen era un ayate.

Pero, como digo, ambas palabras son usadas popularmente en la actualidad cuando se hace alusión a la referida manta de Juan Diego.

Aclarado este punto, sigamos con el informe sobre clase de tejido que forma la famosa tilma. Esta trama tela de hilos de maguey fue tejida —según todos los indicios— a mano. Algunos indios de Cuautitlán, el señorío donde nació precisamente Juan Diego en 1474, le dan a estos filamentos del maguey el nombre de *ichtli*, que, en la lengua azteca significa «cerro o copo de maguey». Así la ratifican, como digo, los indios Pablo Juárez y Martín de San Luis.

Según los expertos, estos filamentos del maguey se denominan *iscle*[9] cuando aún no están enteramente limpios. Una vez nítidos, antes de ser torcidos, hilados o trenzados, reciben el nombre de «pita».

[9] *Iscle* procede de *ichtli* («cerro o copo de maguey»).

Como ya hemos visto, en el lenguaje popular la palabra «maguey» se aplica en general a la mayoría de las especies de agave, que son muy numerosas en la República mexicana y particularmente en las regiones áridas.

Pues bien, según los especialistas a quienes consulté y tal y como se aclara en la inmensa mayoría de los estudios sobre este particular, el ayate de Juan Diego está fabricado con una fibra vegetal, extraída de una de las 175 especies de agave: la llamada *Agave potule Zacc.*[10]

Se trata, por tanto, de una manta o capa de lo más sencillo y rudimentario que podamos imaginar.

La fabricación de estos ayates era igualmente simple: los indios machacaban bien las pencas o partes carnosas de las hojas del maguey o pita, valiéndose generalmente de

---

[10] La planta *Agave potule* (*popotule*) *Zacc* es una variedad del *Agave lechuguilla Torr.* o «tapamete». De él se extraen las fibras que se usan para fabricar cordones. Las especies de agave, muy numerosas, pertenecen a la familia de las amarilídeas. He aquí algunos de los ejemplares, más conocidos: *Agave Americana L., Agave atrovirens Karw., Agave crasgipina L., Agave brachystachys Cac., Agave cochlearis L., Agave cupreata L., Agave deweyana Karw., Agave falcata Engelm., Agave filifera Salm., Agave fourcroydes Karw., Agave hetheracantha Zucc., Agave lechugilla Torr., Agave lophantha Schiede., Agave mapisego L., Agave melliflua Cav., Agave niviata L., Agave popotule Zacc., Agave potatorum Zacc., Agave rigida Miller., Agave salmiana Otto., Agave sisalana Otto., Agave tequilana L., Agave univittata Haworth., Agave vivipara L.,* etc. Algunos investigadores confunden el *Agave potule Zacc.* (caso de Joaquín García Icazbalceta, Esteban Antícoli, Jesús García Gutiérrez, Mateo de la Cruz, Mariano Fernández de Echevarría y Veytia) con el denominado «izote» o *Yuca filamentosa L.* que es una especie de palma. En este sentido, Francisco Javier Clavijero afirma: «... no tiene más de 6 o 7 ramos, porque cuando nace uno, se seca otro de los antiguos. Con sus hojas se hacían antes espuertas o esteras, y hoy se hacen sombreros y otros utensilios. La corteza, hasta la profundidad de tres dedos, no es más que un conjunto de membranas, de cerca de un pie de largo, sutiles y flexibles, pero muy fuertes, y unidas muchas de ellas sirven de colchón a los pobres».

palos fuertes. A continuación las ponían —y ponen todavía— a hervir, para que suelten mejor y más prontamente
la «carne». Luego se lavaban con agua de Tequesquite o
«Piedra que sale por sí sola»[11] y con este sistema extraían los
estambres o hilos blanquecinos que, después, al torcerlos,
les proporcionaban unos tejidos ásperos, duros y resistentes.

En otro testimonio de gran valor histórico, fray Pedro de
Oyanguren decía lo siguiente en relación a la naturaleza del
tejido de la tilma o ayate:

... Que sabe y ha visto que la tilma en que así quedó, ha estado
y hasta el día de hoy está la milagrosa Imagen de Nuestra Señora
de Guadalupe, que ha reconocido y experimentado inmediatamente de más de sesenta años a esta parte, que este testigo ha fre-
cuentado la dicha ermita, para celebrar en ella el Santo Sacrificio
de la Misa, era, según las dichas tradiciones y noticias, el capote
o ferreruelo de que usaba el dicho Juan Diego indio y con que se
cubría todo el cuerpo hasta la rodilla, traje de todos los demás
indios que ha habido y hay en esta Nueva España; el cual ha reconocido ser un tejido que los dichos naturales fabrican a mano en
ella, que llaman ayate, que lo forman de un hilo tan burdo y basto,
que sacan de la planta que llaman maguey, que acabándolo de
tejer queda con la mesma grosedad y aspereza, que por ninguna
manera es capaz para poder pintar en él ningún santo; porque es
en tanto grado ralo, que más parece rejuela que lienzo; con que,
sin poder, como no puede, recibir en sí el aparejo y emprimación
de que para poder pintar se valen los maestros de esta arte, nunca
se presumió, ni la malicia humana discurrió, que la pintura que
en dicho ayate quedó estampada fue más de un nunca imaginado
ni pensado milagro.

---

[11] Se trata de una eflorescencia salina natural de carbonato y sesquicar-
bonatos de sodio. Se formaban cuatro clases cuando bajaba el nivel de
la aguas de la laguna de Texcoco: «espumilla», «confitillo», «cascarilla»
y «polvillo». Las dos primeras especies eran las mejores.

En resumen, la imagen de la Virgen —suponiendo que la leyenda diga la verdad y que no se trate de una obra pictórica puramente humana— había quedado «impresa» de forma inexplicable sobre una capa o manta fabricada con un «hilo» de origen vegetal: el maguey.

Mi siguiente pregunta fue elemental:

¿Está comprobado histórica y científicamente que los indios mexicanos de la primera mitad del siglo XVI utilizaban estos ayates de fibra de maguey?

Por fortuna, el hombre del siglo XX dispone de numerosos códices, crónicas, relatos y relaciones de aquella época en los que se nos cuenta con gran lujo de detalles cómo vivían los «salvajes» del Imperio Azteca. Y he entrecomillado la palabra salvaje con toda intención...

El vestido principal de los hombres, que se mantenía incluso, para dormir por la noche, era el taparrabo o *maxtlatl* —en lengua náhuatl—, que envolvía la cintura, pasaba entre las piernas y se anudaba por el frente, dejando caer por delante y por detrás los dos extremos que muchas veces estaban decorados con bordados y cenefas. Bien de una forma simple —una banda de tela sin adornos— o más elaborado, el taparrabo aparece desde la más remota antigüedad entre los pueblos olmecas y mayas. En el siglo que me ocupa y preocupa —el XVI—, todos los pueblos civilizados de México usaban esta prenda, con excepción de los tarascos en el Occidente, y de los huaxtecas en el Noroeste. El gran cronista e historiador español Sahagún dice textualmente en una de sus obras que «los hombres (refiriéndose a la tribu huaxteca) no traen *maxtles* con que cubrir sus vergüenzas».

Esta circunstancia escandalizaba, por supuesto, a los naturales del centro del país.

Cuando el hombre del pueblo se dedicaba a sus tareas del campo, pesca o a la carga de fardos, por ejemplo, usaba como única prenda de vestir el mencionado taparrabo.

Tanto entre estos últimos como en las clases poderosas e influyentes del Imperio se había hecho también muy popular el uso de la capa o manta. En lengua náhuatl era llamada *tilmatli*. (De aquí el popular nombre de «tilma»).

Las gentes sencillas —y éste era el caso del humildísimo indio Juan Diego— usaban mantas hechas con fibra de maguey. En ocasiones, este áspero tejido podía ser sustituido por tilmas de pelo de conejo tejido o reforzado con plumas. Estas prendas resultaban poco menos que imprescindibles en los meses invernales.

J. Soustelle describe la tilma «como una pieza simple de tela, rectangular, que se anudaba sobre el hombro derecho o sobre el pecho».[12]

Cuando se sentaban, hacían que la manta se deslizara de manera que quedara por completo hacia adelante, cubriendo así el cuerpo y las piernas.

Los indígenas se envolvían en sus mantos o tilmas o ayates, al igual que lo hacían los griegos en la antigüedad...

Pero estas piezas de tela —blancas, rústicas y sin adornos para el pueblo— constituían sin embargo un alarde de lujo y vivos colores cuando las usaban los dignatarios. El arte de las tejedoras —porque eran las mujeres quienes fabricaban los vestidos de lujo— parece haber llegado a México procedente del Este, de la tierra caliente donde crece el algodón y en las que los tejidos de los mayas, por ejemplo, parecían copiar el fastuoso plumaje tornasolado de las aves tropicales.

Ésta era otra de las diferencias clave entre las mantas o capas del pueblo liso y llano y los poderosos (sacerdotes, guerreros, funcionarios, etc.). Las de los primeros, como ya hemos visto, estaban hechas básicamente de fibras de maguey. Las de los dignatarios, de algodón.

[12] Los aztecas no conocieron los botones ni los broches ni las fíbulas o hebillas.

El códice *Magliabecchiano*, por ejemplo, reproduce en sus ocho primeras hojas numerosos «modelos» de *tilmatli* o «tilmas», decoradas con motivos en los que la más exuberante fantasía se mezcla con un estilo digno y mesurado. Soles, caracoles estilizados, adornos, peces, formas geométricas abstractas, cactos, plumas, pieles de tigres y de serpientes, conejos y mariposas son los motivos que aparecen representados con más frecuencia.

Sahagún enumera y describe algunos de estos adornos. Por ejemplo, el modelo llamado *coaxayacayo tilmatli* o «manta con figuras de serpientes». Dice así:

«Era toda la manta leonada y tenía la una cara de monstruo, o de diablo, dentro de un círculo plateado, en un campo colorado. Estaba toda ella llena de estos círculos y caras y tenía una franja todo alrededor».

El *tilmatli* o túnica de los sacerdotes era de color negro o verde muy oscuro, con frecuencia bordado con figuras de cráneos y huesos humanos. El del soberano —sólo él tenía el derecho a llevar este equivalente a la famosa púrpura romana— tomaba de la turquesa su color azul-verdoso. Recibía el nombre de *xiuhtilmatli* o «la manta de turquesa».

El taparrabo y la manta, en fin, formaban la parte esencial —yo diría que casi única— del atuendo masculino, que es el que nos importa en la presente investigación.[13]

Los textos y el estudio de las esculturas de aquella época nos muestran también otras prendas, usadas preferentemente por los poderosos. El taparrabo, por ejemplo, podía prolongarse sobre las caderas y hasta los muslos por una especie de delantal triangular que se observa ya en

---

[13] Existen numerosos manuscritos en los que aparecen figuras de mexica del siglo XVI, vistiendo básicamente como he relatado. Algunos de los más importantes se encuentran en la Biblioteca Nacional de París y se atribuyen a Ixtlixóchitl.

la mítica ciudad de Tula y, sobre todo, en sus gigantescos «atlantes».

Por su parte, los sacerdotes y guerreros utilizaban a veces, debajo de la manta o tilma o en su lugar, una túnica de mangas muy cortas —el *xicolli* —, abierta por la parte delantera y que se cerraba por medio de cintas que se anudaban. Otra variante del *xicolli* carecía de aberturas y debía pasarse por la cabeza, como una camisa o como el *huipilli* (blusa usada por las mujeres aztecas). Según los casos, esta túnica cubría solamente el torso, a manera de una especie de americana o de chaleco o caía hasta las rodillas, ocultando el taparrabo.

Por último, he aquí otra costumbre, característica de las clases más pudientes. Si se contaba con medios para ello, los mexica se colocaban dos o tres mantas: una encima de otra.

Juan Diego: un plebeyo

Si me he extendido en estas descripciones de la vestimenta de los varones en las primeras décadas del siglo XVI en México ha sido por aclarar y dejar bien sentado que la leyenda de la tilma, «milagrosamente» impresa en 1531 en la ciudad de México, no está reñida con lo que nos cuenta la Historia sobre las costumbres de aquel tiempo.

Las palabras del *Nican Mopohua*, por tanto, concuerdan escrupulosamente con lo que hemos visto sobre la forma de vestir del pueblo azteca.

Valeriano, al escribir el *Nican*, dice que Juan Diego era un *macehualli*. Es decir, un «pobre indito». Y el propio testigo de las apariciones se autodefine como «un hombre del campo...»

La palabra azteca *macehualli* designaba en el siglo XVI a todo aquel que no pertenecía a ninguna de las categorías

Los criados de Zumárraga se acercaron hasta Juan Diego, intrigados por lo que el indio guardaba en su ayate.

Desenvolvió después la manta y las flores aparecieron ante el asombrado obispo...

Grupo escultórico existente en las proximidades de la nueva basílica de Guadalupe, en el Tepeyac. Una misteriosa imagen había quedado impresa en el tosco tejido de la tilma de Juan Diego. (Foto J. J. Benítez)

sociales del Imperio: sacerdotes, guerreros, funcionarios, comerciantes, artesanos...

Era la gente común —los «plebeyos»—, aunque no los esclavos. En un principio, esta palabra quiso decir "trabajador»,[14] pero, con el paso del tiempo, terminó por adquirir un sentido despectivo. El *macehualli* terminaría por ser una especie de patán, incapaz de asimilar las buenas maneras.

Juan Diego, en definitiva, debió de ser un trabajador del campo —un *macehualli* o «plebeyo»—, que formaba parte en Cuautitlán, su pueblo natal, de lo que hoy llamaríamos la «población de base».

Pues bien, sólo un «trabajador» tan humilde como Juan Diego podía llevar prendas tan toscas como el taparrabo la manta o ayate de maguey. Si el *Nican Mopohua* nos hubiera descrito a un «pobre indito» con tilma de algodón ricos adornos y colores, el «error» habría resultado fatal...

Pero no. Por ahora, al menos en aquellas primeras investigaciones, todo encajaba matemáticamente.

¿Cuál pudo ser entonces la vestimenta de Juan Diego en aquellas frescas madrugadas de diciembre de 1531?

Por supuesto, y como afirma el *Nican*, una manta o ayate o tilma de «hilo» de maguey y, casi con seguridad, un taparrabo, también fabricado con fibra de agave. Y ahí debía de terminar el atuendo del campesino...[15]

---

[14] *Macehualli*: plural, *macehualtin*. Se deriva del verbo *macehualo*, que significa «trabajar para hacer méritos».

[15] Algunos historiadores y especialistas en la conquista de México aseguran que los españoles —y especialmente los misioneros— introdujeron rápidamente entre los naturales del Imperio azteca la costumbre de utilizar calzones o pantalones. En algunas de las pinturas existentes en la basílica de Guadalupe puede verse al indio Juan Diego luciendo

Según los historiadores, los mexicanos y mexicanas de la clase popular caminaban con los pies desnudos. Sólo cuando se elevaban a la jerarquía social podían usar *cactli* o sandalias con suela de fibras vegetales o de piel, atadas al pie por medio de unas correas entrelazadas y provistas de taloneras.

No parece que fuera éste el caso del indio Juan Diego, puesto que su posición social —tal y como señala la propia Señora al hablarle en el cerro del Tepeyac: «Hijo mío, el más pequeño...»— debía de ser muy baja. No se trataba, en definitiva, de un problema de comodidad, sino de rango o distinción en la escala social. Y, como veremos más adelante, los aztecas sentían un profundo respeto por dicha jerarquización.

A todos estos datos, naturalmente, hay que añadir «algo» de trascendental importancia: los análisis que han sido hechos directamente sobre la tilma o ayate original que se guarda hoy en la gran basílica de Guadalupe.

El gran investigador Behrens nos dice que dicha tilma «es como una capa grande que mide 1,95 metros de largo y 1,05 de ancho. Está tejida con fibra de maguey y su color es parecido al del lino crudo. El tejido —prosigue— es burdo y poco apropiado para una pintura. El ayate está hecho de dos piezas que han sido cosidas. La costura es fácil de distinguir en el centro de la manta. Esta costura hubiera estropeado la belleza de la cara de la Virgen, pero, como su cabeza está inclinada sobre el hombro derecho, no se aprecia ninguna desfiguración».

Según datos que me facilitó la propia basílica, el paño en que está «pintada» la Señora mide 1,66 metros de largo y

precisamente esta prenda, desconocida hasta esa época en aquella zona de América.

1,05 metros de ancho. En cuanto a la figura en sí —es decir, la supuesta pintura—, mide 1,43 metros. Es decir, la altura total de la Señora, desde la cabeza hasta el ángel que aparece a sus pies.

Al concluir aquella primera parte de las investigaciones me di cuenta de que allí había «algo» muy extraño. Si la tilma de Juan Diego era de fibra vegetal, tosca y grosera como un saco, cualquier pincelada humana, cualquier pintura, quedaría al descubierto al primer examen de los expertos.

El dilema parecía fácil de resolver... a no ser que aquella bellísima imagen no fuera pintura...

Según contó el tío de Juan Diego, una Señora se le apareció y lo sanó. En esta quinta aparición, la Virgen reveló a Juan Bernardino cuál era su nombre.

La tilma de Juan Diego con la misteriosa imagen de la Virgen, en la modernísima basílica de Guadalupe.

4. LA INEXPLICABLE CONSERVACIÓN DEL AYATE

En uno de mis primeros amaneceres en la ciudad de México, y mientras escuchaba con incredulidad el trueno de aquellos tres millones de automóviles, me asaltó la idea de aproximarme a la urna donde se guarda la tilma del indio Juan Diego.

Y aunque me había prometido a mí mismo evitar en medida de lo posible los contactos con la Iglesia católica y las opiniones de los sacerdotes sobre el misterio de Guadalupe, no tuve más remedio que iniciar las gestiones cerca del Obispado de México. No es que yo sienta animadversión alguna por el clero, pero pensé que, si de verdad quería sostener una postura fría y lo más racional posible sobre delicado tema de la Virgen, lo más prudente y eficaz era dirigir mis esfuerzos hacia los científicos, historiadores y expertos en pintura.

«¿Abrir el cristal de la urna?»...

Los sacerdotes de la «Mitra» —como se denomina popularmente al Obispado de México— me miraron como si tuvieran delante a un loco peligroso. Huelga decir que todos mis intentos, gestiones y argumentos terminaron en humo. El Obispado, y no digamos los responsables de la basílica, no querían ni oír hablar semejante posibilidad. Traté de explicarles que sólo deseaba hacer unas fotos en color y, de paso, contemplar la imagen a corta distancia. Fue inútil.

En una de aquellas entrevistas, uno de los sacerdotes —que ocupa un alto puesto en la Iglesia mexicana— me informó que quizá la urna pudiera ser abierta de nuevo en las primeras semanas de 1982, con motivo de la llegada de un nutrido grupo de investigadores norteamericanos y de un equipo de televisión, al parecer de la CBS, que llevaría a cabo nuevas investigaciones, así como un largometraje sobre la Guadalupana.

Claro que aquella película reportaría al Obispado nada más y nada menos que cinco millones de dólares, en concepto de «derechos» (más de quinientos millones de pesetas).

Ante un argumento tan «sólido», mis pretensiones como periodista debieron de parecer sencillamente ridículas...

Y mis afanes siguieron en otra dirección. Mis cada vez más completos y exactos conocimientos del fenómeno me fueron empujando hacia otra pregunta clave:

¿Estaba o no ante una pintura? ¿Es la imagen de la Virgen de Guadalupe una obra humana? ¿Hay restos de pintura?

El informe Kuhn y las 10 «casualidades»

Aunque no soy experto en pinturas, al contemplar la siempre impresionante imagen de la Señora, quizá la pura lógica me hacía sospechar que aquel rudo y ralo entramado que forma la manta o ayate de Juan Diego no era el «lienzo» más apropiado para pintar. Pero mi intuición o sentimientos personales no contaban. Así que consulté a los especialistas y volví a encontrarme con otra sorpresa.

Ya en 1936, un químico —todo un premio Nobel— había realizado lo que, sin duda, era el primer y último análisis directo de la supuesta pintura de la tilma.

En el citado año, el abad de la basílica de Guadalupe, Felipe Cortés Mora, regaló al obispo de la ciudad de Saltillo algunos hilos de la tilma original.

Aquel gesto del generoso abad iba a tener unas repercusiones insospechadas.

Por esas curiosas «casualidades» de la vida, el citado obispo de Saltillo, Francisco de Jesús María Echavarría extrajo un buen día de su relicario dos de los hilos o fibras con que le había obsequiado el abad Cortés y los puso en manos de un prestigioso investigador: el doctor Ernesto Sodi Pallarés.[16] Esto tenía lugar en los primeros meses de 1936.

Pues bien, a través del profesor Fritz Hahn, encargado de la cátedra de alemán en el mismo centro donde trabajaba Sodi Pallarés, y amigo del premio Nobel de Química Ricardo Kuhn,[17] las dos fibras de la manta de Juan Diego llegaron al fin a manos del famoso químico germano. Y digo «al fin» porque el transporte del minúsculo y preciado «tesoro» estuvo precedido de un complicado «rosario» de «casualidades»...

1ª. Que el doctor Sodi Pallarés se «sintiera» atraído por la investigación de la tilma.

2ª. Que el abad de la basílica de Guadalupe —justamente en 1936— regalara varios hilos del ayate original al obispo de Saltillo.

---

[16] Sodi Pallarés fue metalurgista y ensayador de la Universidad Nacional Autónoma de México. (Cédula de la Dirección General de Profesiones número 59634)

[17] Ricardo Kuhn nació en Viena en 1900. Fue discípulo de Ricardo Willstättler, que fue premio Nobel de Química en 1915. El doctor Kuhn trabajó en la Sección de Química del Kaiser Wilhelm Institut (Instituto del Emperador Guillermo) de Heildelberg (Alemania). Se le concedió el Premio Nobel de Química en 1938, aunque el régimen de Hitler le impidió aceptar en aquella época. Recibió dicho premio Nobel en 1949.

3ª. Que ambos mexicanos —Sodi y el obispo— fueran amigos.

4ª. Que el doctor Sodi estudiara en 1936 el segundo año de preparatoria y que, como una de las asignaturas obligatorias, figurase el alemán.

5ª. Que la cátedra la diera el maestro alemán Fritz Hahn.

6ª. Que Hahn fuera invitado por el gobierno nacionalsocialista para asistir en Berlín a la Olimpíada de 1936.

7ª. Que el doctor Sodi Pallarés fuera entonces muy amigo del sabio tabasqueño Marcelino García Junco, profesor de química orgánica de la Universidad Nacional Autónoma de México.

8ª. Que este profesor de química orgánica, a su vez, fuera amigo personal del premio Nobel de Química, Ricardo Kuhn, a quien había conocido durante su estancia en Alemania con motivo de la obtención del doctorado.

9ª. Que Sodi lograra obtener una carta de presentación para el doctor Kuhn, recomendando al maestro Fritz Hahn, encargado, como digo, del transporte de las fibras de la tilma de Juan Diego hasta Alemania.

10ª. Y que, por supuesto, el premio Nobel aceptase dedicar un tiempo y un esfuerzo al examen de dos fibras llegadas desde el otro lado del Atlántico y por una persona desconocida, aunque recomendada....

Se me antojan demasiadas casualidades.

Pero vayamos al grano. ¿Cuál fue el resultado de los análisis de Ricardo Kuhn?

La respuesta del premio Nobel fue tan escueta como sorprendente:

«...en las dos fibras —una de color rojo y otra amarilla— no existían colorantes vegetales, ni colorantes animales, ni colorantes minerales».

Aquella conclusión me pareció tan importante que traté de localizar al premio Nobel y viajar hasta Alemania si era preciso. Pero Kuhn había fallecido. Y lo mismo había sucedido con los principales protagonistas del hecho. Naturalmente, tampoco podía tratarse de colorantes pigmentos sintéticos, muy utilizados actualmente en pintura.[18] En 1531 no se conocían dichos productos.

Según este informe, la figura que puede contemplarse en el ayate de Juan Diego no es obra humana. O, para ser más precisos, las fibras coloreadas que habían sido extraídas de la capa no contenían restos de pintura. En un primer momento, y tal y como debió de ocurrirles a los investigadores mexicanos, aquella deducción científica me llenó de asombro. Si esto era cierto —y no había motivos para creer lo contrario—, ¿qué «sistema» se había seguido para «dibujar» la imagen de la Virgen en el saco?

Sin querer, recordé la leyenda del *Nican Mopohua*, que habla de una misteriosa impresión en la tilma del indio. Pero, según esto, ¡la leyenda estaba en lo cierto! Allí se había registrado un hecho prodigioso o misterioso o, ¿por qué no?, sobrenatural...

Mi cerebro empezó a fallar.

Sin embargo, el desconcierto fue aún más profundo cuando, algunos días más tarde, y al conocer el informe de

---

[18] Algunos ejemplos de colorantes sintéticos: la «alizarina», obtenida artificialmente por Caro, Graebe y Liebermann, a partir del ácido antraquinonsulfónico, en el año de 1868. El «añil» sintético, a partir de la «isatina» con cloruro de fósforo, descubierto por Baeyer en 1870. La «rosonilina», reconocida en 1876 como derivada del trifenilmetano por E. y O. Fischer. El «añil», en sus primeros derivados, obtenidos por Perkin en 1883. El «rojo congo» y los colorantes «sustantivos» para el algodón, logrados en 1884 por Boettiger El «añil», sintetizado por primera vez pon Heumann en 1890. Los colorantes de «tina antraquinónicos», descubiertos por R. Bohn en 1901. La lista sería casi interminable...

El tejido que forma la tilma, en una ampliación fotográfica. La fibra vegetal ha sido identificada como «Agave potule zacc».

Soustelle describe la tilma «como una pieza simple de tela, rectangular, que se anudaba sobre el hombro derecho o sobre el pecho». En el caso de los *macehualli*, estas mantas eran muy simples. En el dibujo del códice náhuatl «Mendoza» puede verse la indumentaria habitual de uno de estos hombres del pueblo.

Figura del indio Juan Diego según las pinturas que aparecen actualmente en una de las capillas del Tepeyac. Al contrario de lo que ha representado aquí el artista, Juan Diego sólo debía vestir una tilma y un taparrabo.

los científicos Smith y Callagan, observé que los análisis mediante rayos infrarrojos habían puesto de manifiesto un hecho innegable: parte de la imagen sí contenía restos de pintura.

Aquello era un manicomio. Según el premio Nobel Kuhn, «no había restos de pintura». Según los norteamericanos, «sí había restos de pintura». ¿En qué quedábamos?

Poco a poco, la aparente confusión se fue aclarando ante mis ojos. En realidad, tanto el alemán como los científicos de la NASA tenían razón. Y aunque quiero dedicar un próximo capítulo al interesante estudio de Smith y Callagan, adelantaré ahora parte de la explicación. Kuhn había analizado dos únicas fibras y, en efecto, no debió de encontrar restos de colorantes en las mismas. Allí, efectivamente, no había pintura. Por su parte, los norteamericanos sometieron la totalidad de la figura a un riguroso proceso y en determinadas parcelas del supuesto cuadro tampoco hallaron pintura. En otras zonas de la imagen, en cambio, sí había pintura.

Y empezó a hacerse la luz: manos humanas —no se sabe exactamente en qué momentos— retocaron la imagen original. Una imagen de naturaleza misteriosa y para la que la ciencia más avanzada —vaya esto por delante— no tiene explicación.

El sensacional descubrimiento de los científicos vinculados a la NASA, y al que me referiré en breve, había sido ya apuntado tímidamente en 1975 por el doctor Eduardo Turati. En un estudio del 10 de diciembre de dicho año, Turati había manifestado:

«... Un hecho que me llamó la atención (al analizar la imagen sin cristal) es que observando otras partes de la imagen, en zonas donde el tejido de la misma se encuentra abierto por lo viejo que está; a pesar de ello, la pintura seguía fija en las fibras posteriores del ayate (las que necesariamente se encontraron ocultas, cuando el tejido estaba recién fabricado, por las fibras más anteriores). Este detalle tan significativo hace pensar que la imagen se encuentra impresa, o es parte de la misma tela, y no pintura sobrepuesta a ella».

Pero la valiosa aportación del doctor Sodi Pallarés y de su colaborador, Roberto Palacios Bermúdez, abogado en el Foro Mexicano de la Escuela Libre de Derecho, no se limitó al capítulo del encargo del análisis de las fibras del ayate. Entusiasmados con los sucesivos descubrimientos, Sodi y Palacios siguieron estudiando la famosa imagen y llegaron a otra no menos desconcertante deducción...

¿Refractaria al polvo e insectos?

Mucho antes que Sodi Pallarés, otros hombres de ciencia y pintores se habían hecho la misma pregunta: ¿cómo una pobre capa de fibra vegetal ha podido y puede conservarse a través de los siglos?

Pallarés fue, incluso, más allá y descubrió otro hecho singular: «la tilma era refractaria al polvo, insectos y a la intensa humedad de aquellos parajes mexicanos».

Era casi imposible que una manta de «hilo» de maguey —que suele tener una duración máxima de unos veinte años— se hubiera conservado intacta, y con aquella viveza en los colores, después de 450 años...

Allí, en efecto, había algo muy raro.

El ayate —según informaciones recogidas por Behrens— no siempre estuvo protegido por un cristal, tal y como ocurre en la actualidad. Los 116 primeros años, la imagen permaneció expuesta directamente a los fieles. Fue en 1647 cuando alguien envió desde España un primer cristal, dividido en dos partes. Un siglo después, en 1766, el duque de Alburquerque mandó un nuevo cristal, esta vez de una sola pieza.

La verdad es que las condiciones para el mantenimiento y conservación de la tosca tela no fueron las mejores. El cerrillo del Tepeyac, absorbido hace tiempo por la gran metrópoli mexicana y en el que hoy se levanta la llamada capilla del Cerrillo,[19] se hallaba en aquellos primeros años del siglo XVI a unos seis kilómetros de México-Tenochtitlán. La capital del Imperio de los aztecas era una ciudad eminentemente lacustre. Estaba rodeada por una serie de lagos y lagunas —Texcoco, Xochimilco, etc.— de aguas generalmente salitrosas que penetraban, incluso, en las calles de la ciudad. Aquel México inicial que contemplaron Cortés y los conquistadores españoles —y en el que se podía navegar en canoa hasta el palacio de Moctezuma— debía de guardar un gran parecido con la Venecia de hoy.

Pues bien, aquellas aguas llegaban hasta la falda del Tepeyac y, en ocasiones, y con motivo de las fuertes inundaciones, alcanzaron incluso las proximidades de las primeras ermitas y templos donde se veneraba la tilma del indio Juan Diego. Si el ayate permaneció expuesto directamente a aquel medio ambiente, húmedo y salitroso, por espacio de más de cien años, ¿cómo es que en su urdimbre no han aparecido signos de destrucción o deterioro?

¿Cómo una fibra tan rudimentaria ha resistido los negros vapores de infinidad de candelas y de más de setenta lámparas que ardían día y noche a escasa distancia de la imagen?

[19] Al pie mismo del cerrillo del Tepeyac se levantan hoy la antigua y nueva basílicas, el convento de Capuchinas, la capilla abierta, con restos de la primera ermita y la llamada capilla del Pocito.

¿Quién puede explicar que la tilma haya «rechazado» el polvo durante 116 años?

¿Cómo es posible que durante ese largo periodo de tiempo —sin protección de ninguna clase— la figura de la Señora y la propia fibra de maguey no se hayan visto manchadas por las nubes de insectos que se daban a orillas de estas zonas pantanosas?

Y lo más asombroso de todo: después de un siglo, en el que la imagen ha sufrido la continua frotación de cientos de miles de estampas, lienzos, láminas, medallas, rosarios, muletas, bastones, distintivos, banderas, escapularios y manos, la tilma siguió y sigue intacta.

En una ocasión, allá por el año 1753, el gran pintor Miguel Cabrera tuvo oportunidad de comprobar cómo abrían la urna y, durante más de dos horas, varios eclesiásticos estuvieron pasando sobre el lienzo quinientas imágenes e incontables rosarios y exvotos.[20] Es de suponer que esta «operación» se repetiría con cierta frecuencia mucho más, cuando la tilma se hallaba desprovista del cristal...

Casi todo el mundo ha entrado en alguna oportunidad en los grandes museos. Hoy, en plena era espacial, las condiciones técnicas para la conservación de las obras maestras de la pintura mundial son extremadamente rigurosas. Pues bien, a pesar de esos controles, el simple paso de los años ha hecho presa en buen número de estos lienzos. Los especialistas en restauración están cansados de «limpiar», «remendar» y «reconstruir» un sinfín de cuadros que, como ocurrió con la tilma de Juan Diego, también se han visto

---

[20] Exvotos: ofrenda que los fieles dedican a Dios, a la Virgen o a los santos en señal de agradecimiento por un beneficio recibido. En numerosas ermitas e iglesias suelen colgarse de los cuadros e imágenes reproducciones en plata, oro, cobre y otros metales (generalmente en miniatura) de aquellas partes del cuerpo que han sanado —siempre según los fieles— por la mediación divina.

sometidos al humo de los cirios y velas, al polvo, humedad y a la voracidad de insectos y microorganismos.

Como un simple ejemplo, veamos las recomendaciones del Museo Británico para una mejor conservación de las obras de arte: un 60 por ciento de humedad relativa a 60 grados Fahrenheit, salas no muy grandes (para así evitar la contaminación atmosférica), fumigaciones adecuadas, control continuo de la temperatura y de la ventilación, eludir reflexiones en los cuadros, precaver la formación de microorganismos, verificar la ausencia de compuestos azufrosos y de polvos, impedir cambios bruscos en la humedad y en la temperatura, prevenir iluminaciones intensas, control microscópico y tintométrico, análisis con rayos X, fotografías con luces ultravioletas de onda corta y larga y al infrarrojo, etc.

Ni que decir tiene que el ayate de 1531 no recibió en sus 116 primeros años ninguna de las «recomendaciones» para una mejor conservación. Todo lo contrario.

Y, sin embargo, y esto lo reconocen cuantos expertos han tenido la oportunidad de contemplar y tocar el lienzo, la imagen y la trama se mantienen casi como el primer día. Este «misterio» fue detectado ya en siglos pasados y algunos investigadores se ocuparon y preocuparon por intentar buscar una explicación lógica y científica.

Uno de estos adelantados fue José Ignacio Bartolache y Díaz de Posada.[21] En su afán por esclarecer la extraña fres-

---

[21] El doctor Bartolache nació en 1739 en la ciudad mexicana de Guanajuato. Fue recogido por un protector anónimo, pues era de familia muy humilde, hasta que, perdido su favor, hubo de buscar por sí mismo el medio de vida. Llegó a ser bibliotecario del Seminario, más tarde profesor en la familia del catedrático de Matemáticas de la Universidad, Joaquín Velázquez de León. Ingresó en la Facultad de Medicina y obtuvo el grado de bachiller en 1766 y el de licenciado y doctor en 1972. Sirvió como profesor de Matemáticas y emprendió la publicación del famoso *Mercurio Volante*, primera revista médica editada en América.

cura y lozanía del ayate y de la propia figura de la Señora de Guadalupe, Bartolache anunció públicamente el 27 de diciembre de 1785 en *La Gaceta de México* su propósito de fabricar varias copias de la tilma original, con la misma fibra de maguey, y mandar hacer copias de la imagen. El matemático estaba dispuesto a escribir un «manifiesto satisfactorio» sobre la aparición de la Guadalupana «y hacer ver una copia —según sus propias palabras— de la santa imagen de nuevo y plausible idea; la cual se reduce a efectuar dicha copia en ayate idéntico al de la capa de Juan Diego, por mano de tres pintores hábiles, y en los mismos tres estilos de pintura, que son, al óleo, de aguazo y al temple, como están en el original, si la cosa fuese asequible; y si no, ya cuidará el autor del pensamiento exponer sus razones oportunamente».

Y el amigo Bartolache inició el 29 de diciembre de 1786 una meticulosa labor de inspección de la tilma original. Se llevó a tres testigos y a un escribano —José Bernardo de Navia— quien hizo las siguientes certificaciones sobre el ayate de Juan Diego:

1ª. Que la tilma o ayate no es tosco, sino bastantemente fino y bien tejido.

2ª. Que el hilo que une las dos piernas o paños por medio de una costura ruin y mal ejecutada no es de algodón ni delgado, sino al parecer de la misma materia del ayate, y aun un poco más grueso que los más gruesos de éste, como se ve en las puntadas que están en la parte interior del lienzo.

3ª. Que cotejados (comparados) con el Guadalupano dos ayates que hizo labrar en su casa, con todo esmero, el referido doctor don José Ignacio Bartolache, el uno de pita de maguey y el otro de la de una especie de palma silvestre que vulgarmente llaman *iczotl*; ninguna de los dos igualó la finura del de Nuestra Señora; pero con esta diferencia, que el de maguey con todo que demuestra haber sido muchas veces lavado y estrujado, se siente áspero al tacto; y el de palma silvestre tiene mucha blandura y suavidad,

70

semejante a la del algodón, y en esto conviene con el original que tiene la misma suavidad.

4ª. Que en un gran trecho de lo largo del lienzo, a la derecha de la santa imagen, por la orilla que encaja en el contramarco, se dejan ver unas hilachas como destejidas, con uniformidad e igualdad.

El médico y profesor de Matemáticas comparó la tilma original con otras dos mantas o ayates. Sin embargo, llegó a fabricar cuatro. Él mismo nos lo cuenta:

...Traté inmediatamente de que a mi presencia se hilase y tejiesen cuatro ayates, los dos de la una materia y dos de la otra, guardándose en ambos tejidos, tal cual a ojo, las mismas dimensiones de lo largo y ancho, y animando yo a los indios e indias, hilanderos y tejedores, parte otomíes y parte mexicanos, a que remedasen en todo el original bajo mis instrucciones: lo que no pude conseguir en ninguno de los cuatro ayates que se hicieron a mi costa y presencia los tres de ellos. De modo que, desesperando ya de poder hacerme dueño de uno, idéntico a la tilma de Juan Diego, hube al fin de usar del que me pareció menos malo; y en él hice pintar la Santa Imagen, a más no poder. Pienso que nuestros indios del día están atrasados en lo de hilar y tejer, si se comparan con los del siglo de la Conquista.

¿Y por qué Bartolache mandó fabricar dos tipos de tilma: unas con fibra de maguey y las dos restantes con *iczotl* o palma silvestre?

Hoy, en el siglo XX, y después de los análisis del premio Nobel Kuhn, sabemos que la manta del indio Juan Diego está fabricada con «hilos» de maguey. Sin embargo, en siglo XVIII, cuando Bartolache se empeñó en hacer copias del ayate original, todavía existía una seria duda sobre naturaleza del tejido de la manta. Cuarenta años antes de este elogiable esfuerzo de Bartolache y su equipo, el gran pintor Cabrera —que estudió la imagen de la Virgen de Guadalu-

Las tilmas constituían todo un alarde de lujo entre los reyes y dignatarios. En el grabado, un noble azteca del siglo XVI, con su manta y taparrabo profusamente decorados.

Según todos los documentos históricos, los *macehualli* vestían una simple tilma y un taparrabo. Esta pintura de Juan Diego, existente en el Museo de la Basílica, no fue ejecutada con rigor. Es posible, incluso, que el indio no dispusiera de sandalias o «huaraches», que es el tipo de calzado que nos presenta este óleo del siglo XVIII.

El indo Juan Diego era un plebeyo. Es decir, un rústico campesino. (Dibujo de Luis Chávez Peón. Gentileza de revista «Duda»)

pe— había insistido en que el ayate estaba confeccionado con hilo de izote o *iczotl* y no con fibra maguey. De ahí la decisión de Bartolache de mandar hacer dos tilmas de distinto tejido.

Y aunque los resultados —como dice el propio «mecenas» del siglo XVIII— no fueron todo lo satisfactorios que hubiera sido de desear, Bartolache se armó de valor y contrató a cinco pintores (los mejores del momento es México) y les pidió que hiciesen sendas copias en los dos ayates elegidos.[22]

El trabajo de copiar la imagen fue encomendado Andrés López, que contó con la vigilancia y auxilio del resto de los pintores. Según Bartolache, salió bellísima.

La segunda copia fue hecha por Rafael Gutiérrez, también sobre un ayate sin aparejo.[23]

Mientras la primera copia —que fue regalada a las religiosas de la Enseñanza— se ha perdido, la segunda fue colocada en el altar de la iglesia de El Pocito, en la falda del cerro del Tepeyac. Y a pesar de haber sido instalada entre dos cristales —cuenta el testigo ocular Francisco Sedano—, se veía ya completamente descolorida y rotos los hilos del lienzo.

Esta segunda copia fue situada precisamente en la capilla de El Pocito para comprobar los efectos climáticos de aquella zona —la misma donde se encontraba y encuentra el original— en un ayate.[24]

---

[22] El 25 de enero de 1787, Bartolache repitió el examen de la tilma original en compañía de los siguientes pintores: Andrés López, Rafael Gutiérrez, Mariano Vázquez, Manuel García y Roberto José Gutiérrez.

[23] Aparejo: Se refiere a la preparación de un lienzo o tabla por medio de la imprimación. Es decir, con los ingredientes necesarios para que el pintor pueda proceder a la realización de la pintura propiamente dicha.

[24] Esta copia fue situada, en efecto, el 12 de septiembre de 1789 en la mencionada capilla de El Pocito, pero defendida por cristales. Años

A pesar de los esfuerzos de los pintores, las copias no se aproximaron siquiera a la imagen del lienzo original. El 24 de enero de 1788, Bartolache acudió hasta la Colegiata de Guadalupe para comparar ambas copias con la imagen de Juan Diego. Acompañaban a Bartolache, además del Presidente y un canónigo de la citada Colegiata, los cinco pintores y siete testigos de calidad, así como el notario José Antonio Burillo, que levantó la siguiente acta:

...se procedió al cotejo (comparación) de dos imágenes de Nuestra Señora de Guadalupe, que se trajeron prevenidas, y pintadas sobre ayate, habiendo tomado empeño los facultativos que las pintaron, don Andrés López y don Rafael Gutiérrez, en remedar en todo a la original. Y después de haberse verificado el cotejo, bien despacio y a toda satisfacción, concordaron los dichos facultativos en que ninguna de las dos cotejadas era copia idéntica de la original.

El empeño de Bartolache había resultado aparentemente negativo: ni los ayates ni las pinturas podían compararse a la tilma e imagen originales. Sin embargo, y en opinión de los expertos e investigadores, no todo fue estéril. Merced al afán de aquel matemático, hoy sabemos que una tilma de idéntica naturaleza y colocada en la misma zona donde se registraron las apariciones y en la que hoy se sigue conservando la imagen original, no pudo resistir el paso del

más tarde —el 8 de Junio de 1796—, fue necesario retirarla del altar y arrinconarla en la sacristía, donde fue examinada por Francisco Sedano, que dejó escrito: «El azul verdemar quedó en verdinegro, ceniciento como mohoso: se empañó el dorado y en parte se saltó el oro; el color rosado se acabó enteramente, viniendo a parar en blanco; como también la túnica del ángel, que era colorada; el de carmín se volvió denegrido; se amortiguó enteramente y se saltó en varias partes la pintura, descubriéndose los hilos del lienzo y reventándose algunos de éstos. En tal estado se colocó la imagen en la Tercera Orden del Carmen, en donde acabó de desmerecer y desapareció».

tiempo. «Ni siquiera protegida por dos cristales...» El dato, creo, es suficientemente importante como para elogiar la labor del amigo Bartolache.

Pero las «venturas y desventuras» de la tilma del indio Juan Diego no habían terminado.

Un «milagro» sospechoso

Para muchas personas, el suceso que paso a relatar fue un milagro. Yo, con todos mis respetos, tengo serias dudas... En 1791, mientras limpiaban el marco que cubría la imagen, parte del «agua fuerte» contenida en un frasco con la que se estaba procediendo a la mencionada limpieza, se derramó accidentalmente sobre el ayate. Concretamente, sobre la superficie de la esquina superior derecha (siempre para un observador que mire la tilma frontalmente).

A pesar de la evidente acción corrosiva del ácido, el tejido no fue destruido.

En aquellos tiempos, la plata se limpiaba con una solución que contenía un cincuenta por ciento de ácido nítrico concentrado y otro cincuenta por ciento de agua. Cuando el metal se oscurecía, la operación consistía en restregar con una mezcla venenosa formada por una parte de cianuro potásico y ocho partes de agua. Por último, se lavaba nuevamente a base de agua y se dejaba secar. Para sacar brillo a la plata se utilizaba una gamuza con «colcótar» u óxido de hierro ($Fe\,O$).

Según cuenta en diciembre de 1836 el entonces abad de la basílica de Guadalupe, Antonio M. de Jesús Campos y Moreno, «la imagen tuvo entonces un suntuoso tabernáculo de plata sobredorada, cuyo peso era de 256 marcos, con un coste de 78 000 pesos, obra de fray Antonio de Jara, monje benedictino de Monserrate. El centro del tabernáculo estaba ocupado por un cuadro de oro que pesaba 4 050 castellanos».[25]

Es decir, el cuadro de oro pesaba 18 kilos y 630 gramos. Detrás del lienzo se instaló una lámina de plata, valorada —en aquellos tiempos— en 2 000 pesos.

Posteriormente, la imagen fue situada en su marco de plata, cubierta por un cristal muy fino que tenía y tiene su respectivo mecanismo de cerradura.

En la actualidad, la tilma de Juan Diego se halla en un «restirador» de madera, ajustado al marco. La parte posterior está cubierta por una hoja de plata pura.

Por supuesto, el actual cristal que protege la tilma cierra herméticamente y está preparado, incluso, contra posibles atentados.

Pero volvamos al siglo XVIII y al instante en que, en un descuido de los responsables de la limpieza del marco, el ácido nítrico se derramó sobre la superficie del ayate.

Según los especialistas a quienes consulté, la caída de este ácido tan violento sobre fibras vegetales de maguey tenía que haber provocado, cuando menos, una considerable destrucción de las capas más superficiales del tejido. Generalmente, una trama tan frágil como el «hilo» maguey queda prácticamente «consumida» por el ácido nítrico y ello hubiera dado lugar a un irreparable agujero en la tilma del indio Juan Diego.

Pero nada de esto sucedió.

Aparecieron eso sí, y aún se distinguen sobre la tilma, unas manchas de color amarillento que —inexplicablemente para los expertos— «están desapareciendo con el tiempo...».

[25] Un «castellano» equivalía a la cincuentava parte de un marco oro y este marco era igual a 230 gramos de oro.

En este estado quedó el gran Cristo de latón. El atentado de 1921, sin embargo, no causó daño alguno a la tilma. (Foto J. J. Benítez)

En el recuadro, las manchas que quedaron tras la caída de un frasco con ácido nítrico concentrado (Cliché cedido gentilmente por el hermano Bruno Bonnet-Eymard).

La reacción —es decir, la aparición de esas manchas amarillas— es conocida por el nombre de «xantoproteica».[26]

Y decía que no estoy del todo conforme con esa calificación de «milagro» para este hecho porque, sencillamente, y desde un punto de vista estrictamente personal, un «milagro» es un acontecimiento «que se opone o que está en contra de las leyes de la naturaleza». Por ejemplo, yo entiendo como auténtico «milagro» que a una persona que le falta un brazo o una pierna le vuelvan a crecer de la noche a la mañana... Esto sí que está por encima de las leyes físicas de la naturaleza.

Es posible que esta definición de milagro no sea todo lo teológica y científica que algunos puedan desear, pero creí que resulta fácilmente comprensible y, sobre todo, a mí me sirve.

Me parece, por tanto, un poco arriesgado colgar la correspondiente etiqueta de «milagro» a un hecho que podría —he dicho «podría»— tener una o varias explicaciones racionales y científicas.

Cuando el ácido se vertió sobre la esquina del ayate, en esa zona había una capa de pintura. Y he dicho bien —«pintura»—, que corresponde a las «nubes» que rodean la figura de la Señora. Está sobradamente demostrado —y lo com-

---

[26] Reacción «xantoproteica» (de «xantho»: amarillo): Las proteínas son sustancias nitrogenadas, extremadamente complejas, que son constituyentes esenciales de las células vivas de plantas y animales. Todas contienen carbono, hidrógeno, oxígeno y nitrógeno. Muchas de ellas poseen también azufre, fósforo y hierro. Son coloidales, amorfas, ópticamente activas, se precipitan de sus soluciones por el alcohol o por soluciones concentradas de sales alcalinas. Si se les hidroliza se disocian en gran cantidad y variedad de aminoácidos, que en número mayor a veinte constituyen los componentes unitarios de las proteínas. Con ácido nítrico concentrado producen color amarillo, deshaciéndolas poco a poco.

probaremos en el siguiente capítulo— que dicha capa de pintura era uno de los retoques o añadidos que le fueron hechos a la imagen original y primitiva: la que quedó misteriosamente impresa en el tejido de la tilma de Juan Diego.

No sabemos qué clase de influencia o protección pudo ejercer la referida capa de pintura humana al contacto con el ácido nítrico. De todas formas es muy probable que actuara como un «aislante», evitando así la catástrofe.

En mi opinión —y repito que puedo estar equivocado—, una de las señales más claras de que «no hubo milagro» es que el ácido, a pesar de todo, dejó su huella: ahí están las manchas amarillas. Si se hubiera producido realmente una «acción» milagrosa o divina, esas manchas no tendrían por qué haber aparecido. No olvidemos, además, que el ácido se encontraba sensiblemente rebajado por ese cincuenta por ciento de agua...

Y ya que estamos metidos en la poco clara «harina» de los milagros, analicemos otro suceso en el que se vio envuelta también la tilma de Guadalupe y que ha sido clasificado igualmente como «hecho milagroso».

El atentado de 1921

A las 10.30 de la mañana del 14 de noviembre de 1921 un obrero llamado Luciano Pérez depositó un ramo de flores en altar mayor de la antigua basílica de Guadalupe. Aquella ofrenda floral contenía una carga de dinamita.

Luciano salió tranquilamente del templo y, a los pocos minutos, la bomba hizo explosión a escasos metros de la urna que contenía la tilma original del indio Juan Diego.

Los destrozos fueron muy considerables. La explosión demolió la casi totalidad de las gradas de mármol del citado altar mayor, los candeleros, todos los floreros, los cristales de la mayor parte de las casas cercanas a basílica y dobló un Cristo de latón como si fuera de goma...

Inexplicablemente —y aquí recurro al testimonio de un especialista en criminología como es el profesor Bermúdez—, «ni siquiera se quebró el cristal que cubría la imagen de la Virgen y que se hallaba muy próxima al foco de la detonación. El suceso —concluyen los especialistas— no puede ser explicado científicamente».

Sin tratar de restar un solo gramo de fe a cuantos creen en la Señora de Guadalupe, pienso, no obstante, que es preciso afinar mucho en este tipo de acontecimientos antes de echar al vuelo las campanas del milagro. Para ello habría que haber efectuado un minucioso estudio de la explosión: dirección de la onda expansiva, naturaleza y tipo del explosivo, posibles obstáculos que encontró la dinamita en su estallido y que quizá preservaron el cristal y a la imagen, etc.

Todo ello, insisto, con un desapasionado análisis, nos proporcionaría una idea más precisa de lo que cedió en el interior de la basílica en 1921.

Durante mi vida profesional, como reportero en cuatro periódicos españoles, he asistido a infinidad de explosiones, atentados, accidentes en fábricas de explosivos, etcétera, y puedo dar fe de que, en ocasiones, tanto personas como objetos que se encontraban muy cerca de detonaciones apenas si han sufrido daños e, incluso, salido totalmente ilesos. Quiero decir con esto que en una explosión, por muy potente que ésta sea, a veces coinciden o confluyen circunstancias que le dan al suceso un aparente carácter «milagroso» pero que, desde el punto vista técnico y científico, tiene una explicación lógica y racional.

Para lo que no encuentro una «explicación» suficiente —todo hay que decirlo— es para el hecho concretísimo de que el cristal que protegía el ayate no quedara pulverizado.

Por lógica, si la detonación afectó a las venta de otros edificios, retirados decenas de metros de la mencionada basílica, el vidrio que cubría la tilma debería haber saltado en mil añicos o, cuando menos, haber quedado resquebrajado...

La explosión, indiscutiblemente, tuvo que ser muy lenta. Durante mis visitas a la nueva basílica pude observar la urna en la que se conserva el Cristo de latón, totalmente retorcido, que se hallaba relativamente próximo al núcleo de la detonación.

Sin embargo, insisto, el suceso debería ser estudiado con mucho más detalle y precisión antes de ser clasificado como «milagro».

En esos momentos yo no podía sospechar lo cerca que me encontraba de otro hecho que sí merece el calificativo de «inexplicable»...

Segunda parte

5. LA DESOLADORA «MIOPÍA» HUMANA

Fue en el despacho del reverendo Faustino Cervantes Ibarrola, en el obispado de México, en el Distrito Federal, donde vi por primera vez el informe de los científicos norteamericanos, Smith y Callagan, sobre la imagen de la Virgen de Guadalupe.

Mi buen amigo Cervantes Ibarrola, uno de los más destacados especialistas del mundo en la tilma del indio Juan Diego, es amigo personal de los referidos investigadores. Tanto Jody Brant Smith[27] como Philip Serna Callagan[28] llevaban más de dos años trabajando sobre la imagen de la Guadalupana, utilizando fundamentalmente la fotografía infrarroja.

Y gracias a los desvelos de estos hombres y al formidable apoyo de la más sofisticada tecnología, hoy sabemos que la

[27] Jody B. Smith: profesor de Filosofía de la Ciencia y de Estética en el Pensacola College y Master of Arts por la Universidad de Miami (Estados Unidos). Miembro del equipo de NASA que estudia la sábana de Turín.

[28] Callagan: biofísico de la Universidad de Florida, experto en pintura y doctor en Filosofía, en grado Mayor, por la Universidad de Kansas (Estados Unidos) es miembro también del equipo científico de la NASA. Entre otros trabajos ha participado en el estudio de los efectos de la ingravidez en insectos enviados a la Luna.

figura que aparece en el ayate «no fue pintada por mano humana alguna» y que, asimismo, algunas partes de esa imagen no son otra cosa que «añadidos» o «parches», fruto —sin duda— de la ignorancia y de la buena voluntad (quizá a partes iguales) del ser humano.

Pero trataré de ir por partes en este, a veces, complicado asunto de la Virgen de Guadalupe...

El caso es que Smith y Callagan, con quienes establecía poco después mis primeros contactos, habían llegado a conclusiones desconcertantes. Y en un gesto de buena voluntad acababan de remitir a las autoridades eclesiásticas de México su último informe. Este *dossier* —¿casualidad?— había llegado al Distrito Federal pocos días antes que yo...

Callagan y Smith cedían generosamente todos los derechos de sus investigaciones y escritos al obispo de México, cardenal Ernesto Corripio Ahumada. Totalmente conscientes de la trascendencia de sus descubrimientos, los norteamericanos no han querido ocultar o «vender» sus valiosas aportaciones al estudio de la imagen.

Pero antes de pasar a exponer estos hallazgos —y aunque sé que una imagen vale por mil palabras— creo que resulta sumamente interesante que volvamos a abrir las páginas vetustas y polvorientas de *Nican Mopohua* y leamos parte de la descripción que hace de la Señora que apareció «dibujada» misteriosamente en el ayate de Juan Diego el sabio indio Antonio Valeriano. Un análisis comparativo entre esta parte del *Nican* y las deducciones de los científicos de NASA nos proporcionará mucha luz sobre esos «parches» o «retoques» humanos a los que antes me refería.

Dice así Valeriano, según traducción de Primo Feliciano Velázquez:

... Es morado su cinto.

Solamente su pie derecho descubre un poco la punta de su calzado color de ceniza. Su ropaje, en cuanto se ve por fuera es de color rosado, que en las sombras parece bermejo.

Y está bordado con diferentes flores, todas en botón y de bordes dorados.

Prendido de su cuello está un anillo dorado, con rayas negras al derredor de las orillas, y en medio una cruz.

Además, de adentro asoma otro vestido blanco y blando que ajusta bien en las muñecas y tiene deshilado el extremo. Su velo, por fuera, es azul celeste. Sienta bien en su cabeza. Para nada cubre su rostro y cae hasta sus pies, ciñéndose un poco por en medio: tiene toda su franja dorada, que es algo ancha, y estrellas de oro por dondequiera, las cuales son cuarenta y seis.

Su cabeza se inclina hacia la derecha y encima sobre su velo, está una corona de oro, de figuras ahusadas hacia arriba y anchas abajo.

A sus pies está la luna, cuyos cuernos ven hacia arriba. Se yergue exactamente en medio de ellos y de igual manera aparece en medio del sol, cuyos rayos la siguen y rodean por todas partes. Son cien los resplandores de oro, unos muy largos, otros pequeñitos y con figuras de llamas: doce circundan su rostro y cabeza; y son por todos cincuenta los que salen de cada lado. Al par de ellos, al final, una nube blanca rodea los bordes de su vestidura.

Esta preciosa imagen, con todo lo demás, va corriendo sobre un ángel, que medianamente acaba en la cintura, en cuanto descubre; y nada de él aparece hacia sus pies, como que está metido en la nube. Acabándose los extremos del ropaje y del velo de la Señora del cielo, que caen muy bien en sus pies, por ambos lados los coge con sus manos el ángel, cuya ropa es de color bermejo, a la que se adhiere un cuello dorado, y cuyas alas desplegadas son de plumas ricas, largas y verdes, y de otras diferentes.

La van llevando las manos del ángel, que, al parecer, está muy contento de conducir así a la Reina del cielo.

En realidad vemos por una «rendija»

En la noche del 7 de mayo de 1979, después de no pocos esfuerzos, los científicos Smith y Callagan lograron su propósito: fotografiar la imagen de la Virgen de Guadalupe —sin la protección del cristal que la cubre permanentemente— con películas especiales (rayos infrarrojos) y normales.

Fueron momentos de especial emoción...

Pero antes de pasar a las sorprendentes conclusiones de los norteamericanos, haré un breve paréntesis. Y trataré de exponer, de la forma más sencilla y concisa, los actuales conocimientos del hombre sobre los rayos infrarrojos.

¿Qué son? Y, sobre todo, ¿para qué sirven? Resulta muy curioso. El ser humano —a pesar de su indudable perfección— tiene también importantes limitaciones. Una de ellas, por ejemplo, está en sus ojos. El hombre no ve «todo» lo que existe a su alrededor. Nada de eso... En el inmenso espectro[29] electromagnético, la luz visible para el ojo humano abarca tan sólo una mínima parte (algo así como una «rendija») de dicho espectro.

Esa «rendija» o luz visible para el hombre se «divide» o descompone en los colores ya conocidos y que forman el arco iris: violeta, azul, verde, amarillo, naranja y rojo.

Aunque parezca mentira, esa «luz» es tan sólo una mínima parte del vasto espectro de radiaciones electromagnéticas que van y vienen por el universo.

A la izquierda de esa luz visible, el hombre ha descubierto los rayos cósmicos, los gamma, los rayos X y los ultravioleta. A la derecha de nuestra «rendija» están los rayos infrarrojos y las ondas de radio.

---

[29] Espectro: resultado de la dispersión de un haz de luz o de un conjunto de radiaciones.

Todo depende en realidad de la longitud de onda[30] de dichas radiaciones y, consecuentemente, de su frecuencia.

De acuerdo con los cálculos de los científicos, el ojo humano está preparado para ver únicamente las radiaciones luminosas que se «mueven» entre las 400 y 700 milimicras. En otras palabras, nuestra «rendija» es de lo más ridículo...

Resulta difícil de admitir, lo sé, pero ésta es la triste realidad: a pesar de la superabundancia de luz que nos rodea, estas ondas luminosas representan una ínfima banda del espectro electromagnético.

Esta estrecha «rendija» en el orden de frecuencias es todo lo que el ojo humano es capaz de percibir. La extraordinaria sensibilidad nerviosa de la retina humana permita que ésta sea excitada por ciertas ondas de una frecuencia de vibración precisa, de tal forma que el cerebro pueda «traducir» cada impulso nervioso en la sensación luminosa que le corresponde. Lo siento por los poetas, pero esta realidad científica echa por los suelos nuestros conceptos de los colores. En realidad «no existen» tales colores. Estamos únicamente ante «trenes» de ondas que, al llegar hasta el ojo, la maravillosa «computadora» que llamamos cerebro se encarga de «convertir» o «traducir» en la «sensación» del rojo o del verde o del amarillo, etc.

---

[30] En física, cuando se habla de la luz, los términos «longitud de onda» y «frecuencia» son prácticamente sinónimos. El procedimiento para medir la longitud de una onda «luminosa» es idéntico al que se utiliza para medir los círculos concéntricos que se forman en la superficie del agua al arrojar una piedra. Se trata, simplemente, de determinar la distancia entre dos «máximos» o «mínimos» consecutivos («crestas») En cambio, la frecuencia equivaldría al número de ondas que pasan por segundo por un punto determinado. Para hacerse una idea de las dimensiones de una onda luminosa, basta observar las unidades con que se expresan: la milimicra y el angström. La primera equivale a una millonésima parte de un milímetro (es decir, 10^{-6} o la mil millonésima parte de un metro: 10^{-9}). El angström, por su parte, es la diez millonésima parte de un milímetro (10^{-7}) o lo que es igual, ¡la diez mil millonésima parte de un metro! (10^{-10}).

Pues bien, dentro del gigantesco sistema de radiaciones electromagnéticas procedentes del Sol, toda la visión humana se limita, como digo, a la que forma el llamado «espectro visible».

Sin embargo, tanto a la izquierda como a la derecha de esa «rendija», existen otras radiaciones tan físicas como las que provocan la «luz visible», pero que el ojo humano es incapaz de captar, al menos por ahora. Lo que sí ha logrado el hombre es la fabricación de aparatos y películas fotográficas especiales que detectan y descubren esas radiaciones «invisibles». ¿Quién no ha visto alguna vez, por ejemplo, una radiografía? Pero no vamos a centrarnos en los rayos X o en los ultravioletas. Lo que nos interesa son los infrarrojos, situados justamente a la derecha de la «luz visible» e invisibles para el ojo humano.

La verdad es que si consideramos que toda la luz es visible a simple vista, los términos «luz ultravioleta» o «luz infrarroja», «luz negra», etc., no son correctos. Sabemos que este tipo de ondas electromagnéticas vibra a frecuencias y a longitudes de onda excesivamente largas o excesivamente cortas (según su posición en el espectro), de forma que de ningún modo pueden estimular nuestra retina. Sólo algunos insectos —entre ellos la abeja— reaccionan visualmente a tales radiaciones.

Pero, a pesar de esto, los citados términos —«luz infrarroja» o «luz ultravioleta»— se utilizan en el lenguaje diario, como una simple fórmula para una mejor comprensión.

Hechas estas aclaraciones básicas en torno a la luz visible y al resto del espectro electromagnético, sigamos con el importante informe de Smith y Callagan.

¿Qué fue lo que descubrieron los norteamericanos, con sus películas de rayos infrarrojos, en la tilma del indio Juan Diego?

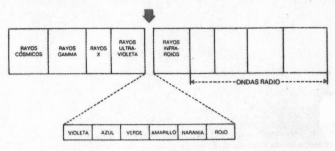

LUZ VISIBLE

Esquema del llamado «espectro electromagnético». A decir verdad, el ser humano «capta» una mínima parte de las radiaciones y ondas.

Comparación de las longitudes de onda de los colores azul, verde y rojo

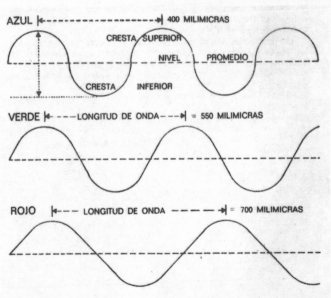

6. FOTOGRAFÍAS CON INFRARROJO A OCHO CENTÍMETROS DE LA VIRGEN

En los dos primeros apartados del estudio de Smith y Callagan, los científicos hacen una breve referencia a la historia de la imagen. Ahorraré al lector dichos capítulos, puesto que han sido sobradamente expuestos en páginas precedentes.

Vayamos con el informe. En el tercer apartado, Smith y Callagan comienzan explicando las técnicas utilizadas el análisis de la imagen. Dicen así:

La fotografía infrarroja es una técnica que se emplea en los estudios críticos de pinturas antiguas. Es de gran valor para obtener información sobre derivaciones históricas, métodos de interpretación y validez de documentos y pinturas. Debido a que las ondas infrarrojas tienen una longitud mayor que las ondas visibles, su empleo requiere de técnicas especiales, aunque al tomar fotografías con ellas se usan los mismos métodos que con la luz visible.

De ordinario, los pigmentos vegetales[31] son transparentes a los

---

[31] Pigmentos: son sustancias que se usan para colorear o teñir pinturas, barnices, esmaltes, etc. En muchas aplicaciones, los pigmentos, además de la coloración, comunican otras valiosas propiedades físicas a los plásticos, goma, vidrio, productos cerámicos, cueros, linóleo y textiles. Los pigmentos para pinturas deben ser insolubles en el vehículo líquido y químicamente inertes frente a él. Poseerán buen poder cubriente y de dispersión, alta opacidad, y la debida pureza e intensidad de color. También deben contribuir a la resistencia frente a los agentes atmosféricos y a la duración del vehículo. Los pigmentos llamados cargas o rellenos tienen relativamente menos poder cubriente y se em-

rayos infrarrojos y dan tonos claros en las fotografías en blanco y negro todas con luz infrarroja.[32] Puesto que algunos de los pigmentos de la imagen pueden proceder de plantas, es muy importante tener presente esta característica de los pigmentos vegetales.

Como vemos ya en estas primeras líneas del análisis con infrarrojos de Callagan y Smith, los norteamericanos apuntan la posibilidad de que «algunos de los pigmentos de la imagen puedan proceder de plantas». Esto choca frontalmente con el estudio del premio Nobel Kuhn. Pero demos tiempo al tiempo...

Y el informe prosigue:

a) El infrarrojo y las pinturas

Dado que los pigmentos transmiten o reflejan diversamente las largas ondas infrarrojas, esta técnica es muy útil para detectar la presencia de pintura sobreañadida u otras alteraciones. El infrarrojo es capaz, por ejemplo, de hacer transparente una capa de barniz y permitir al investigador ver con claridad una pintura que, de otra manera, aparece oscura. Un barniz oscurecido y deteriorado con el tiempo, se hace prácticamente invisible a la radiación infrarroja, de suerte que puede ser observado con todo detalle lo que se encuentra debajo de él. Dibujos cubiertos por suciedad, desleídos o decolorados pueden verse pormenorizados en la película infrarroja.

Los pigmentos de antiguos dibujos, y los materiales artísticos naturales como el aceite de linaza, las ceras y los colores minerales (inorgánicos) se distinguen claramente de las modernas lacas, barnices o pinturas a base de poliéster. A la luz ordinaria, los pigmentos derivados de anilinas son semejantes a los antiguos pigmentos; pero aparecen completamente diferentes en la película infrarroja (Coremans, 1938).

plean para aumentar el rendimiento en la aplicación y la consistencia o cuerpo de la pintura, sin que afecten a su brillo o a su dureza. En la actualidad, los pigmentos se dividen en blancos, rojos, amarillos, azules, verdes, negros y varios.

[32] *Applied Infrared Photography,* 1977.

La fotografía infrarroja —prosiguen Smith y Callagan— se recomienda antes de emprender cualquier restauración o limpieza de pinturas antiguas. De gran importancia es poder descubrir trazos cubiertos antes de que el artista aplicara la pintura en la tela. La fotografía infrarroja permite también determinar la naturaleza de la preparación o «aparejo» aplicados bajo la pintura, con tal de que las capas de ésta no sean demasiado gruesas. Ningún estudio de trabajo artístico puede ser considerado completo, mientras no se han empleado las técnicas de la fotografía infrarroja, y ciertamente, ningún trabajo científico se considera completo sin este análisis.

Las afirmaciones de Smith y Callagan sobre la técnica de los rayos infrarrojos en la restauración o «curación» de pinturas me recordaron una de mis visitas, en Roma, al Instituto de Restauración y Conservación de aquel país. Allí, ante mi asombro, comprobé cómo los expertos empleaban estos complejos aparatos para averiguar, por ejemplo, si los antiguos pintores y maestros habían trazado esbozos, bocetos o correcciones del dibujo —incluso, escenas distintas— antes de la definitiva realización del cuadro. Todo eso «está allí», debajo o detrás de la pintura que nosotros contemplamos y que, a simple vista, resulta invisible. Pero, como vemos, la «magia» del infrarrojo consigue el «milagro» y saca a flote esos interesantísimos detalles.

Así, por poner un par de ejemplos, se han descubierto los sucesivos intentos que hizo el gran Leonardo da Vinci a la hora de pintar muchas de sus obras.[33]

Y lo mismo ha ocurrido con maestros como Rubens, Tintoretto, el Veronese y nuestro Velázquez. Estos genios de la pintura llegaban a pintar sus obras hasta tres veces sobre el mismo lienzo. Bien porque no terminaban de gustarles

[33] Éste es el caso de las obras *Santa Ana y la Virgen Niña* y, sobre todo, la famosa *Gioconda* de Leonardo.

o por otras razones, los artistas iban «tapando» las escenas con nuevos dibujos y bocetos. Hoy, gracias a los infrarrojos, muchos de esos «cuadros» «no nacidos» han podido ser descubiertos y admirados.

A continuación, los científicos norteamericanos dedican unos breves pero importantes apartados a las cámaras fotográficas y objetivos utilizados, así como al tipo de película, enfoque e iluminación. Veamos:

b) Cámaras y lentes (objetivos) empleados
Las fotografías que aparecen en este informe fueron tomadas con dos cámaras.

1) Nikon F, con lente (objetivo Nikon-S auto-macro (1:1.4, F:50 mm.).

2) Pentax MX con objetivo «gran angular» SCM Pentax M (1:2.8, F:40 mm.).

La cámara Pentax estaba equipada con exposímetro (fotómetro) interconstruido. La Nikon, por su parte, no tenía exposímetro. Las exposiciones fueron verificadas con un fotómetro Quantum, provisto de filtro rojo Wratten 1 (25A) sobre la fotocelda, con objeto de compensar la longitud de onda infrarroja.

También se empleó un filtro rojo Wratten 1 (25A) sobre la lente de la cámara, para absorber la luz azul,[34] a la cual es sensible

---

[34] Cuando la luz blanca atraviesa un prisma, se descompone en una serie de haces de color, ordenados, como ya hemos visto, según su longitud de onda, que van desde las 400 a las 700 milimicras. Cada longitud de onda produce su propia «sensación» de color en el cerebro. He aquí las diferentes bandas de longitudes de onda y la sensación aproximada de color que produce cada una: de 700 a 610 milimicras (nanómetros) corresponde al rojo; de 610 a 590: naranja; de 590 a 570: amarillo; de 570 a 500: verde; de 500 a 460 azul verde (cyan) y de las 460 a 400 milimicras: el color azul. Los colores de una superficie son debidos a la absorción selectiva. Por ejemplo, una flor roja absorbe la mayor parte del azul, del azul-verde y del amarillo, pero refleja con fuerza el naranja y rojo. La hierba y los árboles aparecen verdes porque reflejan principalmente la luz verde.

la película. (Los tiempos de exposición y los diafragmas empleados en el análisis se hallan al pie de cada fotografía)

c) Película
En todo el estudio se usó película Kodak infrarroja de alta velocidad (2481).

La película Kodak sensible al infrarrojo es una película que
suministra negativos en blanco y negro, sobre una base Estar de
una décima de milímetro de espesor.[35]

Con el filtro rojo Wratten n. 25A se recomienda usar una película de sensibilidad 125 ASA para luz de tungsteno. Es también
recomendable el uso de un fotómetro de mano, mejor que el exposímetro o fotómetro incorporado o interconstruido en la máquina. No pueden sugerirse velocidades precisas de exposición,
porque, de ordinario, los fotómetros están calibrados solamente

---

[35] Para aquellos aficionados que deseen adquirir películas infrarrojas en
color les diré que hoy se suministran habitualmente en cualquier es-
tablecimiento de fotografía en cartuchos de 35 milímetros de veinte
exposiciones o tomas fotográficas. Es aconsejable encargarla por adelantado porque su conservación presenta algunas dificultades: la película debe ser mantenida por debajo de los 13.5 grados centígrados.

Una tira perforada ante la película protege la emulsión de la luz. Es
conveniente situar la película en la máquina fotográfica en la exposición 2 o 3, si el primer sujeto es importante. Con luz natural y de flash
la película debe ser expuesta siempre a través de un filtro. La reproducción de los colores con este tipo de película es muy diferente de la que
se obtiene con una película normal en color.

La película color infrarroja proporciona un contraste muy fuerte. Ello
nos exige una exposición muy exacta y puesto que la proporción de
infrarrojo en la luz natural está sujeta a variaciones que el exposímetro
no consigue registrar (tal y como ya se ha apuntado con anterioridad),
se recomienda fotografiar a los sujetos próximos al objetivo con un
diafragma de más y otro de menos.

Otra observación respecto al flash: si el reflector de la lámpara de flash
es cubierto con un filtro Wratten 87 de gelatina, el destello será invisible, dando sólo un ligero brillo rojizo. La película infrarroja en color
registra todo lo que el flash ilumina en rojo intenso. El fuego y ascuas,
por ejemplo, así como el extremo encendido de un cigarro, dan una
reproducción muy efectiva y luminosa con película infrarroja color.

para la radiación o luz visible y, además, porque su relación con la radiación infrarroja varía con el tipo de luz con el que se ilumina el objeto.

Aunque Smith y Callagan utilizaron película infrarroja en blanco y negro, los aficionados a la fotografía saben que este tipo de película —en color— dispone de emulsiones extraordinariamente sensibles a las radiaciones procedentes de la parte roja e infrarroja del espectro. Usadas conjuntamente con un filtro rojo, su poder de penetración —entre la niebla, por ejemplo— es bien conocido. Estas emulsiones conservan una relativa sensibilidad al azul y al ultravioleta, pero reaccionan muy débilmente al verde y al amarillo. Cuando se emplea esta clase de película para fotografiar un paisaje, sirviéndose al mismo tiempo de un filtro rojo, se observa una total ausencia de detalles en las porciones azules del cielo, en tanto que las nubes blancas, que emiten muchas radiaciones infrarrojas, aparecen mucho más blancas todavía. Las hojas verdes, que asimismo reflejan las radiaciones infrarrojas a las que dicha película es muy sensible, toman una apariencia irreal, casi mágica. Cada una de ellas se recorta, opalescente, sobre un cielo «negro».

Aunque, como ya he dicho, este tipo de película infrarroja está siendo usada en las modernas restauraciones de pinturas, también ha alcanzado un extraordinario auge en los campos de la medicina y del «espionaje» militar. Buena parte de los satélites artificiales «secretos» llevan incorporadas potentes cámaras fotográficas, provistas de películas infrarrojas, que proporcionan todo tipo de «detalles» sobre instalaciones militares, silos atómicos subterráneos, estado de las cosechas, etc.

Gracias a esta técnica fotográfica, los ejércitos de todo el mundo pueden tomar fotografías en plena noche, con la ayuda de un flash de «luz negra» o infrarroja que, pese a «iluminar» la escena, resulta totalmente invisible a simple vista. El armamento, por ejemplo, de algunos sofisticados «cazas» y carros de combate está basado precisamente en «rayos» infrarrojos, que permiten «ver» en la oscuridad...

Pero no quiero seguir desviándome del tema principal: la imagen de la Virgen de Guadalupe.

En su cuarto apartado, Smith y Callagan exponen cómo llevaron a cabo el siempre difícil enfoque de sus cámaras cuando se trabaja con película infrarroja:

d) Enfoque

La lente «auto-macro» de la cámara Nikon permite enfocar con precisión desde siete centímetros y medio hasta el infinito.

Cuando se utilizó la cámara Pentax MX para acercamiento al objetivo gran angular de 40 milímetros se le sobrepuso una lentilla de acercamiento Nikon n. 2, y, además, el filtro rojal Wratten 25A.

Dado que el tiempo disponible para tomar las fotografías era limitado y que la imagen no podía ser sacada del camarín,[36] tanto

---

[36] Mediante un robusto e ingenioso dispositivo, la imagen de la Virgen de Guadalupe que se venera actualmente en la basílica mexicana de Distrito Federal gira 90 grados sobre el eje vertical situado a su lado izquierdo, y sustentada por el sólido marco exterior de acero entra en el camarín situado inmediatamente detrás. Otro marco intermedio, igualmente de acero, encierra la imagen y el cristal antibalas que la protege. Desmontado este segundo marco y abierto por el extremo superior, el cristal puede ser extraído limpiamente, quedando la tilma en contacto directo con los observadores o investigadores. Al igual que el cristal, la imagen puede ser rescatada también del interior de los dos marcos de acero por la parte superior de la urna.

De esta forma aparece así, aislada, y sólidamente armada sobre su bastidor. Por su zona frontal la abraza un angosto marco de oro moldurado de unos 2.5 centímetros de anchura. Los cuatro lados de la imagen están cubiertos por metal y el respaldo lo cubre una placa de plata igualmente dorada, con una moldura vertical y otras transversales.

Cuando se procede a la toma de fotografías, la imagen es apoyada en

la determinación de la exposición, cuanto el enfoque, presentaban ciertas dificultades. Era necesario elegir entre tomar unas cuantas fotos montando la cámara sobre un trípode o bien sacar un mayor número de ellas haciendo cada exposición por triplicado: dando primero el diafragma indicado por el exposímetro, y luego uno de más y otro de menos para asegurar la exposición correcta.

El tiempo concedido para tomar las fotos era de tres horas, (de las nueve a las doce de la noche), el 7 de mayo de 1979, y decidimos que sosteniendo la cámara en la mano se podrían tomar unas cuarenta fotografías de 13 o 14 diversas zonas de la tela (40/3). Y se eligió el método de sostener la cámara al pulso.

Debido a la estrechez del camarín donde se encuentra la imagen de la Virgen, que mide aproximadamente 2,40 por 3,60 metros, incluida la escalera, no podrían utilizarse más de dos reflectores «photoflood» de 500 watts. Estos reflectores, situados a metro y medio de la tela, permitieron exposiciones (tomas fotográficas) de 1/30 y 1/60 de segundo, con aperturas de diafragma de F:2.8, 3.5 y 4 para distancias entre quince centímetros y metro y medio. Estas bajas velocidades y grandes aperturas (bajos número del diafragma) no toleran el más mínimo movimiento de la cámara y, por lo regular, se desaconseja sostener la cámara en la mano con tales velocidades cuando se usa la película infrarroja.

Otro problema —prosiguen Smith y Callagan en su informe— de mayor complicación lo presentaba el hecho de que, por ser las ondas infrarrojas más largas que las de la luz visible, el objeto no puede ser correctamente enfocado a través de la lente.[37]

las cortinas de la pared del camarín y sostenida en su base por dos cojines de terciopelo carmesí.

Técnicos especializados verifican y controlan cada media hora la temperatura y humedad que se registran en esos momentos en el estrecho camarín. Asimismo vigilan que los médicos, fotógrafos e investigadores en general no toquen la tela ni se aproximen a menos de ocho centímetros de su superficie.

[37] Como ya hemos visto, la mayor longitud de las ondas infrarrojas, en relación con las visibles, hace que aquéllas sean menos refringentes o refractarias. Es decir, que se desvíen menos al pasar por las lentes y que, en consecuencia, formen una imagen más «alejada» de la lente. En otras palabras: «detrás» de la película. Aun cuando este desplazamiento focal

La película Kodak infrarroja de alta velocidad cubre desde tres décimas de micra en el campo de la «luz ultravioleta», hasta nueve décimas de micra en el campo del infrarrojo. Es decir, una extensa gama de longitudes de onda. Las que van desde, siete hasta nueve décimas de micra en el infrarrojo próximo —es decir, el más cercano al rojo visible— deben ser primeramente enfocadas a través de la lente u objetivo de la máquina. Luego se gira ésta hasta que la marca de la distancia antes hallada coincida con una marca roja que trae la cámara. Y como yo estaba trabajando de prisa y no podía volver la cámara para ajustar la lente en la marca roja, porque perdía el enfoque, hube de adivinar cuánto debía girar la lente para que las ondas infrarrojas quedaran en foco.

De las cuarenta fotos que tomé, las cuarenta salieron perfectamente enfocadas. ¡Un «milagro» en sí...!

Los expertos y aficionados a la fotografía habrán comprendido de inmediato que es bastante extraño que —en semejantes condiciones de trabajo y dado el especial tipo de película fotográfica— la totalidad de las tomas saliera correctamente enfocada. Tienen razón, por tanto, Smith y Callagan cuando —en broma— califican el hecho como un «milagro»...

En el último apartado de esta parte del estudio, los científicos explican cómo llevaron a cabo la no menos difícil iluminación de la tilma del indio:

e) Iluminación
Como fuente de luz fueron empleados dos reflectores de 29 centímetros de diámetro, equipados con pinzas de resorte, y dos lámparas General Electric BCA n. 81 de 115-120 volts, y 500 watts.

sea sólo de un dos por ciento, un objeto cercano enfocado con luz ordinaria o visible, quedará desenfocado para la radiación infrarroja, invisible al ojo humano. Las lentes de buena calidad, además de la llamada marca de coincidencia con la distancia hallada al enfocar, presentan un punto rojo que permite llevar a cabo la indispensable corrección.

A una distancia mayor de metro y medio de los reflectores no se percibía calor y ello se midió con un termómetro de mercurio puesto a 7,5 centímetros de la «pintura». Puesto que no se admite tocar la sagrada imagen, no se acercó ninguna lente, mano o termómetro a menos de ocho centímetros de ella.

Esta observación de los científicos norteamericanos me fue confirmada por los diferentes responsables del cuidado y seguridad de la tilma. Nadie —bajo ningún pretexto— puede tocar el ayate (ni siquiera con guantes, como ocurrió con los científicos que examinaron la sábana santa de Turín en 1978). La distancia mínima a la que puede aproximarse un observador o las cámaras fotográficas e instrumental científico es la ya mencionada de ocho centímetros.

Y Smith y Callagan concluyen así esta parte de su informe:

...No habiendo podido llevar trípodes ajustables para sostener los reflectores, nos valimos de dos soportes de madera para ornamentos, de metro y medio de altura. Las pinzas de los reflectores podían ser movidas hacía arriba y hacia abajo a lo largo de ellos, para mejor dirigir la luz.

A continuación, los investigadores ofrecen los importantes resultados de sus análisis. Unos resultados que —no lo voy a ocultar— han levantado agrias polémicas, especialmente entre ciertos sectores del clero y algunos especialistas civiles.

Fotografía de la imagen, tomada con película infrarroja por los norteamericanos Smith y Callagan. Los rayos solares que salen del cuerpo, las cuarenta y seis estrellas del manto, los dibujos de la túnica, la luna, el ángel, las nubes que rodean a la Virgen, la fimbria, el lazo, armiños de las mangas, la crucecita del cuello y buena parte del rostro y manos son añadidos y retoques.

7. UNA IMAGEN SUPERRETOCADA

Sé que estos capítulos —dedicados al informe de los científicos Smith y Callagan— pueden resultar áridos y difíciles de comprender. A mí, personalmente, me ha costado bastante trabajo asimilarlos. No obstante, considero fundamental su inclusión íntegra, a fin de disponer de una panorámica completa y real sobre la enigmática tilma del siglo XVI.

En su apartado número cuatro, los norteamericanos se refieren al «análisis infrarrojo de la pintura».

Y dicen textualmente sobre los rayos que rodean el cuerpo de la Señora, sobre las cuarenta y seis estrellas que aparecen en su manto y sobre la fimbria[38] del citado manto azul:

a) Rayos solares dorados, estrellas y fimbria del manto
El oro de los rayos solares[39] de las estrellas y la fimbria del manto dan la impresión de que la pintura está compuesta dentro del estilo artístico conocido como gótico internacional.[40]

[38] Fimbria: borde inferior de la vestidura talar (es decir, la que llega hasta los talones).
[39] Los rayos que rodean el cuerpo de la Virgen son, al menos, ciento treinta y no cien como asegura el *Nican Mopohua*.
[40] El estilo gótico —que se extendió a la arquitectura, escultura y pintu-

Hasta un examen superficial de la pintura manifiesta que el oro del resplandor en torno a la imagen, de las estrellas y de la fimbria del manto azul se ha ido desprendiendo con el paso del tiempo. Los rayos solares dorados que rodean la imagen se encuentran en muy malas condiciones, con grandes áreas en las que el oro se ha caído.

El resquebrajamiento del oro de la fimbria del manto y de las estrellas es mucho más difícil de observar. Sin embargo, estos desperfectos en el oro pueden apreciarse con mayor precisión en la región donde el manto se pliega sobre el brazo izquierdo. En una toma fotográfica realizada a 30 centímetros de dicha área se ve una grieta en la fimbria dorada.

A diferencia de las líneas sombreadas de los pliegues del manto, y que están integradas en la pintura azul, el perfil negro es casi

---

ra— fue iniciado en Francia a mediados del siglo XII y desarrollado en la Europa occidental desde el siglo XIII hasta el XV. En la pintura, el gótico presentó diversas modalidades y épocas. Se distinguieron cuatro tendencias principales: el estilo franco-gótico —elegante y amanerado— que predomina en Europa en el siglo XIII. Se manifestó principalmente en las vidrieras; por ejemplo, las de las catedrales de Chartres y León. En las pinturas sobre tabla (frontales y retablos).

El estilo italo-gótico, que alcanzó su máximo florecimiento en la región toscana (siglo XIV), y que fue iniciado por el célebre Giotto. Estuvo representado por las escuelas de Florencia y de Siena. Tuvo sus derivaciones en el resto de Europa. En España destacaron Ferrer Bassa y los hermanos Jaume y Pere Serra.

El estilo realista flamenco, que floreció durante el siglo XV y perduró en el XVI. En él destacó el empleo sistemático con tendencia a la pintura de retrato, el profundo misticismo religioso y la fuerza de loa colores empleados. Estuvo representado por los hermanos Van Eyck y Roger van der Weiden. En España destacaron Luis Dalmau. Jaume Huguet Bartolomé Bermejo y Anye Bru.

En cuanto al llamado «estilo internacional», mezcla de franco-gótico italiano y realista flamenco, se impuso en 1400. En España destacaron el aragonés Lorenzo Zaragoza y los tres pintores catalanes Borrassa Ramón Mur y B. Martorell.

La influencia de estos estilos se dejaron sentir igualmente en América, especialmente en lo que a pintura se refiere y concretamente en las obras religiosas.

transparente. Debía de haber sido cubierto por el dorado de la fimbria, y servir sólo de guía a la pintura dorada. Sin embargo, en algunos lugares, el artista falló, dejando sin cubrir con el oro partes de la guía negra.[41]

Mientras los rayos dorados del resplandor son opacos a los rayos infrarrojos, como se ve por su tono oscuro, el oro del borde del manto y el de las estrellas es parcialmente transparente a esos mismos rayos infrarrojos, lo cual indica que los rayos solares que rodean el cuerpo de la Virgen están hechos con alguna forma de oro metálico. La fimbria u orla, en cambio, así como las estrellitas que aparecen en el manto azul, están hechas con un pigmento amarillo de origen desconocido.

Todas las apreciaciones que hago en este estudio sobre los pigmentos empleados en la pintura —prosigue Callagan— se basan en mi experiencia personal como pintor, y constituyen una opinión bien estudiada. Desde el punto de vista científico no son más que hipótesis, porque no pude llevar a cabo pruebas químicas de los pigmentos. Es obvio que a menos que se efectúen exámenes químicos de éstos, nunca sabremos con certeza de qué pigmentos realmente se trata. Sin embargo, puesto que yo he pintado y manejado pigmentos desde que tenía doce años, y que además estuve muy cerca de la imagen durante unas cuatro horas y la examiné con lente de aumento, la hipótesis que formulo puede ser de valor para los expertos artísticos preparados que lean el presente informe.

[41] El renombrado pintor Miguel Cabrera tuvo la oportunidad de «reconocer» oficialmente la imagen de Guadalupe, «con los pintores de más crédito que hay hoy en México», escribe el propio Cabrera en su obra *Maravilla americana y conjunto de raras maravillas observadas con la dirección de las reglas del arte de la pintura en la prodigiosa imagen de Nuestra Señora de Guadalupe de México*. El hecho sucedió el 30 de abril de 1751. En la citada obra, el pintor —que realizó numerosas copias del de original— dice textualmente: «... No por ambas partes, sino sólo por la de fuera, están perfiladas las fimbrias del manto y túnica con un perfil oscuro más grueso, que el canto de un peso, hecho con bastante dibujo y primor: pues sin agravio de la Pintura le hace salir bellamente; cosa que ha dado que admirar a todos los Profesores de esta facultad».

El pigmento de la orla y de las cuarenta y seis estrellas del manto no se ha agrietado de igual manera que el oro pintado en los rayos solares, pero, lentamente, se está desvaneciendo con los años.

Las puntas de las estrellas en determinadas zonas han desaparecido. Los rayos infrarrojos penetran completamente algunas de ellas.

La transparencia de las estrellas y de la fimbria indica que el pigmento empleado en ellas es probablemente arcilla nativa u ocre de piedra arenisca, mezclados con hidrato de alúmina, para abrillantar el color. Este color se llama ocre dorado y es parcialmente transparente. Aun cuando también existen otras tierras ocre transparentes, la brillantez del amarillo indica una mezcla de óxido de alúmina y ocre. No es probable que el ocre haya sido mezclado con amarillo cromo, porque esta mezcla hubiera durado poco tiempo. En cambio, una mezcla de tierra natural o de piedra arenisca con alúmina no sólo es brillante, sino que tiene una vida más larga. Técnicamente se le llama ocre dorado (Mayer, 1953).

Los científicos concluyen este primer análisis de los rayos solares, estrellas y fimbria del manto con la siguiente conclusión:

La pintura dorada de los rayos solares es oro metálico, opaco a los rayos infrarrojos próximos, el amarillo dotado de las estrellas y de la fimbria es un pigmento desconocido, probablemente tierra natural ocre con hidrato de alúmina.

Estos detalles de la pintura fueron añadidos por mano humana mucho tiempo después de que se formó el original.

Los rayos solares, las estrellas y la fimbria del manto continuarán deteriorándose con el tiempo.

Una falsa luna y un ángel que se cae a pedazos

Respecto a la luna y el moño o lazo que aparecen también en la imagen, el informe de Smith y Callagan dice así:

b) La luna y el moño del ceñidor

El estilo gótico internacional de la pintura medieval es una derivación española, que, a su vez, evolucionó del gótico italiano, que era una forma estática y una línea subordinada a bloques de color y fondos dorados. Según Souchal y otros (1965), dicho estilo entró en España antes del año 1300 y continuó desarrollándose bajo la influencia francesa y flamenca hasta fines del siglo XV.

Gradualmente se introdujo la perspectiva, y las figuras se hicieron menos estáticas, aunque conservando todavía una apariencia rígida y solemne. A pesar del dorado y del estilo decorativo, el gótico internacional de la España del siglo XV es mucho más vívido y realista que los anteriores estilos góticos. Las borlas, las mangas forradas de piel o armiño, los bordes dorados y las túnicas bordadas eran elementos usuales del gótico español, así como la introducción de decoraciones de influencia morisca, tales como la media luna.

Aunque el moño y la luna parecen ser negros, el examen de cerca muestra que, con el paso de los años, se han vuelto de un tono grisáceo.[42]

Otro tanto sucede con el cabello del ángel. La pintura se está agrietando y en todas estas áreas se encuentra en muy mal estado de conservación. El pigmento es opaco a los rayos infrarrojos, lo cual indica que el color puede estar formado, bien por alguna variante del llamado «negro carbón», óxido de hierro, o bien por plata metálica (nitrato).

Ni la luna ni el moño o lazo son suficientemente grises como para estar pintados con un pigmento «negro pizarra». Seguramente, el pigmento no es «negro carbón», porque no se ha vuelto gris y, sobre todo, porque empezó a estar en uso tras haber sido inventado en Estados Unidos en 1884.

---

[42] En relación al color del moño, el mencionado pintor Miguel Cabrera, después del exhaustivo «reconocimiento» de la imagen en el siglo XVIII, dice también en su obra *Maravilla americana*...: «Por cíngulo tiene una cinta morada de dos dedos de ancho, que atada en medio de la cintura se le ven sueltos los extremos». En cuanto al color de la luna, el mismo Cabrera afirma: «La Virgen pisa perpendicularmente toda su delicada Estatura en el Pie derecho, que asienta sobre la Luna, la que es de color de tierra obscura».

El nitrato de plata, que por curiosa coincidencia es conocido como «cáustico lunar», se hubiera ennegrecido gradualmente con el tiempo y constituye por ello una posibilidad. Con todo, el hecho de que el moño y la luna tengan un tono grisáceo hace que el óxido de hierro sea el candidato más viable. Químicamente, el óxido de hierro es óxido férrico, y entre los pintores se le conoce como «negro de Marte». Es un color denso, opaco, permanente y casi grisáceo en sus medios tonos. Por tratarse de un pigmento pesado, se podría esperar que, de no hallarse debidamente adherido a la tela, se hubiera agrietado; con el paso de los años.

Un punto sumamente importante en relación con el moño lo constituyen las cuatro líneas de dobleces, fácilmente visibles, que cruzan el cuerpo de la Virgen. Estas líneas de dobleces son notorias en las fotografías de todo el cuadro, tanto bajo la luz visible como bajo la infrarroja.[43]

Las dos líneas de dobleces superiores cruzan todo el cuerpo pero se terminan en el borde del manto. Cruzan igualmente, la parte superior del moño al centro de la pintura. Desaparecen completamente en el resplandor de los rayos y en todo el resto del fondo que rodea el cuerpo. Y puesto que es muy probable que un doblez que deja huella en una tela pintada, debería señalarse a todo lo ancho del cuadro, debemos suponer que el fondo fue añadido después de que fue formado el cuerpo. Lo cual concuerda con mi conclusión del primer capítulo: el resplandor (los rayos solares que rodean la figura de la Señora) fue añadido a la figura original de la Virgen Madre. Y significa también, por otra parte, que el moño y probablemente la luna y también el ángel, cuyo cabello está agrietándose, fueron añadidos por mano humana en algún tiempo anterior al fondo del resplandor, que cubrió las huellas de los dobleces y todavía los oculta.

---

[43] Se trata de dos pares de líneas paralelas —horizontales—, apreciables en toda reproducción fotográfica de la imagen: el primer par por encima del moño y el segundo a la altura del saliente de la rodilla izquierda. En efecto, dividen la figura en tres partes casi iguales.

Y Smith y Callagan emiten la siguiente conclusión sobre estas partes del ayate:

La luna y el moño fueron añadidos a la pintura antes que el resplandor del fondo, pero después de haberse formado el original. Fueron añadidos por manos humanas puesto que están descascarillándose y porque, además, desde el punto de vista artístico no están bien ejecutados ni acordes con la evidente belleza del resto del cuerpo y de las vestiduras. Debido a la tonalidad pardusca y al agrietamiento, podemos suponer que el pigmento empleado en ellos es óxido negro de hierro.

El moño negro, la luna y el cabello del ángel continuarán deteriorándose con el tiempo.

Estrellas y rayos «humanos»

En el capítulo tercero del informe, los investigadores de Estados Unidos se refieren a una de las partes clave de la imagen: el manto azul:

La fimbria dorada del manto fue ya estudiada junto con el resplandor solar y las estrellas. En el borde exterior de la ancha franja dorada hay una fina línea negra que perfila a aquélla. Como en el caso del moño y de la luna, esta línea negra se ha ido agrietando. Dado que cruza las huellas de los dobleces superiores, no cabe duda de que fue añadida después del moño y de la luna, y tal vez al mismo tiempo que el resplandor y que la fimbria u orla dorada, la cual también oculta las huellas de los dobleces.

La técnica pobre, del todo evidente en el borde de la orla, indica que aun cuando el oro y el perfil negro fueron pintados al mismo tiempo, el resplandor puede haber sido añadido primero y, posteriormente, el perfil.

Es fácil darse cuenta de que los rayos del resplandor se extienden debajo del borde del manto y de que en esta área el artista empleó demasiado negro, que, al irse desintegrando, ha dejado al descubierto los rayos solares, como se ve en el acercamiento al infrarrojo. Se advierte también que una de las estrellas que se están desvaneciendo cae sobre el borde negro.

El orden en el que fueron pintadas las añadiduras humanas de este periodo es el siguiente:

Primero, el resplandor. Después, la franja negra y, sobre ésta, la fimbria u orla dorada.

Por último, las estrellas.

Es de notar que, aun cuando la línea negra perfila el borde exterior del manto, en esta zona fue usada también para delinear un pliegue y no sólo el borde exterior del manto. El negro fue utilizado, además, para perfilar todo el lado izquierdo de la figura desde el hombro hasta abajo, como aparece en la fotografía infrarroja.

Dado que la pintura negra es opaca a los rayos infrarrojos, el contorno de la fimbria aparece más claro así que en las fotografías tomadas con luz visible, en las que a veces se oculta bajo las sombras del manto. Debe igualmente notarse que, en ocasiones, las estrellas sobrepasan el perfil negro de la fimbria, lo cual prueba que fueron ellas la última decoración añadida a las vestiduras originales.

El manto es de un color turquesa oscuro, tendiente más al azul que al verde. No parece ser lo que los artistas llaman un verde turquesa (óxidos de cobalto mezclados con cromo y aluminio). También es probable que sea lo que se conoce como azul Bremen o azul cal, que es una mezcla de carbonato básico de cobre. El azul Bremen (o cal) puede ser mezclado con un gran número de tonos de azul o de azul verdoso. El tono azul del manto es muy próximo al matiz que se ve en las primitivas pinturas murales mayas, o en los «libros» de piel curtida de animales de los mixtecas. Estos colores estaban hechos con toda probabilidad, con azules «mayas» de óxido de cobre. Lo cual presenta un inexplicable fenómeno, ya que tales pigmentos son semipermanentes y sujetos a una considerable decoloración con el tiempo, especialmente en los climas cálidos.

¡El azul «maya» de las pinturas murales indias se encuentra sumamente desvanecido, mientras que el manto azul de la Virgen es tan brillante que parece haber sido pintado hace unas semanas!

Falta el azul sobre la costura central de la tilma, sobre toda en el lado izquierdo de la cabeza. Quizá esto obedezca a un daño físico de la tilma, debido a dobleces o a un deshilado de la costura cuando la imagen era llevada de un lado para otro a lo largo de los años.

Conclusión

El oro y el borde del manto azul, así como las estrellas doradas, fueron añadidos por manos humanas hacia finales del siglo XVI o principios del XVII.

Tales decoraciones son típicas del estilo gótico español que caracteriza a este periodo. El azul del manto aparece como original, y de un pigmento azul semitransparente y desconocido.

Es inexplicable, por tener una cierta densidad y no haberse decolorado.

La misteriosa luminosidad de la túnica

Sigue el informe de Smith y Callagan con el capítulo sobre la túnica de la imagen de la Virgen de Guadalupe.

Y aunque ardo en deseos de ir comentando los hallazgos y conclusiones de los norteamericanos, creo que resulta mucho más honesto y práctico reservar esas ideas y deducciones personales para el final del presente estudio.

c) La túnica

El carácter o signo más notable de la túnica de la Virgen es su extraordinaria «luminosidad». Refleja en alto grado la radiación visible y, sin embargo, es transparente a los rayos infrarrojos.

De todos los pigmentos presentes, éste es, con mucho, el más transparente y, a diferencia del azul que llena los intersticios de la trama de la tilma, el de la túnica parece tocar apenas la superficie del tejido.

Como en el caso del manto azul, el sombreado de la túnica rosa forma parte del cuerpo mismo de la pintura, sin que aparezcan trazos o dibujos evidentes bajo el pigmento rosa.

En un examen superficial, las sombras de los pliegues de la túnica pueden dar la impresión de ser unas finas líneas esbozadas. Pero las fotografías tomadas a corta distancia de la túnica y del manto las muestran anchas, incorporadas a la pintura misma y, por consiguiente, ajenas al método de trazos subyacentes.

Como en el caso del manto, el perfil negro añadido se sobrepone a veces a la sombra incorporada del borde de la túnica. Esto demuestra una ejecución descuidada, hecha con el afán de delinear y acentuar para obtener un énfasis gótico.

Las grandes aproximaciones y ampliaciones fotográficas de la cruz negra del broche en el cuello señala que éste está agrietándose en el borde. Procede del mismo pigmento que la franja negra. Sin duda fue añadido al mismo tiempo que ésta, como otro detalle gótico.

En cuanto al pigmento rosa de la túnica parece igualmente inexplicable. No es probable que se trate de cinabrio o hematita, pigmentos rojos usados por los indios, o naranja mineral (demasiado amarillento), porque todos estos pigmentos minerales son opacos y no transparentes a los rayos infrarrojos. El rojo de plomo debe de ser excluido por la misma razón. El óxido rojo es un pigmento absolutamente permanente y en ocasiones se le llama «rojo indio». Sería un buen candidato, si no fuera porque se presenta también muy opaco a los infrarrojos. Todo ello nos conduce irremediablemente a las llamadas anilinas rojas. Pero en ninguna parte de esta imagen hay evidencia de colores en tales anilinas modernas.

La transparencia del color rosa podría hacer sospechar el uso de algún pigmento orgánico. Estos colores orgánicos son, como ya quedó apuntado anteriormente, transparentes a los rayos infrarrojos. Pero es muy difícil que perduren, a menos que se encuentren protegidos por un recubrimiento (por ejemplo, con barniz). Este, precisamente, es uno de los aspectos más raros: la imagen —además de no llevar aparejo alguno—, no está cubierta por barniz alguno.

¡Y a pesar de esta desusada ausencia de recubrimiento protector, la túnica y el manto están tan brillantes y coloridos como si acabaran de ser pintados!

El examen de cerca del bordado en oro que se sobrepone a la túnica sugiere que está hecho con el mismo pigmento que las estrellas del manto, pero menos descolorido o agrietado, por haber sido aplicado en líneas angostas. Gracias a esto ha sido menos susceptible el desmoronamiento que en las mencionadas cuarenta y seis estrellas.

Un análisis superficial nos muestra que estas finas líneas o «arabescos» que aparecen sobre la túnica de la Señora fueron pintadas después de la túnica rosa. Ningún artista competente hubiera trazado las líneas doradas planas del bordado encima de los pliegues de la túnica. Lo normal —si en verdad se tratara de una pintura humana realizada en su totalidad en un mismo momento— hubiera exigido que cada línea bajara hacia las zonas sombreadas de los pliegues, y luego se replegara ligeramente al salir de la sombra, hacia el espectador. Es cierto que el gótico antiguo tiende al primitivismo y muestra escasa perspectiva; pero este tipo de técnica «plana» no coincide con el bello realismo del rostro o del ropaje.

El ángel fue pintado después de la luna

d) El ángel y el pliegue inferior de la túnica
La totalidad de la parte inferior del cuadro de la Virgen de Guadalupe es un añadido humano, perteneciente al gótico del siglo XVII. Y constituye otro enigma. Es, como mucho, un mediocre diseño. Los brazos del ángel son burdos, desproporcionados y evidentemente añadidos para «sostener» a la Virgen María. El rostro es vívido y natural, pero no tiene —ni mucho menos— la belleza ni la técnica genial que aparecen en el elegante rostro de la Señora.

Posiblemente fue incluido como una tardía ocurrencia de carácter gótico.

Es evidente también que fue pintado después de la luna. Y esto se sabe por el cabello del ángel. Como ya se dijo al hablar de la luna y del moño, el cabello está pintado probablemente con óxido de hierro. Aparece igualmente con claridad como dicho cabello «pisa» parte de la luna.

El rojo de la túnica del ángel, a diferencia de la delicada coloración de la túnica de la Virgen, es una pintura gruesa completamente y opaca, lo cual señala que está formada, con toda probabilidad, por óxido rojo, que es un pigmento permanente (aunque está descascarillándose en los bordes exteriores). Y lo mismo puede decirse del rojo de las plumas de las alas...

El azul de las plumas del ángel se encuentra también bastante agrietado y es quizá una especie de azul «maya» de óxido de cobre —como el negro de la luna—, pintado en capa tan gruesa que se presta a un severo agrietamiento. En ángel tiene rastros de pinceladas que no aparecen en el rostro, ni en el manto ni tampoco en la túnica de la Virgen.

En cuanto a la región inferior de la túnica es asombrosamente parecido a lo que yo llamo «pliegue azteca de tilma». Este pliegue está reproducido en numerosas páginas del códice o libro azteca denominado *Registro de tributos de Moctezuma*. Entre los tributos pagaderos a los gobernantes aztecas aparecen millares de tilmas.

En dicho códice de registro tributario, la representación de estos tributos que debían pagar los pueblos conquistados o dominados está dibujada en colores brillantes. Dichos tributos comprenden una enorme variedad de objetos: desde águilas vivas hasta plumas de pájaros, vasos con miel, pasando por las mencionadas tilmas o mantas indias. Una ojeada a dicho libro pone de manifiesto que estas prendas de vestir eran dibujadas y representadas de la misma forma en que aparece el referido pliegue inferior de la túnica de la Virgen de Guadalupe.

Por qué precisamente la tilma azteca aparece pintada de esta forma no he logrado averiguarlo.

El hecho es que algún artista, y no muy bueno, por cierto, copió con grandes trabajos el «pliegue de tilma» en la parte inferior de la túnica de la Señora. La mitad de la luna fue cubierta por el citado pliegue, haciéndose transparente en algunas zonas.

El «pliegue azteca de tilma» está además acentuado por la desafortunada línea negra, que hace ángulo en la parte interior de la túnica. Esa misma línea fue pintada sobre el pie, pero ya se desprendió. Tanto la parte posterior del pie, actualmente invisible, como la luna, yacen bajo ese segmento del «pliegue azteca de tilma», y se destacan débilmente debido a la pintura negra de la luna.

El rostro del ángel es de un tono más bien rosado, y podemos suponer que el pigmento sea óxido rojo mezclado con cal blanca, caolín o yeso blanco. Tanto en el rostro como en todo el resto del ángel, la manera como la pintura está aplicada a la trama sugiere pinceladas sobre plaste.

El pliegue inferior izquierdo del manto azul, a diferencia del resto del manto, muestra rastros de pinceladas y no es aquel azul semitransparente del cuerpo del manto. Probablemente fue añadido al mismo tiempo que el ángel, para suministrar a éste un «punto» donde agarrarse...

Conclusión

El orden cronológico probable de estos añadidos o postizos puede ser el siguiente:

1º La luna y el moño o lazo del ceñidor.
2º El ángel y el «pliegue azteca de Tilma».
3º Las líneas negras y el fondo blanco.

Puesto que la parte inferior de la túnica cubre la luna, con toda seguridad, esta parte fue añadida a la túnica originariamente formada. A diferencia de la túnica rosa y del manto azul, toda esta zona se está deteriorando con el paso de los años y fue pintada más tarde por manos humanas. El pliegue inferior, azul del manto fue añadido al mismo tiempo que el ángel, para que éste pudiera agarrarse a «algo». Dado que estos añadidos humanos no están protegidos por barniz, probablemente continuarán deteriorándose con el paso del tiempo.

Las manos eran más largas

e) Las manos

Las manos —prosiguen Smith y Callagan— son la parte más alterada. Quién sabe por qué extraña razón fueron modificadas. Un examen a corta distancia permite descubrir rasgos de los dedos

Los rayos que salen del cuerpo se están cayendo a pedazos, tal y como puede observarse en esta ampliación fotográfica.

Detalle del rostro del ángel. Se nota con claridad que se trata también de un añadido a la figura original. La pintura se sigue desprendiendo.

El moño o lazo es otro añadido. En esta imagen pueden observarse las dos líneas paralelas superiores que cruzan la imagen. Según Callagan, estas líneas son huellas de dobleces, marcadas cuando la imagen era llevada de un lado para otro, plegada y en tres partes. Para el padre Cervantes, en cambio, estas huellas pudieron estar provocadas por otra causa. «Si la tilma fue doblada —me explicó Faustino Cervantes— en varias ocasiones no es creíble que el doblez haya caído siempre y precisamente sobre la misma línea, que además es bastante angosta, de suerte que el roce con alguna arista interior o exterior hubiera deteriorado superficialmente la imagen. Más probable sería suponer que la tela estuvo doblada durante mucho tiempo, y que la luz u otro agente la decoloró en esas líneas, cosa difícil de probar. Sin embargo, no se ven dos líneas paralelas, sino dos pares de líneas paralelas, lo que duplica el problema. Yo me aventuro a pensar que más bien se trata de huellas producidas por travesaños horizontales del bastidor de madera sobre el que estuvo montada la tilma durante cientos de años».

originales de la mano izquierda, cuyas puntas se prolongaban más allá de las actuales.

Los dedos originales de la mano izquierda deben haber sido por lo menos unos doce milímetros más largos. Las puntas primitivas, escasamente visibles pero que se destacan muy bien al infrarrojo, se extendían en un ángulo que va de abajo a la derecha, hacia arriba a la izquierda.

La parte superior de la mano izquierda y la inferior de la derecha han sido perfiladas en negro para acentuar la nueva forma, más corta, que se les ha dado. El perfil negro se extiende a todo el contorno exterior de las manos y también, al área de la muñeca debajo del brazalete.

Los brazaletes están pintados con el mismo oro transparente de las estrellas del manto azul, y deben de haber sido añadidos al mismo tiempo que éstas y que la fimbria dorada del manto. El muy preciso perfilado negro de las manos y de las piezas que forman los brazaletes, acortan de notable manera las manos, originariamente más largas. En esta modificación de las manos hay una sutil contradicción: las pulseras[44] doradas y los puños fueron añadidos para dar a la imagen un efecto de gótico europeo, mientras que los dedos y las manos mismas fueron acortadas y perfiladas con negro para convertir esas esbeltas manos europeas en manos indias, más cortas y regordetas.

Las manos originales, lo mismo que el manto y la túnica, no muestran trazo alguno de dibujo, y las sombras entre los dedos originales son parte integrante del pigmento con el que están pintadas. El sombreado, la coloración y los pigmentos de las manos originales son inexplicables, al igual que el rostro, como expondremos en el siguiente capítulo.

En cuanto al armiño del cuello y de los puños, así como las mangas blancas bajo las pulseras, están perfilados en negro y son posiblemente de cal o yeso blanco, porque su pigmento es opaco.

---

[44] Tal y como me hizo notar el padre Cervantes, es difícil distinguir si se trata de brazaletes o pulseras o quizá «puntas de encaje dorado», tal y como los definen Cabrera y otros escritores antiguos: «... a la felpa de los puños le agracian unas puntitas de oro, que son diez en uno, y onze en otro».

La manera como el color rosa de la túnica parece quedar bajo el borde de lo blanco, induce a pensar que lo blanco fue pintado sobre el inexplicable pigmento rosa. En virtud de que los puños son típicos del estilo gótico internacional español, no es extraño que se les haya añadido como un motivo propio del gótico del siglo XVII.

Conclusión

Las manos fueron retocadas para acortar los dedos y convertir las manos —originariamente de esbeltos dedos— en dedos más cortos, propios de los indios.

Los brazaletes dorados y los puños de armiño fueron añadidos para acomodar la imagen al modelo gótico. Las manos originales están hechas con un pigmento desconocido y son inexplicables.

La «imperfecta perfección» del rostro

En su capítulo número siete, los científicos de Estados Unidos hacen un detenido análisis del rostro de la imagen.

f) El rostro

La cabeza de la Virgen de Guadalupe es una de las grandes obras maestras de expresión artística facial. Por la finura de la forma, la sencillez de la ejecución, el matiz y el colorido, existen pocos casos que la igualen entre las obras maestras del mundo. De los retratos que he observado en mi vida, no existe ninguno ejecutado de semejante manera.

Las aproximaciones fotográficas con «luz infrarroja» no demuestran plaste o aparejo de ninguna especie, característica ésta que por sí misma hace de la pintura algo fantástico.

El tono del cutis del rostro y de las manos es definitivamente indio, y a una distancia de un metro, aproximadamente, parece tener un tinte casi verde grisáceo (oliva). Examinados de cerca, con una lente de aumento, los pigmentos parecen variar del gris en las sombras profundas al blanco brillante en la zona más clara de la mejilla.

La ausencia de plaste es evidente, no sólo en los acercamientos al infrarrojo, sino también en las tomas fotográficas con luz visible. Por eso se ven vacíos los intersticios en el tejido de la tela. Es de sumo interés la parte más clara de la mejilla, hecha con un pigmento desconocido, que aparece prácticamente «aglutinado» a la tosca tela de la tilma. A primera vista aparecería borroso al infrarrojo y, por ello, semitransparente a la radiación infrarroja. Si el brillo del pigmento de la mejilla obedeciera a gruesas capas reales de cal o de yeso, es absolutamente seguro que esas gruesas capas aplicadas a la tela se hubieran agrietado con el paso de los siglos.

Las áreas sombreadas en tonalidades grises, como las del lado derecho del rostro (junto a la nariz), la de la boca y la del hoyuelo bajo la boca están sutilmente dadas, y la grosera trama del ayate salta a la vista en ellas.

La hermosa expresión de meditación está lograda por simples líneas oscuras y finas, que dibujan la ceja, la silueta de la nariz y la boca.

En las fotografías tomadas de cerca, el rostro aparece desprovisto de perspectiva, plano y tosco en su ejecución. Pero, una vez contemplado desde cierta distancia, surge en él una elegante profundidad.

Una de las maravillosas e inexplicables técnicas empleada para dar realismo a la pintura, radica en la forma como aprovecha la tilma, no preparada, para dar al rostro una profundidad y apariencia de vida. Esto es evidente, sobre todo, en la boca, donde un fallo del filo ayate sobresale del plano de éste y sigue a la perfección el borde superior del labio. Otras burdas imperfecciones del mismo tipo se manifiestan bajo el área clara de la mejilla izquierda y a la derecha y debajo del ojo derecho. Considero imposible que cualquier pintor humano hubiera escogido una tilma con fallas en su tejido y situadas de tal forma que acentuaran las luces y las sombras para dar un realismo semejante. ¡La posibilidad de una coincidencia el mucho más que inconcebible!

Como se ve en las fotografías infrarrojas, los ojos y las sombras en torno a la nariz son simples líneas oscuras no trazadas de antemano en la tela, sino que son parte del pigmento mismo de la cara. Viendo de cerca la pintura, las partes claras de los párpados son tan tenues que parecen inexistentes.

El negro de los ojos y de los cabellos no puede ser óxido de hierro, ni otro pigmento que se vuelva gris con el tiempo porque en ellos la pintura no está descascarillada ni desvanecida.

Lo verdaderamente extraordinario del rostro y de las manos es su calidad de tono, que es un efecto físico de la luz reflejada tanto por la tosca tilma como por la pintura misma.

Es un hecho indiscutible que si la imagen se mira de cerca queda uno decepcionado por lo que al relieve y al colorido del rostro se refiere. Pero, contemplándolo desde unos dos metros, el cutis adquiere un matiz que podríamos calificar como de verde oliva o verde grisáceo. Parece como si el gris y el aparentemente «aglutinado» pigmento blanco del rostro y de las manos se combinasen con la superficie tosca de la tilma para «recoger» la luz y refractar hacia lo lejos el tono oliva del cutis. Técnica semejante parece ser un logro imposible para las manos humanas, aunque la naturaleza nos la ofrece con frecuencia en la coloración de las plumas de las aves, en las escamas de las mariposas y en los élitros[45] de los coleópteros brillantemente coloreados. Tales colores obedecen a la refracción de la luz y no dependen de la absorción o reflexión de la luz por parte de los pigmentos moleculares, sino más bien del relieve de la superficie de las plumas y de las escamitas de las mariposas.[46]

Este mismo efecto es evidente en el rostro, y se observa sin

[45] Élitros: cada una de las dos piezas córneas que cubren las alas de ciertos insectos.

[46] El fenómeno de refracción y consiguiente descomposición de la luz blanca no sucede únicamente en los prismas, sino también en las películas sutiles, tales como manchas de aceite sobre el agua, pompas de jabón y en las rejillas finas de las telas muy cerradas. Esto último sucede con las plumas, las escamas de las alas de mariposa y las alas de otros insectos. La luz ilumina la superficie y, además, se quiebra y se descompone en sus numerosas aristas y, dependientemente del ángulo de incidencia de los rayos luminosos y de la conformación de la superficie iluminada, ésta refleja un determinado color o cambia de colorido según el ángulo desde el cual la vemos. Éste es el fenómeno al que aluden los investigares norteamericanos.

dificultad cuando se aleja uno lentamente de la pintura, hasta que los detalles de las imperfecciones de la tela del ayate ya no son visibles.

A una distancia en la que el pigmento y el relieve de la superficie se funden, brota como por encanto la abrumadora belleza de la Señora morena. De repente, la expresión del rostro aparece reverente aunque gozosa, india aunque europea, de tez oliva aunque con matices blancos. La impresión que suscita es la de un rostro tan áspero como los desiertos de México y, sin embargo, tan gentil como el de una novia en su noche de bodas. Es la faz que entremezcla a la cristiandad de la Europa bizantina con el subyugante naturalismo del Nuevo Mundo indio: un adecuado símbolo para los pueblos todos de un gran continente.

Conclusión

Todo el rostro está hecho con pigmentos desconocidos, mezclados de tal manera que aprovechan las cualidades de la difracción de la luz causada por la tela sin aparejo, para impartir el matiz oliva al cutis. Además, la técnica se sirve de las imperfecciones del tejido de la tilma para dar una gran profundad a la pintura.

Es la cara de tal belleza y de ejecución tan singular, que resulta inexplicable para el estado actual de la ciencia.

Conclusión: «inexplicable»

Hasta aquí, paso a paso, las minuciosas descripciones de Smith y Callagan sobre cada una de las partes que forman la imagen de la Virgen de Guadalupe.

Y vamos con el final del informe: la «conclusión recapitulativa» y la «discusión», tal y como bautizan los investigadores los dos últimos capítulos de este estudio de treinta y cinco folios. Intencionadamente paso por alto el apartado sobre el «método de ejecución del retrato» y que, dada su complejidad técnica, prefiero trasladar al lector, en un lenguaje más sencillo y comprensible en un segundo libro sobre la imagen de Guadalupe, actualmente en gestación.

He aquí, en fin, la opinión final de estos científicos en torno al tema que nos ocupa:

Conclusión recapitulativa

El examen concienzudo de las fotografías tomadas al infrarrojo conduce a establecer las siguientes conclusiones:

1ª La figura original que comprende la túnica rosa, el manto azul, las manos y el rostro, es INEXPLICABLE.

Partiendo del examen llevado a cabo con los citados rayos infrarrojos, no hay manera de explicar ni el tipo de los pigmentos cromáticos utilizados, ni la permanencia de la luminosidad y brillantez de los colores tras cuatro siglos y medio. Más aún, si se tiene en cuenta el hecho de que no hay trazos ni preparación subyacentes, ni barniz aplicado sobre la pintura, y que la trama misma de la tela es aprovechada para dar profundidad al retrato, no hay explicación posible de la imagen ante los procedimientos de la fotografía infrarroja. Muy de notar es que después de más de cuatrocientos cincuenta años no existe decoloración ni agrietamiento de la figura original en ninguna parte del ayate de maguey, que, por carecer de empaste, debería haberse deteriorado hace ya cientos de años.

2ª Tras haberse formado la imagen original, en un determinado momento manos humanas añadieron el moño y la luna, quizá por razones simbólicas, dado que la luna era un elemento importante en la mitología morisca y azteca.

3ª Algún tiempo después de pintados el moño y la luna, fueron añadidas las decoraciones doradas y la línea negra, el ángel, el «pliegue azteca de tilma» del manto, el resplandor, las estrellas y el fondo, tal vez durante el siglo XVII.

Estas sobreposiciones son obra de manos humanas y dan a la imagen un toque hispano-gótico. Con toda probabilidad, por ese mismo tiempo la tilma fue montada sobre un bastidor sólido y añadidos al fondo el colorido anaranjado del resplandor y el blanco pintado al fresco. Por primera vez vino a encontrarse todo el ayate cubierto con pintura. Resulta absurdo que el indio Juan Diego llegase hasta el palacio del obispo envuelto en una tilma «tiesa» por el fresco aplicado a la tela.

En consecuencia, la imagen original debe de haber sido la sencilla figura de la Virgen sobre el ayate. Es decir, lo que es exclusivamente el cuerpo: rostro, manos, túnica, manto y pie.

4ª Es bien sabido que durante la gran inundación del año 1629, el sagrado retrato fue llevado en canoa, desde la ermita junto al cerro del Tepeyac hasta la catedral de la ciudad de México, y que el arzobispo don Francisco de Manso y Zúñiga hizo la promesa de no devolver la imagen a la ermita hasta que pudiera llevarla «a pie enjuto». En mi opinión, durante ese tiempo —entre 1629 y 1634—, cuando la imagen fue trasladada de nuevo a la ermita del cerro, la tilma fue doblada en dos ocasiones en tres partes, causando las huellas de dobleces que cruzan el tercio superior y el inferior del cuerpo.

Con toda probabilidad, la sagrada imagen sufrió entonces algún daño causado por el agua, sobre todo en la parte inferior y en los bordes, y fueron añadidos el ángel y otras decoraciones para cubrir los deterioros. Algo análogo se hizo con los parches cosidos a la sábana santa de Turín, para subsanar los estragos causados por el fuego a la reliquia.

Todos estos «añadidos» humanos deben de haber sido hechos después de 1634, cuando la imagen se encontraba ya en la ermita del Tepeyac, o bien durante su estancia de cinco años en la ciudad de México, puesto que las huellas de los dobleces no se extienden al fondo o rayos de sol que rodea el cuerpo de la Virgen.

5ª Probablemente, los pigmentos empleados en pintar los añadidos o retoques pueden ser identificados con facilidad. Sin embargo, no será posible llegar a una identificación definitiva de los citados pigmentos originales hasta que no se obtengan muestras de los colores que permitan efectuar un análisis químico moderno. Y aun así puede que sea imposible identificarlos.

En resumen, la sagrada imagen original es INEXPLICABLE. El moño y la luna fueron probablemente añadidos en el siglo XVI por un indio y por otras manos, también humanas, las decoraciones góticas y el resplandor del fondo, con el fin de tapar los desperfectos producidos por el agua y para preservar los bordes del lienzo.

Le pintaron una corona

Discusión

Pueden pensar mis lectores —escribe Callagan— que decorar una sagrada imagen, como ciertamente se hizo, es una forma poco reverente de tratar un don de Dios. Pero, evidentemente, no hay tal, sobre todo si la imagen sufrió serios daños causados por el agua durante la inundación de 1629. La sábana santa de Turín, que se guarda oculta a los ojos de los fieles, fue tratada de manera similar.[47] No existe ciertamente la garantía de que un hecho milagroso haya de durar para siempre. Hechos documentados con certeza, como las apariciones de Lourdes, han durado unos cuantos días. Desde este punto de vista, la Virgen de Gua-

---

[47] Smith y Callagan se refieren al incendio que sufrió la capilla de Chambéry, donde se hallaba entonces la urna con la sábana santa, el 3 de diciembre de 1532 y que estuvo a punto de reducirla a cenizas. Las aristas de plata que ceñían su urna de cristal irradiaron un calor tal que chamuscó los pliegues en que estaba doblado el lienzo.

dalupe constituye sin duda un caso único. Y es también único el que haya permanecido como símbolo unificador de un grande y reverente pueblo durante cuatro siglos y medio.

Los retoques hechos a la imagen, de la Virgen, aun cuando de ninguna manera puedan compararse con el original en elegancia técnica, añaden sin embargo un elemento humano que es, a la vez, encantador y edificante.

Ninguno de los añadidos o retoques, ya se trate de la luna, del «pliegue azteca», de la fimbria negra y de la dorada, del ángel o de lo que sea, tomados individualmente, confiere un mayor valor al retrato. Pero, tomados en conjunto, su efecto es fascinante. Como por arte de magia, las decoraciones acentúan la belleza de la original y elegantemente retratada Virgen María. Es como si Dios y el hombre hubieran trabajado juntos para crear una obra maestra.

Las resquebrajaduras del borde de la luna negra demuestran sin género alguno de duda que ésta se encontraba pintada antes que el fondo y también antes que el ángel y que el «pliegue azteca de tilma», que se sobrepusieron a ella. Podemos suponer con razonable justificación que esos toques simbólicos aztecas fueron añadidos con alguna anterioridad a la inundación de 1629, y tal vez por un indio artista en la ermita misma. Definitivamente, pues, moño y luna fueron añadidos, pero es un misterio cuándo y por qué.

La ermita del cerro del Tepeyac no era un templo moderno con aire acondicionado, sino, con toda certidumbre, un espacio abierto y con ventanas, húmedo (la ciudad de México estaba entonces en mitad de una serie de lagos) y en el que flotaba el humo de las numerosas velas.[48]

Hemos estudiado con gran detalle la emisión de las velas, e incluso realizamos el primero y único espectro infrarrojo de alta

---

[48] La primera ermita o «ermitilla» de Guadalupe fue construida por los propios indios, a instancia del obispo de México, fray Juan de Zumárraga. Era pequeña y angosta —fabricada con adobe— y albergó a la imagen hasta 1557. Una segunda y humilde ermita, ampliada por fray Alonso de Montúfar, acogió la tilma hasta 1622, en que se construyó el primer templo propiamente dicho.

También las líneas o «arabescos» que se ven sobre la túnica son añadidos. La extraña «cruz» que aparece entre estos dibujos, y que guarda semejanza con la «cruz» del mítico dios azteca —Quetzalcóalt— ha levantado las más singulares y esotéricas interpretaciones. Algunos especialistas, incluso, aseguran que tales «arabescos» encierran un «mensaje» todavía por descifrar...

Callagan realizó este dibujo de la imagen de Guadalupe, una vez eliminados todos los añadidos y retoques. En opinión del científico, bajo los rayos de hojas de oro, puede haber un no menos misterioso resplandor.

Las manos originales eran más largas.

La imagen que se conserva en la iglesia de San Esteban Aveto, y que fue llevada por Doria a la batalla de Lepanto fue ejecutada hacia 1571. En dicha copia, como se ven, ya aparecían los retoques y añadidos.

resolución del petróleo y de las velas de cera. El hollín de las velas votivas es la menos dañina de las sustancias que se desprenden de la combustión. Al arder, la cera emite un devastador ejército de destructivos hidrocarburos y de iotizaciones que tras un largo período deberían haber destruida la imagen original.

He medido más de 600 microwatts de «luz ultravioleta» próxima, emitida por una sola vela de las que se usan en las iglesias católicas. Si multiplicamos este dato por centenares de velas votivas, colocadas en el altar de una pequeña capilla, cerca de la pintura, carente de la protección de un vidrio que filtre esta radiación ultravioleta, es imposible comprender cómo la imagen ha podido siquiera sobrevivir. El exceso de rayos ultravioletas deja sin color, y rápidamente, la mayoría de los pigmentos, tanto orgánicos como inorgánicos, en especial los azules.[49]

A pesar de esto, el retrato original se conserva tan fresco y lozano como en el día en que fue formado. Por encima de cualquier duda, las fotografías infrarrojas prueban que el azul del manto y el rosa de la túnica son originales y que nunca fueron retocados ni sobrepintados. Es más: han permanecido indemnes al tiempo, a pesar de los cuatro siglos y medio transcurridos.

En realidad no podemos saber con certeza hasta qué punto

---

[49] La suavidad sedosa que presenta la tilma por su parte frontal (la que se ve directamente) fue atribuida por los protomédicos que la analizaron en el siglo XVII a un «efecto milagroso». El pintor Cabrera también confirmó este hecho: mientras el haz o zona derecha del ayate se presenta suave al tacto, el revés del tejido conserva su natural aspereza. «como si fuera de bramante o cotense de mediana clase», según expresión textual del referido pintor del siglo XVIII.

Sin embargo, este supuesto «efecto milagroso» se debe en realidad a un fenómeno natural, íntimamente ligado a los rayos ultravioletas, tal y como ha demostrado el químico norteamericano, doctor M. McMaster. Según este científico, el ayate ha estado expuesto a la luz diurna durante cuatrocientos cincuenta años. Ahora bien, a grandes altitudes, como sucede en la altiplanicie mexicana, con sus 2 200 metros, los rayos luminosos normales van mezclados con grandes dosis de rayos ultravioletas. Pues bien, fue la acción de estos rayos ultravioletas la que suavizó la superficie de la tilma de Juan Diego, mientras que su reverso ha conservado el carácter áspero.

pudo ensuciarse y ahumarse la tilma durante su primer siglo de existencia. Cualquier persona que haya vivido en las proximidades de una estación de ferrocarril entenderá sin dificultad nuestra extrañeza ante la misteriosa limpieza que presenta el ayate. Mucho más, después de sufrir, incluso, una inundación. Aquel periodo de tiempo en que la tilma fue trasladada a México capital (1629-1634) pudo ser una magnífica ocasión para efectuar un trabajo adicional en las zonas de la tilma que rodean a la imagen propiamente dicha.

Llegados a este punto, podemos suponer —prosiguen Smith y Callagan en su informe— que este trabajo de retoque fue llevado a cabo bajo la supervisión del buen franciscano fray Miguel Sánchez. En efecto, si leemos su bello y místico libro titulado *Imagen de la Virgen María Madre de Dios, de Guadalupe, milagrosamente aparecida en la ciudad de México, celebrada en su historia, con la profecía del capítulo doce del Apocalipsis*, veremos cómo confiesa llanamente haberlo hecho él mismo.

Originariamente puede haber sido añadida también una corona, porque hay restos de pintura sobre la cabeza. Sin embargo, por qué fue borrada con posterioridad es todavía un misterio...

Es de sumo interés la última parte del citado libro del padre Sánchez. En ella parece justificar la restauración y las añadiduras hechas a la imagen original. Y si se tiene en cuenta el probable mal estado en el que se encontraban las partes de la tilma no cubiertas por la imagen original, parece que hizo una cosa sensata.

8. LOS POSIBLES RESPONSABLES
DEL «DESAGUISADO»

Lo oscuro y complejo de este informe de Smith y Callagan sobre la imagen de la Virgen —al menos para los profanos como yo en materia de técnicas pictóricas y de restauración— a punto estuvo de hacerme desfallecer. Me faltó el canto de una peseta para retirarlo del presente trabajo. Como he mencionado en páginas anteriores, sólo el afán por ofrecer un máximo de información sobre el misterio de la Señora de Guadalupe me ha forzado a transcribirlo casi en su totalidad. Espero que el paciente lector sabrá comprenderlo...

Es precisamente ese carácter angosto y farragoso del estudio de los norteamericanos lo que me ha movido a tratar de sintetizar en cuatro palabras el referido y polémico análisis «al infrarrojo».

Si no he comprendido mal, Smith y Callagan afirman que la figura de la Virgen —mejor dicho, parte de la figura— no tiene explicación. Su origen, en otras palabras, podría ser encajado dentro de lo «milagroso» o «sobrenatural».

Esa parte misteriosa e inexplicable —según los investigadores— abarca la cabeza, manos, túnica, manto y el pie derecho. El resto —rayos, orla de la túnica, las cuarenta y seis estrellas, los dibujos o arabescos de la túnica rosada, el broche que aparece al cuello, las pulseras, el moño o lazo del ceñidor, la línea negra que perfila el dorado, el pliegue inferior horizontal de la túnica, el ángulo verdoso del manto y que cuelga en el lado derecho, la luna y el ángel— fueron añadidos por manos humanas. Y los científicos se arriesgan, incluso, a señalar al «culpable»: el padre Miguel Sánchez.

En mi modesta opinión —y después de consultar a no pocos especialistas mexicanos— creo que Smith y Callagan se equivocan a la hora de citar al presunto retocador. El padre Miguel Sánchez —que, dicho sea de paso, no fue franciscano, como apuntan los norteamericanos, sino sacerdote del clero diocesano— escribió el libro que citan Smith y Callagan en el año 1648. Es decir, poco tiempo después de la catastrófica inundación de 1629 y que, como ya he comentado, hizo que la tilma que se guardaba en la ermita del Tepeyac fuera trasladada hasta la ciudad de México. Aquí permaneció varios años y, posteriormente, en 1634, devuelta al cerro.

Como muy bien afirma el padre Cervantes Ibarrola, «es innegable que el padre Sánchez da pie para pensar que puso mano en la imagen, retocándola o pintándola sobre el modelo de la Mujer del Apocalipsis».

En el referido libro de M. Sánchez pueden leerse, por ejemplo, párrafos como los siguientes que, efectivamente, resultan sospechosos: «...yo me constituí Pintor devoto de aquesta santa Imagen, Escriviéndola; he puesto el desvelo possible. Copiándola; amor de Patria, Dibujándola; admiración cristiana, Pintándola; pondré también la diligencia, Retocándola».

Sin embargo, tres grandes escritores guadalupanos que conocieron personalmente al padre Sánchez —Becerra Tanco, Lasso de la Vega y el padre Florencia— no hacen la menor alusión a los supuestos retoques. Si el padre Sánchez hubiera sido el autor del desaguisado, en las crónicas de la época aparecería como tal. En este sentido, el citado padre Florencia, refiriéndose al libro de Sánchez, nos da ya una pista: «... su lectura —dice— es enmarañada y difícil, por lo cual se hizo necesario entresacar lo verdaderamente histórico de entre la entretenida y curiosa amenidad de floridas erudiciones».

En otras palabras: que el amigo Sánchez no era muy de fiar como historiador...

Descartado entonces el padre Miguel Sánchez como verdadero autor de los añadidos y retoques a la imagen de la Virgen, ¿quién o quiénes pudieron llevar a cabo el trabajo? Y, sobre todo, ¿cuándo?

No fue fácil despejar ambas incógnitas. En realidad, ni los más eruditos autores tienen seguridad absoluta sobre la personalidad de dicho personaje o personajes. Hay sospechas, nada más.

Lo que sí parece claro —y pude confirmarlo durante mi estancia en México a través de numerosas obras y de las opiniones de los historiadores— es que los añadidos se practicaron en dos épocas muy distintas y distantes en el tiempo.

En primer lugar, en el siglo XVI y poco tiempo después de la misteriosa aparición de la imagen en el ayate de Juan Diego.

Por último, en el siglo XX.

En aquel primer momento —y según todos los indicios—, las manos humanas llevaron a cabo la mayor parte de los retoques.

Basta con estudiar los más antiguos y destacados testimonios escritos, pictóricos y escultóricos que se conservan por el mundo sobre la imagen de la Guadalupana para deducir que tales añadidos tuvieron que ser realizados poco después de la enigmática «impresión» de la imagen en capa del indio.

Y por aquello de no fatigar al lector con otro aluvión datos sobre el particular, me limitaré a enunciar —por orden cronológico— aquellos documentos principales en los que se describe a la Virgen tal y como hoy la conocemos; es decir, y según los descubrimientos de los científicos norteamericanos, con los añadidos incluidos:

1) El propio *Nican Mopohua*, del sabio indígena Antonio Valeriano, fue escrito poco después del gran acontecimiento. Más o menos, hacia los años 1560 según algunos autores y entre 1545 y 1550, según otros. Como se aprecia en el capítulo del *Nican* dedicado a la descripción de la imagen, ésta se presentaba ya a la vista de todos con los rayos, luna, ángel, lazo, estrellas, etc., que, repito, son fruto de los pinceles humanos.

2) La célebre imagen que se venera en la actualidad en la localidad italiana de Aveto. Dicho estandarte fue regalado por Felipe II a Andrés Doria, que lo tuvo a su lado en la batalla de Lepanto. El hecho nos sitúa en 1571. Si tenemos en cuenta que en la confección de la imagen y en su traslado a España pudieron transcurrir, como mínimo, dos años, la «descripción pictórica» que nos presentan de la venerada Virgen de Guadalupe, en Aveto, se remonta a unos treinta y ocho años después del suceso de «las rosas de Castilla».

En esta Virgen de Aveto aparecen los mismos detalles que vemos en el original, con una excepción: los rayos o resplandor que nace a lo largo de todo el cuerpo de la Señora se prolongan por encima de la cabeza, cerrándose en pico.[50]

3) El grabado de madera que suele reproducirse en el libro del eminente historiador Becerra Tanco —*Felicidad de México*—, y en el que se nos presenta la ya conocida imagen de la Guadalupana, con todos los retoques en cuestión. Se-

[50] El original fue recortado hacia 1770 para colocarlo en el marco actual.

gún los expertos, el grabado pudo ser ejecutado en España entre los años 1590 y 1620. Con excepción de la corona, las tres imágenes de la Virgen que reúne el libro son exactas a la que han analizado Smith y Callagan.

4) La imagen guadalupana del magnífico mosaico en pluma, que se conserva en el Museo Michoacano de Morelia y que fue elaborada —según los especialistas en la materia— hacia 1590. Salvo las lógicas excepciones de las cuarenta y seis estrellas del manto y de los dibujos o arabescos de la túnica, el resto de la imagen es igual al que hoy se venera en la basílica del Tepeyac.

5) Pocos años más tarde, en 1612, fray Alonso de la Oliva hizo pintar una pequeña copia —no muy galana— con el fin de situarla en su misión de San Francisco de Conchos, en el actual estado mexicano de Chihuahua. Era una imagen idéntica —yo diría que «gemela»— a la actual.[51]

6) Las llamadas *Informaciones de 1666*. No voy a extenderme ahora en tales documentos, que constituyen una pieza básica a la hora de demostrar la realidad física e histórica del indio Juan Diego, puesto que dedico un amplio «informe» a tales hechos en mi segundo libro.

Sí diré —a título puramente informativo— que en dichas *Informaciones*, que no fueron otra cosa que una serie de encuestas e interrogatorios entre los indios, españoles y criollos sobre el «milagro de las rosas», los ancianos indígenas de Cuautitlán (pueblo natal de Juan Diego) declararon a los «investigadores» eclesiásticos que, desde siempre», habían conocido la imagen de la Señora de la misma forma y manera como se conservaba en las fechas de las mencionadas *Informaciones de 1666*.[52]

---

[51] La imagen de 1612 fue reproducida por Lauro López Beltrán en el *Álbum Guadalupano* (Jus, México, 1973).

[52] Las llamadas *Informaciones de 1666* nacieron a raíz de la petición del

Entre estos indios, uno de los más ancianos —Gabriel Xuárez, de 110 años— certificó que «de la mesma manera que la vido (hace) ahora ochenta, y noventa años la vido hace dos años, sin perder punto de sus colores, y hermosura».

Este dato nos traslada, aproximadamente, a 1580.

De semejante manera, los siete testigos indios restantes declararon también ante los responsables de la «información» que debía ser remitida a Roma sobre el suceso del

canónigo doctoral de la catedral de México, Francisco de Siles, a Roma de tres privilegios litúrgicos en honor de la Virgen de Guadalupe. Esto ocurría en 1663. Con este motivo se llevaron a cabo las primeras informaciones o «noticias» sobre los misteriosos hechos ocurridos en el año 1531 en el cerro del Tepeyac y en la casa o palacio del obispo, Juan de Zumárraga. Pero el Vaticano no consideró aquellas informaciones muy correctas y suficientes y contestó a México «que no canonizaba imágenes». Que para conceder lo que se pedía era preciso levantar antes unas informaciones «como Dios manda». (Estas peticiones de los devotos guadalupanos, en síntesis, eran, las siguientes: 1) Que la Virgen de Guadalupe tuviera su misa propia, en cuyo texto se insertara la noticia de sus apariciones a los indios videntes y la estampación de su imagen en la tilma o ayate de Juan Diego. 2) Que se le concediera también su Oficio Divino propio y en sus lecciones se hablara de sus visitas y «autorretrato». 3) Que el 12 de diciembre de cada año fuera día de precepto. En aquel tiempo, la fiesta de la Virgen de Guadalupe se celebraba el 8 de septiembre, día de la Natividad de Nuestra Señora).

Roma comunicó igualmente que, de momento, enviaba un cuestionario para ser rellenado por jueces, testigos y notarios. (La burocracia vaticana —como vemos— ha funcionado desde hace mucho...) Pero el cuestionario no terminaba de llegar y el canónigo Siles, temeroso de que se le fueran muriendo los testigos directos de los hechos, formuló por sí mismo el cuestionario de marras. Y empezaron las llamadas *Informaciones de 1666*. En estos interrogatorios, efectuados en Cuautitlán (pueblo natal de Juan Diego y Juan Bernardino) y en la sala capitular de la catedral de México, respondieron a todo tipo de preguntas un total de veintiún testigos: ocho indios ancianos, de ochenta a cien años, doce sacerdotes, dos nobles españoles y el bachiller Luis Becerra Tanco.

Tepeyac. Y afirmaron textualmente: «...la imagen se conserva con las mismas colores de su Rostro, Manos, Ropage y Túnica, y Manto, Nubes blancas, Estrellas y Rayos».

Estos testigos no mencionan la luna ni el ángel.

Los otros once declarantes —letrados o notables, mexicanos los más y varios de ellos nacidos y criados en la Ciudad de México— respondieron de idéntica forma que los testigos indios. Diez de ellos, además, afirmaron que el «seraphin» que está a los pies de la imagen se conservaba muy bien.

Tres de estos criollos y españoles hacen, incluso, en las *Informaciones de 1666* una puntualización que resulta de suma trascendencia para aquellos que niegan que la imagen de la Virgen haya sido retocada jamás.

Este Testigo —afirman— no ha sabido, oído, ni entendido de persona alguna, que desde la aparición de dicha Santa Imagen, se le hayan renovado por ningún artificio de Pintor los colores de su Sacratíssimo Rostro, Cuerpo y todo lo demás de que está adornado su Santíssimo Retrato.

Las últimas investigaciones de Smith y Callagan no dejan en muy buen lugar a estos tres testigos del siglo XVII. Aunque también es más que probable que los retoques y añadidos fueran hechos en el más riguroso de los secretos. Ello justificaría las declaraciones de estos notables del lugar. Pero dejemos para el final de este capítulo las teorías sobre las posibles razones que movieron a los eclesiásticos del siglo XVI a retocar la imagen inicial...

7) A la hora de «reforzar» las *Informaciones de 1666*, los encargados de la investigación solicitaron también el concurso de especialistas. Y entre los primeros que acudieron a «dar fe» de la realidad de la sagrada imagen se encontró un

equipo de «médicos». Los tres galenos en cuestión fueron Luis de Cárdenas Soto, Jerónimo Ortiz y Juan de Melgarejo, todos ellos catedráticos de la Real Universidad.

Como buenos científicos, lo primero que hicieron fue establecer, con meticulosa metodología, el objeto y razón de sus investigaciones. (El doctor Melgarejo, precisamente, era catedrático de Metodología).

Pues bien, los tres «protomédicos» de la «Nueva España» —que examinaron el lienzo por ambas caras— declararon el 28 de marzo de 1666 «que es inexplicable su conservación, en un ambiente tan corrosivo, que no ha sido suficiente a apagar lo brillante de las estrellas que la adornan, ni a ofuscar la luna... sólo logrando la porfía en lo sobre puesto que algún devoto afecto quiso por adornar con el arte de añadir a los rayos del Sol oro, y a la luna Plata, haciendo presa en éstas poniendo la plata de la luna, negra, y el oro de los rayos desmayarlo y deslucirlo con hacerlo caer por sobre puesto. Pero el original de las estrellas, a el oro propio de su vestido, a el colorido de su rostro, y a la viveza del colorido de sus vestiduras, los ha venerado...».

Por último —y por no alargar más la lista de testimonios en los que las descripciones de la imagen coincide con la que hoy se venera en el altar mayor de la gran basílica mexicana— me referiré a las doce hojas que escribió el licenciado Luis Becerra Tanco en este mismo año de 1666 y que presentó al cabildo de la catedral de México. Once años más tarde, una vez fallecido, el documento —titulado *Felicidad de México en el principio y milagroso origen del santuario de la Virgen María de Guadalupe*— fue publicado por su amigo Antonio de Gama. En este trabajo, Becerra Tanco describe la imagen tal y como hoy podemos contemplarla en el Distrito Federal. El libro, por cierto, alcanzó hasta dieciséis ediciones; dos de ellas en España y en el propio siglo XVII.

Franciscanos y dominicos, a la greña

En resumen, si el documento más antiguo de que disponemos hoy, y en el que se hace ya una exhaustiva descripción de la imagen de la Señora de Guadalupe, se remonta a los años 1545 o 1550, ello quiere decir, lógicamente, que los retoques y añadidos tuvieron que ser ejecutados sobre el original entre estas fechas y 1531, fecha de las apariciones.[53]

Tenemos ahí, por tanto, entre catorce y veinte años «en blanco»... Unos años, en mi opinión, en los que la imagen original —muy distinta a la que hoy conocemos, tal y como señalan Smith y Callagan— fue «transformada» a base de rayos, luna, ángel, estrellas, etc.

Pero, ¿quién o quiénes pudieron ser los autores?

Por más que pregunté e investigué, nadie supo darme razón. No han quedado documentos que arrojen luz sobre tales trabajos y, si existen, están perdidos.

Sólo disponemos de un único indicio, sumamente frágil, dadas las circunstancias en que fue hecho público. Me refiero al famoso sermón que pronunciara el 8 de septiembre de 1556 el no menos célebre franciscano fray Francisco de

[53] El 26 de diciembre de aquel histórico año de 1531, la tilma de Juan Diego fue llevada, como ya he comentado en otras oportunidades, a la humildísima capilla que habían levantado los propios indios a los pies del cerro del Tepeyac. Fue llamada la «Ermita». La imagen fue conservada en la «Ermita» desde 1531 hasta 1622, fecha en que se inicia la construcción de una gran Basílica. Fue entonces trasladada temporalmente a una iglesia. De este nuevo templo fue trasladada en 1629 a México capital. Concretamente a la Catedral y con motivo de la ya referida grave inundación. En 1634 fue devuelta al Tepeyac. Desde 1648 a 1709, la imagen permaneció en la ampliada Ermita de los Indios, con objeto de levantar lo que más tarde sería llamada la Colegiata. De 1888 a 1896 permaneció en el templo de Capuchinas y el 11 de octubre de 1976, al fin, fue definitivamente situada en el altar mayor de la gran Basílica de Guadalupe. La vieja Basílica había comenzado a hundirse y fue necesario cerrarla al culto.

Bustamante. Presa de gran excitación e ira (siempre según los «antiaparicionistas»), el mencionado fraile la emprendió contra la imagen de la Virgen de Guadalupe, contra sus supuestos milagros y contra todos aquellos que le eran devotos. En mitad de la homilía, el amigo Bustamante llegó a decir que la referida imagen de la Virgen Tepeyacense «la había pintado el indio Marcos».

El fenomenal escándalo —que terminaría por costarle al franciscano Bustamante el destierro y todo un «rosario» de lindezas e improperios— arrancó como consecuencia, al parecer, de otro sermón. Dos días antes —el 6 de septiembre—, el entonces segundo obispo de México, fray Alonso de Montúfar, sucesor del protagonista del «milagro de las rosas», fray Juan de Zumárraga, pronunció una fervorosa plática en la catedral, refiriéndose al carácter milagroso de la imagen de la Guadalupana. (El sermón estaba plenamente justificado ya que se trataba de la antevíspera de la fiesta titular de Nuestra Señora de Guadalupe, que en aquellas fechas se festejaba el 8 de septiembre).

Entre otras comparaciones, Montúfar equiparó en su homilía a la Guadalupana con la imagen de la Virgen de la Antigua, venerada en la catedral de Sevilla y «cuya pintura —dijo— se atribuye al ministerio de los ángeles». La comparó también con la imagen de Nuestra Señora de los Remedios, cuya efigie se venera en muchos santuarios de España; con la Virgen de los Reyes, patrona de Sevilla, que se venera en la capilla real y que fue regalo de san Luis, rey de Francia, a san Fernando, rey de España. Igualó también la imagen de la Virgen del Tepeyac con la de Nuestra Señora de Montserrat, «cuyo origen prodigioso se remonta a las últimas décadas del siglo IX».

«El supernaturalismo de nuestra Guadalupana —afirmó ante cientos de fieles— es similar al de la imagen de Nuestra Señora de la Peña de Francia».

Por último, el obispo de México la equiparó a la Virgen de Loreto, en Italia.

Con todo ello quiso dar a entender que, «al igual que estas imágenes europeas tenían un origen maravilloso, otro tanto sucedía con la del Tepeyac...».

Había por aquellas fechas una agria rivalidad entre los franciscanos y dominicos —a cuenta, sobre todo, del poder y atribuciones de cada una de estas Órdenes en los asuntos de la administración y evangelización de la «Nueva España»[54]— y no faltaron oyentes del sermón de Montúfar

---

[54] El conflicto entre frailes dominicos y franciscanos —nos cuenta Lauro López Beltrán— tuvo su origen en los siguientes hechos: reconociendo las citadas órdenes religiosas la necesaria instalación del gobierno diocesano, redactaron y suscribieron una solicitud al rey de España, en 1626 —cuando ellas actuaban a su gusto, sin obispo—, en la que pedían, entre otras gracias:

«1ª. Que los obispos sean religiosos y no tengas rentas.» Esto es, no querían al clero secular, temerosos de que los reemplazaran y desplazaran. Querían ser únicos...

«2ª. Que los obispos sean elegidos por los religiosos de Santo Domingo y San Francisco (dominicos y franciscanos) y que, *ipso facto*, hecha la elección, sin más trámites, sean confirmados y obligados a aceptar *sub praecepto Papae*, como si fuera mandato pontificio».

O sea, que querían tener por obispos a los que les conviniera. El Papa, además, tenía que aceptar.

«3ª. Que para la elección del Arzobispo Metropolitano intervinieran los religiosos y aceptaran sus decisiones *sub praecepto* (bajo mandato), y en forma inapelable».

Como quien dice, que las dichas órdenes religiosas tuvieran casi la «exclusiva», marginando, si fuera posible, el poder del rey y la autoridad del pontífice de Roma.

En este sentido, el padre Jesús García Gutiérrez nos explica que «antes de la llegada de fray Juan de Zumárraga, la evangelización de estas tierras estaba exclusivamente a cargo de los religiosos, los cuales expusieron a la Santa Sede que eran muchos y frecuentes los casos que se les ofrecían en los que era indispensable la intervención de la Santa Sede, pero como las comunicaciones eran tan dilatadas y difíciles, era casi imposible recurrir a Roma en cada caso...»

que, esa misma tarde, acudieron más que presurosos hasta el Provincial de los franciscanos, fray Francisco de Bustamante, para terminar de «envenenar» al ya temperamental fraile.

Debía de «llover sobre mojado» porque Bustamante, en su plática del mencionado día 8 de septiembre en la capilla de San José de los Naturales, en el convento de San Fran-

El entonces Papa —Adriano VI— expidió, con fecha 9 de mayo de 1522, un breve en el que concedió a todos y cada uno de los religiosos misioneros la «omnímoda potestad pontificia» para todo aquello que no tuviera necesidad de ejercicio de orden espiritual y mientras no hubiera obispos a quienes recurrir. Los religiosos se creyeron dueños absolutos del campo, olvidando que su misión era preparar el terreno para establecer la Jerarquía Eclesiástica y por eso, en 1526, pidieron al rey que alcanzara de la Santa Sede que no hubiera aquí obispos residenciales, sino tan sólo obispos de anillo, que son los que ahora llámanse titulares y que éstos fueran religiosos que seguirían sujetos a la obediencia, con lo cual los franciscanos y dominicos en cuestión ejercerían la jurisdicción y, cuando necesitaran un acto de orden episcopal, echarían mano de los obispos de anillo. Su petición, naturalmente, no fue escuchada.

Y no sólo no les fue concedido lo que pedían, sino que, para enredar aún más el tema, llegaron obispos nombrados por Roma. A pesar de ello, los religiosos siguieron haciendo uso de los (antiguos) privilegios y al poco —en 1537— estalló el primer conflicto. En ese año, los señores obispos escribieron al rey, explicándole que los religiosos «hoy día usan de ella (la "omnímoda") y dispensa en (casos) en que los obispos no osamos, diciendo (los religiosos) que tienen más autoridad» y pedían que hubiera en estas partes un legado apostólico a quien acudir «porque es mucho inconveniente y detrimento de la dignidad obispal que vean estos naturales que los frailes tengan más poder que los obispos... que públicamente dicen que pueden más que nosotros y así se atreven a disponer lo que Nos no osamos y lo publican y predican que ellos pueden».

Ante tanta indisciplina, el segundo obispo de México, Montúfar, dijo que se necesitaban clérigos nativos sin «la codicia del que viene de España», para que no tuvieran el hipo de querer volverse los que de allá venían cuando se trataba de meterlos en cintura. Pero, para tener clérigos mexicanos se requería el pago de los diezmos, al cual —como era de prever— se opusieron los religiosos.

cisco, la emprendió —¡y de qué forma!— contra el obispo, contra la imagen de la Virgen y, como decía anteriormente, contra todos aquellos que creían en ella...

En síntesis, el franciscano dijo que «él no era devoto de Nuestra Señora de Guadalupe. Que la imagen de la Virgen del Tepeyac la pintó el indio Marcos. Que su devoción había comenzado sin fundamento alguno. Qué bueno habría sido que al primero que dijo que la Virgen de Guadalupe hacía milagros, le hubiesen dado cien azotes y que se deberían dar doscientos al que en adelante lo volviese a decir. Y que encargaba mucho el examen de este negocio al Visorrey, Presidente y Oidores de la Real Audiencia, que estaban presentes, que por eso el Virrey tenía jurisdicción espiritual y temporal».

La sorpresa del auditorio debió de ser de órdago cuando, en mitad de semejante «borrasca», Bustamante acusó al obispo poco menos que de ladrón...

...Dijo el franciscano que se maravillaba mucho de que el señor arzobispo predicara en los púlpitos, afirmando los milagros atribuidos a la Santa Imagen.

Y alegó el fraile —siempre con «el rostro airado» y «demudada la color», según los testigos— que las limosnas que se daban en la Ermita de Guadalupe no sabía en qué se gastaban ni consumían.

Montúfar fue informado de inmediato y su cólera fue también épica. Abrió un proceso contra Bustamante y el fraile, como dije, terminó por ser «desterrado» al convento franciscano de Cuernavaca, «con el pretexto de que aprendiera el idioma mexicano...».

En 1561 partió de México rumbo a España, donde falleció al año siguiente, siendo enterrado en el convento de San Francisco el Grande, en Madrid.

Y cuenta Antícoli «que Felipe II no lo presentó para ningún obispado, en castigo por el desacato cometido en México».

Con los antecedentes ya expuestos, en torno a las relaciones entre frailes misioneros y obispos, la verdad es que el arrebato de Bustamante resulta, por lo menos, comprensible. No es que yo trate de justificar al franciscano, pero —enjuiciada dentro de los «aires» que corrían en aquellos años— su actitud contra Montúfar entra dentro de la lógica humana. Al fraile le «calentaron los cascos» y terminó por lanzarse «a tumba abierta» contra el obispo. ¿Y cuál podía ser el lance que humillara más duramente al sucesor de Zumárraga? Bustamante sabía de la gran devoción de Montúfar por la Guadalupana (no olvidemos que el segundo obispo mandó construir la segunda ermita) y atacó por ese lado.

Y es muy probable que fray Francisco Bustamante dijera parte de la verdad cuando se refirió al indio Marcos.

Veamos por qué...

En 1558, el gran historiador Bernal Díaz del Castillo hace grandes elogios en el capítulo XCI de su *Verdadera historia de la conquista de la Nueva España* de tres pintores indios. Dice textualmente:

Tres indios hay ahora en la ciudad de México tan primísimos en su oficio de entalladores y pintores, que se dicen Marcos de Aquino y Juan de la Cruz y el Crespillo, que si fueran en el tiempo de aquel antiguo o afamado Apeles, o de Miguel Ángel, o Berruguete, que son de nuestros tiempos, también los Pusieran en el número de ellos.

Muy bueno debía de ser el tal indio Marcos para que fuera comparado, nada más y nada menos, que al gran Miguel Ángel Buonarroti. El caso es que en el siglo XX, Primo Feliciano Velázquez, uno de los grandes historiadores del guadalupanismo, se propuso seguir la pista de este misterioso indio Marcos. Y, además del testimonio de Bernal

Díaz del Castillo, encontró que Juan Bautista, en sus Anales de 1564 a 1566, también lo menciona.

Aunque hay una cierta confusión a la hora de citar el nombre del indio —Juan Bautista lo llama «Marcos Cípac» y Díaz del Castillo, «Marcos de Aquino» (capítulo XCI) y «Andrés de Aquino» (capítulo CCIX)— todo parece señalar que el personaje existió. Se dice, incluso, que el tal «Marcos» fue discípulo y aventajado pintor en la Escuela de Artes y Oficios que fundó fray Pedro de Gante en el convento de San Francisco, en la ciudad de México. En 1554, según parece, pintó en dicho convento —precisamente en la capilla de San José de los Naturales— un gran retablo.

Es decir, el indio Marcos no fue un fantasma, como han pretendido algunos radicales defensores del carácter milagroso de la imagen del Tepeyac. Nació en 1513 y desplegó su actividad pictórica entre los años 1550 y 1570.

Era más que posible que Bustamante —que dirigía aquel convento— hubiera conocido personalmente a dicho pintor y que, incluso, pusiera en sus manos la ejecución de alguna pintura.

A lo largo de esos años, el franciscano pudo conocer —por boca del propio Marcos— algún que otro «secreto», en relación a los retoques y añadidos que habían sido hechos sobre el lienzo o ayate original en el que aparece la imagen de la Señora de Guadalupe.

Como hipótesis es perfectamente válida, al menos mientras no se descubran pruebas definitivas que revelen la auténtica personalidad del pintor o pintores que llevaron a cabo el «trabajo».

De no ser así, ¿cómo entender la directísima alusión del fraile al indio Marcos? ¿Por qué no citó a cualquiera de los restantes pintores de su tiempo, posiblemente tan buenos como Marcos?

Está claro —al menos para mí— que Bustamante sabía «algo»... Pero, llevado de la ira, lo utilizó mal y a destiempo.

Y digo que lo utilizó mal porque, posiblemente, Bustamante no dijo toda la verdad. No dijo, sencillamente, que la labor del indio Marcos había consistido, básicamente, en un «arreglo» o «restauración» de algunas áreas de la imagen. A no ser, claro está, que el propio Marcos —siempre en secreto— le engañara, haciéndole creer que toda la imagen había salido de sus pinceles. No cabe duda de que también entra dentro de lo probable y que esto sí justificaría la airada filípica del provincial de la provincia del Santo Evangelio de la Orden Seráfica o Franciscana.

Pero estos argumentos, como anunciaba al principio, no están probados históricamente. Ni a favor ni en contra del indio Marcos. De ahí que deban quedar, provisionalmente, como una «posible solución» respecto a la autoría de los retoques de la imagen. Unos añadidos que, según los investigadores norteamericanos, son claros y evidentes a la luz de la Ciencia.

Y pasemos ya a la última parte de este capítulo: los retoques efectuados en pleno siglo XX.

1926-1929: La Iglesia manipuló el rostro en secreto

Recuerdo que en aquellos días andaba yo absorto por el asunto de los famosos retoques a la imagen de la Señora. Y en una de las inevitables reuniones con los miembros del obispado mexicano, uno de los sacerdotes hizo alusión casi de pasada y no en muy buen tono, a un estudioso que acababa de publicar un breve informe sobre este concretísimo tema. Se trataba de Rodrigo Franyutti, profesor de Filosofía y autor, en efecto, de un parco pero revelador *dossier* de

Imagen confeccionada en mosaico de plumas, sobre papel de maguey (siglo XVI).

Grabado que ilustra el libro de Becerra Tanco —«Felicidad de México»— y que pudo ser hecho entre 1590 y 1620.

treinta y dos páginas: «El verdadero y extraordinario rostro de la Virgen de Guadalupe».

Era lógico que amplios círculos eclesiásticos de la República Mexicana se mostraran hostiles hacia Franyutti. Tal y como pude verificar en varias entrevistas personales con dicho profesor, y después de una atenta lectura de su informe, la Iglesia mexicana en general, y la jerarquía de los años veinte en particular, no salían demasiado airosas. La causa, descubierta por Rodrigo Franyutti, eran unos retoques efectuados en el rostro de la imagen, precisadme entre 1926 y 1929.

Pero, ¿cómo averiguó el joven profesor mexicano que el rostro de la Virgen había sido alterado?

Una noche, a mi vuelta de la ciudad de Cuernavaca —donde me había entrevistado con el gran humanista, historiador y consumado especialista mundial en la Historia de las Religiones, el maestro Gutierre Tibón—, tuve una primera y fructífera conversación con Franyutti. Allí conocí su hallazgo.

En sus manos tenía un gran sobre amarillo, perfectamente cerrado. Debo reconocer que me intrigó desde el primer momento. ¿Qué contenía aquel sobre? Pero Rodrigo —siempre frío e inalterable, aunque cordial— hizo caso omiso de mis constantes miradas al sobre. Y empezó por donde debía empezar:

—La imagen de la Virgen de Guadalupe, como quizá sepas, empezó a ser fotografiada desde 1880, más o menos.

»En 1923, el conocido fotógrafo de la época, Manuel Ramos, llevó a cabo una serie de tomas fotográficas de gran calidad. Era el 18 de mayo. Aquellas imágenes del rostro de la Virgen iban a resultar de gran trascendencia. Te explicaré por qué.

»Las ampliaciones de Ramos dejaron perplejo, y muy satisfecho, al pueblo mexicano. La nitidez de dichas fotos, su magnífica impresión y el novedoso hecho de haber sido las primeras que se tomaban tan de cerca, hicieron que aquellas fotos fueran consideradas como «oficiales» y los responsables de la basílica y de la tilma de Juan Diego no consideraron necesario hacer nuevas tomas. Y así pasó el tiempo. Pero tres años después, todo cambió. México sufrió en 1926 una dura persecución contra los católicos. Los obispos, ante lo insostenible de la situación, decidieron suspender el culto en las iglesias. El día 1 de agosto de dicho año, los templos deberían cerrarse, excepción hecha de la antigua basílica de Guadalupe. El Gobierno así lo había decidido y la Iglesia católica tembló ante la posibilidad de que la tilma de Juan Diego pudiera ser destruida.

»En una reunión secreta, los responsables del ayate tomaron la decisión de sustituir el original por una copia lo más perfecta posible. La elección recayó en el pintor de Puebla, Aguirre. Y el 31 de julio de 1926, ante notario y varios testigos, la imagen de la Señora fue envuelta, sellada, guardada en un mueble y sacada de la basílica en el más impenetrable de los secretos.

»Tres años más tarde —en junio de 1929— y de igual forma, la venerada imagen fue colocada en su lugar habitual en la basílica, también ante notario y testigos, que dieron fe de haberla recibido con los mismos sellos y envoltura con que había salido.

«Cuando todo se normalizó, la Iglesia encargó la realización de nuevas fotografías «oficiales». Y así se hizo en los primeros meses de 1930.

»Pero, al comparar las fotografías de 1930 con las que había hecho Manuel Ramos en 1923, surgió la desagradable sorpresa: el rostro de la Virgen no era el mismo. El tomado en 1923 era mucho más "limpio" y "luminoso". El fotografiado siete años después aparecía retocado, muy oscurecido y, en definitiva, afeado.

»El hecho de que retocaran el rostro —prosiguió Franyutti—, no sólo afectó al sentido visual de la imagen y falsificó un rostro que era, en todos los sentidos, único en el mundo, sino que, además, y para agravar los hechos, el «atentado» tuvo lugar poco antes de que la imagen fuera difundida a todos los países. Como sabrás, en 1931 se cumplió el 400 aniversario de las apariciones y la Iglesia distribuyó precisamente las fotos del rostro retocado a todo el mundo. Fue una lástima...

Al terminar su exposición, el profesor abrió el sobre amarillo y extrajo varias fotografías en blanco y negro. Eran ampliaciones del rostro de la Señora de Guadalupe.

Franyutti colocó ante mí una hermosa foto de 1923 y, acto seguido, la comparó con otra imagen —también del rostro—, pero sacada en 1930. En efecto, allí había una sensible diferencia. La fotografía tomada en 1923 mostraba una faz mucho más luminosa y despejada que la de 1930.

Y señalándome la trama de la tilma —perfectamente visible en la gran ampliación de 1923— procedió a leerme una parte de su informe:

—Escucha esto...

No es posible lograr en pintura, de la misma manera y con los mismos efectos que los del rostro guadalupano original, ni su luminosidad ni su volumen. No solamente porque ningún pintor lo ha hecho hasta ahora, sino porque cuando se pinta un rostro al que se le quiere dar luz y volumen, se tiene que recurrir al único medio pictórico posible: pintarle al rostro sombras fuertes junto al color de la piel, para que el contraste que se produzca entre luces y sombras logre dar los efectos de luminosidad y tridimensionalidad deseados. Es decir, que para pintar un rostro como el guadalupano, por lo menos habría que utilizar dos colores: el que diera la luz y el que diera la sombra.

Pero en el rostro de la Virgen no hay una sola sombra pintada que sea la causa de su luminosidad y su tridimensionalidad. Todo el rostro está lleno de una misma luz que lo ilumina con la misma intensidad. Esto indica que fue una sola sustancia la que lo iluminó, al mismo tiempo que le dio el efecto de tridimensionalidad o volumen.

Por más que se quiera, esto no lo puede hacer un pintor. No hay color, por más brillante que se piense, que, por él mismo logre simultáneamente dar los efectos de tridimensionalidad y luminosidad. Por eso, el hecho de que en el rostro original sí se haya logrado la sensación de volumen, con la misma y tan delgada sustancia con la que se consiguió igualmente la luminosidad, nos sugiere una técnica superior a la de la pintura humana.

Esa perfección que nos muestran las fotos de 1923 es prácticamente imposible de lograr en la pintura actual, entre otras razones, porque los rasgos del rostro «no estaban pintados».

Si se observan las fotos se verá cómo las cejas, el borde de la nariz, la boca y los ojos no son otra cosa que la misma tela, carentes de todo color sobrepuesto, con todas sus manchas e irregularidades del tejido, pero utilizadas con tal maestría, que esos rasgos parecen perfiles extremadamente bien dibujados, sin serlo. No hay una sola línea pintada. Todos los rasgos no son más que aberturas de la tela, manchas e hilos gruesos.

Obsérvese, por ejemplo, la nariz y se verá cómo el perfil que la forma no es sino la misma tela viva del ayate, que termina en un hilo grueso en lo que es la punta de la mencionada nariz. Obsérvense los ojos y se verá que tampoco están pintados, sino solamente sugeridos gracias al contraste que produce el diverso grosor de los hilos que ahí atraviesan. Véase la boca y se constatará lo mismo: es sólo un conjunto de hilos y manchas, pero, eso sí, magistralmente utilizados.

Por esto, además de no estar pintados, los citados rasgos del rostro no pueden ser obra de un pintor «humano»...

Esos rasgos de la Virgen denotan una técnica claramente superior a la pintura, ya que la forma con que han sido utilizadas las imperfecciones de la tela no tiene explicación lógica. De lo burdo se obtuvo efectos delicados y de las manchas, hoyos e hilos gruesos del ayate, unos rasgos finísimos, sin haber puesto un gramo de pintura sobre ellos...

Hay que tener en cuenta —prosiguió Franyutti, mientras veía crecer su entusiasmo por la Señora de Guadalupe— que para realizar este extraordinario rostro, no se necesitó eliminar ni las manchas ni las irregularidades de la tela, cosa que, necesariamente, se habría tenido que hacer en una buena pintura humana, sino que, de manera asombrosa, fue con estos efectos con los que se formó tan espiritual y espléndida belleza. Y con esto podremos quedar convencidos de la eminente superioridad técnica de dicho rostro en relación con cualquier pintura del hombre.

Aunque al observar estas ampliaciones fotográficas uno pudiera compartir las opiniones de Rodrigo Franyutti, para quedar «convencido de la eminente superioridad técnica de dicho rostro», tal y como afirma el profesor mexicano, sería preciso que el ayate fuera examinado por todo un equipo de especialistas en técnicas de restauración. Y, si mis informaciones son correctas, nadie que reúna estas características tan concretas se ha enfrentado con el ayate original (recordemos que Smith y Callagan no son especialistas en restauración. Al menos no figuran en la lista oficial del máximo organismo mundial en este sentido: la UNESCO).

No trato, insisto, de anular las afirmaciones de Franyutti en este tema concretísimo de una «técnica superior». Al contrario. Mi afán por la búsqueda de la verdad me obliga, sencillamente, a ser todo lo cauto y objetivo posible. Sería formidable que Franyutti tuviera también razón en esta última parte de su informe, tal y como, sin duda, la tiene en lo que a la manipulación del rostro de la Señora se refiere.

Pero sigamos con el delicado y, como digo, polémico tema de los retoques.

Según Franyutti, que lleva años dedicado a esta investigación, los retoques modificaron el rostro de la Virgen en tres aspectos de suma importancia. A saber:

1. La suavidad de textura y de acabado que se veían en dicho rostro.

2. La luminosidad de la faz.

3. Las facciones. Desgranemos cada uno de estos capítulos. Rodrigo Franyutti ha elaborado las siguientes conclusiones:

1. Modificación de la suavidad de textura y acabado.
El rostro original de la Virgen era un prodigio de fluidez y continuidad de color. Se veía delicadísimo, a pesar de que estaba hecho sobre una tela muy burda. Desde la frente hasta la barbilla y de una mejilla a la otra, se percibía una unidad perfecta. Y el efecto visual que ofrecía era el de un rostro tejido sobre plumas de ave muy finas, más que el de un rostro pintado. La faz era de una delicadeza visual maravillosa.

Al serle puesta pintura encima, el rostro perdió ese efecto de esfumado, tan magistral. La pintura que se le añadió cubrió irregularmente la tela e hizo que la faz se viera como con parches de color y mal extendidos.

Hoy, y como consecuencia de este desaguisado, el citado rostro aparece áspero en su textura y desigual en el acabado.

2. Modificación de la luminosidad del rostro.
Esta alteración es tan evidente que no necesitaría de comentario alguno. El rostro original era un prodigio de luz y claridad. Lo primero que se notaba en la imagen era precisamente el rostro, totalmente iluminado. Esta extraña luminosidad, independientemente de ser pictóricamente inexplicable por su pureza técnica y por su inaudito resplandor, daba a la cara un aspecto extraordinariamente acogedor. Irradiaba tanta luz —continúa el informe de Franyutti—, y la luz era tan clara y pura, que forzaba tiernamente la mirada hacia él. Y siendo las facciones de la Virgen de expresión tan cariñosa, por ser tan accesibles a la vista debido a la luminosidad en la que se manifestaban, de inmediato transmitían el amor que contenían. Además, esa luminosidad en el rostro le era necesaria a la imagen para darle proporción a la figura.

Todo esto se perdió al ser retocado, pues la pintura que se le añadió, al secarse, volvió al rostro oscuro y opaco. Tanto que se puede constatar que, ahora, brilla más la ropa, que no es sino lo accidental de la imagen, que su cara. La figura, en fin, se ve desproporcionada y cuesta trabajo percibir la expresión del rostro. Desde lejos se ve como una mancha de color café y, de cerca, resulta feo.

3. Modificación de las facciones de la cara.
Con esto es con lo que el rostro original ha sufrido más. Las facciones eran asombrosas por su perfección anatómica, su finura y delicadeza, por su capacidad expresiva y porque no estaban pintadas de ninguna manera, sino más bien, como impresas por radiación sobre la tela viva.

Al retocarlo, le añadieron detalles que, originalmente, no tenía y le alteraron las facciones, volviéndolas más burdas y feas. Le añadieron una papada muy marcada y una chapita roja muy desagradable en la mejilla izquierda.

La papada molesta porque hace que el rostro parezca el de una mujer gruesa. Si se piensa que la faz original representaba a una doncella de unos quince años, el cambio, sinceramente, ha variado la personalidad de la imagen.

La chapita roja también está fuera de lugar pues provoca un efecto de «hinchado» de dicha mejilla.

¿Y en qué consistieron estos añadidos, siempre según Franyutti?

La alteración afectó a las siguientes partes:

1. A los ojos. Les añadieron tales sombras en las zonas inferiores, que los ojos parecen desorbitados. El ojo derecho fue el más perjudicado. Parece, incluso, como si hubiera sido golpeado.

2. A la nariz. Cubrieron la tela viva que formaba el bellísimo perfil original con una línea de pintura, que se alargó bruscamente.

3. A la boca. Le pintaron unos labios rojos excesivamente anchos y burdos, por lo que quedó muy grande y desproporcionada en relación al resto de la cara.

4. Al cabello. Lo pintaron de negro, oscureciéndolo totalmente y dándole una impresión de algo tieso y poco natural.

5. A los perfiles del rostro. Los alisaron con pintura sobrepuesta, haciéndoles perder su exquisito contorno original.

Aquella mi primera entrevista con Franyutti —de gran utilidad en mis investigaciones— concluyó con unas frases cargadas de razón:

—...Todos estos retoques —se lamentó el profesor— han terminado por convertir el rostro de la imagen en la obra de un pintor y, para colmo, poco hábil. La sensación que produce es tan triste y lamentable que tienen razón quienes puedan pensar que se trata de una pintura, obra de un indio o de algún español. (Estos retoques en pleno rostro, desde mi modesta opinión, han confundido y siguen confundiendo a numerosos estudiosos de la imagen de Guadalupe, que creen ver en dicho rostro «la figura de una mestiza o de una princesa azteca». Ésta, por ejemplo, es la creencia de los científicos norteamericanos Smith y Callagan, expuesta anteriormente en su estudio sobre el rostro. Y considero que es una hipótesis errónea porque, tras consultar a especialistas en vestiduras y ropajes de mujeres israelitas, todos coinciden en un hecho de suma importancia; «tanto el manto como la túnica que presenta la imagen coinciden con las vestiduras utilizadas durante las fiestas por las mujeres de Israel y en pleno siglo I»).

»Sería de gran trascendencia convencer a la Iglesia católica para que permitiera el acceso de un buen equipo de especialistas que procediera a la «limpieza» y restauración del rostro.

Pero, tanto Franyutti como yo estimamos que tales deseos eran, hoy por hoy, poco menos que un sueño...

Si esos añadidos y retoques están ahí —y así lo evidencian los estudios de Smith y Callagan, así como las fotografías de 1923 y 1929— es muy posible que a la Iglesia católica de hoy no le «interese» demasiado remover tan fea y poco clara «herencia»... Y ojalá me equivoque.

Porque, en realidad, ¿qué razones o argumentos pudieron esgrimir los responsables de la imagen de Guadalupe de los siglos XVI y principios del XX para «meter las manos» en el ayate original?

Había que adornarla y —de paso— hacerle compañía

Ésta, casi con seguridad, es una de las partes con mayor dosis de especulación del presente trabajo. No hay datos, no existen documentos ni testimonios —al menos no se han encontrado hasta ahora— que nos digan por qué fue retocada la enigmática imagen de la Señora del Tepeyac. A lo sumo, y después de mucho espurgar en la historia y en su «trastienda» —y reconozco que cada vez me siento más enamorado y más a gusto en dicha «trastienda»— uno puede tropezar con indicios casi «microscópicos» de lo que quizá ocurrió en aquella remota época de la conquista de la Nueva España.

Pues bien, construyendo sobre tales señales y después de no poca reflexión, en estos momentos me vienen al corazón dos posibles grandes razones, que podrían explicar —nunca justificar, vaya esto por delante— los añadidos y retoques del siglo XVI.

Una primera hipótesis estaría basada en la perentoria necesidad de remediar las zonas del ayate deterioradas por el paso de los años, por el continuo frotamiento de la tela por parte de los miles de fieles que acudían hasta el Tepeyac, por la acción de insectos, humos o cualquier agente físico natural o artificial o, incluso, por una mezcla de todas estas razones. Si esto fue así, los retoques significaron un sencillo afán por evitar la destrucción parcial o total de la tilma de Juan Diego. Y siguiendo las corrientes pictóricas imperantes en la época, el pintor o los pintores pusieron manos la obra, añadiendo, precisamente, elementos típicos del estilo gótico: estrellas, armiños, etc.

La segunda teoría discurre por otros derroteros...

También pudo suceder que aquellos primeros misioneros llegados a México —hombres, en general, de recio corazón y enraizada fe— no hallaran la imagen original de la Señora de Guadalupe todo lo «religiosa» y «tradicional» a que estaban acostumbrados. Basta con echar un vistazo a las Vírgenes que habían sido pintadas hasta esas fechas para darse cuenta de que la misteriosa figura de la Señora del Tepeyac —si realmente era como nos la muestran los científicos norteamericanos— tuvo que extrañar y chocar con la idea mariana de los frailes, «guardianes» de unas doctrinas religiosas, quizá apropiadas para el siglo XVI, pero que hoy nos llenarían de espanto e indignación.[55]

Entra dentro de lo posible que esos misioneros españoles, guiados siempre por su buena voluntad —eso no lo dudo— tomaran la secreta decisión de «arreglar» la imagen original, impresa o «dibujada» en el ayate el 12 de diciembre de 1531 por un «sistema» que ni ellos ni nosotros, en pleno siglo XX, podemos comprender.

Uno de los indicios que pude encontrar en aquellos días de mi estancia en México —y que podría servir para apuntalar esta segunda posibilidad— aparece en una de las obras de Florencia (siglo XVII).[56]

---

[55] Algunos historiadores que vivieron la conquista de la Nueva España relatan, por ejemplo, cómo los nativos —recién convertidos al cristianismo— eran castigados con azotes si faltaban a la catequesis.

[56] El padre Francisco de Florencia fue oriundo de la Florida, donde nació

...A principios del aparecimiento de la Bendita Imagen —cuenta el padre Florencia— pareció a la piedad de los que cuidaban de su culto, y lucimientos, que sería bien adornarla de querubines, que alrededor de los rayos del Sol le hiciessen compañía... Assí se executó; pero en breve tiempo se desfiguró de suerte todo lo sobrepuesto al pincel milagroso, que por la deformidad, que causaba a la vista... se vieron obligados a borrarlos...; ésta es la causa, de que algunas partes del rededor de la Santa Imagen parece que están saltados los colores.»

Contemplando la sencilla —casi «transparente»— figura de la Virgen «Niña» que ha «reconstruido» la NASA, no es difícil imaginar los rostros y pensamientos de aquella Iglesia, tan limitada en sus interpretaciones de lo sobrenatural. «Había que adornarla —y de paso— hacerle compañía...».

¿Cómo podía consentirse que la imagen «milagrosa» de la Virgen apareciera ante los ingenuos y ante los «listos» —que de todo había entre los naturales del recién desmoronado imperio mexica— prácticamente «desnuda» y

en 1619. Se trasladó a México cuando contaba catorce años. Profesó como jesuita en 1642. Enseñó Teología y Filosofía y fue nombrado procurador de su provincia en España y Roma. Murió en México en 1695. Entre sus muchos libros destaca el que lleva por título: *La Estrella del Norte de Méjico, aparecida al rayar el día de la luz evangélica en este Nuevo Mundo, en la cumbre de el cerro de Tepeyácac, orilla del mar Tezcucano, a un natural recién convertido; pintada tres días después milagrosamente en su tilma, o capa de lienzo delante del obispo y de su familia en su casa obispal; para luz en la fe a los indios; para rumbo cierto a los españoles en la virtud; para serenidad de las tempestuosas inundaciones de la Laguna. En la historia de milagrosa imagen de N. Señora de Guadalupe de Méjico, que se apareció en la manta de Juan Diego. Compúsola el P. Francisco de Florencia, de la Compañía de Jesús. Dedícala al ilustrísimo y Reverendísimo Señor D. Francisco de Aguiar y Seijas, Arzobispo de México, el Br. D. Gerónimo de Valladolid, Mayordomo en el Santuario... 1668.*

«huérfana» de todo aquello que constituía buena parte de la «base» y de la ortodoxia de la propia evangelización recientemente emprendida? ¿Cómo admitir que la Señora de los Cielos hubiera «grabado» su imagen, «olvidándose» de los ángeles, de la Luna, de las estrellas, de los rayos solares que indudablemente deberían salir de su cuerpo y, para colmo, del signo de la cruz...?

Estos y quizá otros parecidos pensamientos pudieron cruzar las mentes de la mayoría de los «responsables» de la Iglesia en la Nueva España. Las consecuencias son fáciles de adivinar y ahora están siendo descubiertas: el valioso documento gráfico —quizá el único «autorretrato» de María— fue «adulterado»...

Al mismo tiempo que fui profundizando en esta segunda posibilidad, surgió en mí una nueva duda: ¿consintió el primer obispo de México, Juan de Zumárraga, los retoques y añadidos en la tilma del indio Juan Diego?

Durante muchas horas indagué, leí y pensé sobre aquel no menos discutido franciscano. Por supuesto no he encontrado la respuesta. Sin embargo, «algo» me dice que fray Juan de Zumárraga jamás hubiera aceptado la presencia de tales complementos en el capote que él mismo —según relata el *Nican Mopohua*— desató del cuello del mexica. Aunque más adelante me referiré a la vida de este ilustre vasco, que jugó un papel primordial en el «milagro de las rosas», veamos a título de resumen lo que dice de él su principal biógrafo, Joaquín G. Icazbalceta:

Era un varón apostólico, pobre, humilde, sabio, celoso, prudente, ilustrado, caritativo, enemigo de toda superstición y tiranía, propagador infatigable de la verdadera doctrina de Jesucristo, amparo de sus ovejas desvalidas, benefactor del pueblo en el orden material lo mismo que en el moral, y eminentemente práctico en todas sus disposiciones y consejos.

Con su bien ganada fama de hombre recto e inteligente, difícilmente hubiera aceptado la transformación —«ni aún en bien de los incultos indios»— de la imagen que él mismo, y esta circunstancia me resulta de vital importancia, vio cómo se formaba «milagrosamente».

Zumárraga, se quiera o no, formaba y forma parte de las apariciones y del importante legado de la Señora de Guadalupe en México. Y eso, para un obispo y misionero de la talla de aquel hombre, debía de pesar lo suyo. Era suficiente, en fin, como para haber pulverizado a quienes hubieran insinuado siquiera el «arreglo» de la imagen original.

Y aquí surge otro dato muy significativo.

Zumárraga muere el 3 de junio de 1548, a los ochenta años de edad, en plena lucidez mental y todavía en el desempeño de su ministerio como obispo.[57] Si recordamos que el documento más antiguo que poseemos, y en el que se hace una detallada descripción de la imagen (tal y como ahora la conocemos), es el famoso *Nican*, escrito probablemente entre los años 1545 y 1550, es muy posible que nos estemos aproximando a las fechas en que el ayate fue retocado. Una vez fallecido Zumárraga —1548—, los partidarios de la «culminación pictórica» de la imagen del Tepeyac pudieron tener «vía libre» y hacer realidad sus propósitos. Son, además, los años en los que —según los cronistas ya citados—, despliega su actividad el célebre pintor indio Marcos...

Todo parece coincidir.

Si tuviera, en suma, que decidirme por una de las dos teorías, me apuntaría —siempre con las reservas a que obliga toda elucubración— a la segunda: para mí, la imagen del

---

[57] Se cuenta que dos meses antes de morir, Juan de Zumárraga, ayudado por sus sacerdotes y durante cuarenta días, proporcionó el sacramento de la confirmación a 400 000 personas.

Tepeyac fue retocada como consecuencia de una mentalidad tan corta como intransigente en asuntos del «más allá».

Cabe igualmente que llegaran a fundirse ambas posibilidades: retoques a causa del estado de la tilma y como resultado de una lamentable «miopía» doctrinal.

Sea como fuere, lo cierto es que la imagen original que —según todos los testimonios— quedó dibujada o impresa de forma «no humana» en el burdo tejido del ayate no parece ser la que hoy conocemos y contemplamos en el altar mayor de la basílica de México, Distrito Federal. Pocos años después del gran acontecimiento, la Señora fue «transformada» con pintura. Y otro tanto parece haber sucedido en el siglo XVII, a raíz de la conocida y grave inundación de 1629.

¿Cuál pudo ser la motivación del tercer y último proceso de retoque de la Imagen? ¿Por qué se oscureció el rostro de la Virgen entre los años 1926 y 1929, tal y como hemos apreciado gracias a las fotografías de 1930?

Aunque parezca mentira, en ocasiones, la oscuridad que rodea a las acciones de la Iglesia católica no depende de los siglos. Aquella impenetrabilidad que sigue pesando sobre los responsables de la tilma de Juan Diego en el siglo XVI está presente también en pleno siglo XX. Todo se llevó en secreto y nadie, por tanto, puede aportar las razones finales y auténticas que motivaron semejantes hechos. Una vez más, y en relación a los retoques del siglo XX sólo podemos sospechar...

Cuando la imagen fue removida de su lugar, como consecuencia de las persecuciones y cierres de iglesias en México, pasó al doble fondo de un ropero en la casa de la familia Murguía, en la calle República de El Salvador, en México (así consta en diversas actas notariales).

Cuando los ánimos se calmaron, la Iglesia sustituyó la copia del pintor Aguirre —que había «suplantado» a la ver-

¿Fue el indio Marcos quien llevó a cabo los retoques y añadidos en la tilma de Juan Diego? (Dibujo de Luis Chávez.)

He aquí dos fotografías de un gran valor testimonial y que fueron realizadas precisamente por Alfonso Marcué. Se trata del retorno a la antigua basílica del original de la tilma del indio Juan Diego, que fue sustituida —en secreto— desde los años 1926 a 1929

dadera en el altar mayor de la vieja basílica— por el original. Fue entonces cuando se observó que los hilos del ayate se marcaban «demasiado» en el rostro. Esto hizo «sospechar» a los investigadores y expertos que el abad Feliciano Cortés —siempre «de buena fe», claro— la había mandado retocar en ese tiempo en que la tilma original permaneció oculta.

Pero, como digo, la Iglesia ha preferido guardar silencio sobre tan enojoso asunto...

Un «silencio» tan denso como el que cayó en aquel siglo XVI sobre el verdadero nombre de la Señora que se apareció en el cerro del Tepeyac. Porque, ¿de verdad fue «Guadalupe» el nombre de la Virgen que se presentó ante Juan Diego?

9 ¿HABLÓ LA SEÑORA EN NÁHUATL, CASTELLANO O ÁRABE?

¿Guadalupe?

Pero ¿cómo no me había dado cuenta mucho antes?

En la densa soledad de la habitación de mi hotel caí en la cuenta de un hecho absurdo. Si la Señora de Guadalupe se había dirigido al indio Juan Diego y a su tío, Juan Bernardino, en el idioma natal de ambos —el náhuatl—, ¿qué pintaba aquella palabra árabe en mitad del relato? Porque «guadalupe» es árabe...

Revisé frenéticamente mis papeles y libros y, en efecto, todos coincidían: según el *Nican Mopohua,*[58] el más antiguo tes-

---

[58] Como ya he señalado en la primera parte de este informe, en el relato clásico de las apariciones —el *Nican Mopohua* (según Guillermo Ortiz de Montellano, en correcto náhuatl debería escribirse *Niçan Mopouha*) aparece dos veces, con absoluta claridad, la palabra «Guadalupe».

La primera en el encabezado del documento. Dice así en el idioma original en que fue escrito, el náhuatl:

«Nican mopohua motecpana in quenin yancuican huey tlamahuizoltica monexiti in zenquica ichpochtli "Santa María Dios" inantzin tozihuapillatocatzin in oncan Tepeyacac motenehua "Guadalupe"».

Traducido significa: «Aquí se relata, se pone en orden y concierto de qué manera recientemente en forma muy maravillosa se apareció la enteramente Virgen Santa María madre de Dios, nuestra estimada y reverenciada gran señora noble y gobernante allá en el Tepeyac, se da a conocer como Guadalupe».

La segunda vez, al hablar del encargo que la Virgen hizo a Juan Bernardino, el *Nican* dice:

«Auh ma huel iuh quimotocayotiliz ma huel iuh motocayotitzinoz,

---

timonio escrito sobre las apariciones, la Virgen comunicó al anciano Juan Bernardino que su nombre era «Guadalupe». Y así debía bautizarse el templo que se erigiera en su honor. Las dudas comenzaron a inquietarme. ¿Cómo podía ser que la Señora hubiera roto su conversación, siempre en el difícil náhuatl, para «colar» un término que ni siquiera era castellano y que, en consecuencia, el nativo mexica no habría comprendido? Aquello no tenía mucho sentido. Allí había gato encerrado...

Así que en los días siguientes, todos mis esfuerzos estuvieron al servicio del esclarecimiento de esta nueva duda. Resultaba más que sospechoso que aquella Virgen hubiera recibido el nombre de otra imagen —la famosa Señora de Guadalupe (Cáceres)—, justamente en los años en que los conquistadores españoles, con el extremeño Cortés a la cabeza, sometían al imperio azteca.

Una afilada duda me trajo en jaque durante días: ¿y si todo hubiera sido un «montaje», a medias entre los misioneros y los conquistadores?

No podía ser. Mi corazón me decía que, aunque el suceso presenta aún aspectos dudosos y oscuros, debió de ocurrir en realidad. De no haber sido así, ¿cómo explicar los sensacionales hallazgos en los ojos de la imagen, en los que estaba a punto de entrar?

No, allí había «algo» más. Y yo debía averiguarlo...

La fascinante historia de la «Guadalupana» española

Lo primero que me propuse fue conocer, lo más exhaustivamente posible, la historia de la «otra» Virgen de Guadalupe:

in zenquizca ichipochtzintli "Santa María de Guadalupe" in itlazohixiptlatzin.

Es decir: «Y que al darle nombre, bien así se llamará la siempre Virgen Santa María de Guadalupe, su venerada imagen».

la española. Como supongo que sucede con la mayoría de los españoles, excepción hecha de los extremeños, naturalmente, yo no tenía la menor idea de dónde, cómo y a quién se apareció la Señora de Guadalupe de Cáceres. Había oído hablar de un pastor y de una pequeña talla en madera, encontrada en las proximidades de lo que hoy es el célebre monasterio cacereño. Pero nada más. Para mí, todas estas supuestas apariciones marianas eran más o menos iguales. Casi «fabricadas» en serie...

A mi regreso a España, y en una detenida visita al monasterio, pude disponer de la leyenda, tal y como la cuenta el viejo códice titulado *Milagros de Nuestra Señora de Guadalupe desde el año de 1407 hasta 1497* y que figura en el Archivo de Guadalupe (C-1).[59]

La historia de la Señora de Guadalupe —la «española»— arranca en realidad de la ciudad de Roma...

El códice dice así, en síntesis:

Capitulo I. De cómo San Gregorio envió a España la imagen de Santa María de Guadalupe a San Leandro, Arzobispo de Sevilla.

[59] Fray Isidoro Acemel, O.F.M., publicó íntegro el texto en *El Monasterio de Guadalupe*, I (1916), páginas 16-8; 2 (1916), 40-41: 4 (1916), 76-78 y 6 (1917), 184. El original está escrito en un volumen de pergamino bien conservado de 266 folios, en números romanos y de 22 × 29 centímetros, a dos columnas. La letra es de últimos del siglo XV o principios del XVI. Los títulos de los capítulos y rúbricas de las materias están en tinta roja. La encuadernación es en tabla forrada de cuero y planchas labradas, con título grabado al dorso que dice: «Milagros de Nuestra Señora de Guadalupe, desde el año 1407 hasta 1497». En el archivo C-3 del monasterio hay otra copia más antigua, pero he preferido la del C-l por ser más rica en información. Esta copia, además, coincide con la versión del códice existente en el Archivo Histórico Nacional, publicado por fray Germán Rubio en su obra *Historia de Nuestra Señora de Guadalupe*, más antiguo (finales del siglo XIV) que la referida copia del archivo C-l. Ésta, como digo., al ser posterior, añade al suceso numerosas noticias.

En el tiempo que reinaba el rey Recesvinto, del linaje de los godos,[60] en ese mismo tiempo era arzobispo de Toledo San Eugenio confesor, y en la ciudad de Sevilla, San Leandro. Y en aquel tiempo era Papa en Roma el glorioso doctor San Gregorio. El cual tenía en su cámara un oratorio en el cual tenía muchas reliquias, entre las cuales tenía la imagen de Nuestra Señora Santa María, y delante de la cual hacía su oración cada día muy devotamente.[61]

Pues en este tiempo de este padre santo y doctor bien aventurado, San Gregorio, envió nuestro Señor Dios una pestilencia muy espantosa en el pueblo romano; y que andando las personas o estornudando o bostezando se caían muertos en el suelo. Y viendo este glorioso doctor esta plaga tan cruel, púsose en oración delante de aquella imagen de nuestra Señora, rogando a nuestro Señor Dios y a ella que les pluguiese tener piedad de su pueblo.

El cual, como acabase su oración, sintió luego en sí la gracia del Espíritu Santo; y mandó luego pregonar por toda la ciudad de Roma, que se juntasen todos, tanto eclesiásticos como seglares; vírgenes y casados y viudas, para rogar a Dios que les quitase aquella pestilencia. Y ordenó este santo padre San Gregorio una

[60] Recesvinto fue el rey número veintinueve de la monarquía visigoda. Reinó entre los años 649 y 672. Su padre, Chindasvinto, 642-649, mandó matar a doscientos nobles y a quinientos hombres libres, repartiendo sus mujeres, hijos y bienes, para asegurar así el trono de Recesvinto, que promulgó el llamado Fuero Juzgo. («Liber iudiciorum.») En él se codifican y sistematizan leyes anteriores y otras dadas por mismo Recesvinto. A la muerte de Recesvinto, los nobles del «Aula Regia», para alejar del trono a la odiada familia, nombraron a Wamba, que tuvo que sofocar sublevaciones de vascos, cántabros, astures y del traidor conde Paulo que se había hecho rey en Narbona.

[61] El códice 48 B del Archivo Histórico Nacional, publicado por fray Germán Rubio en su *Historia de Nuestra Señora de Guadalupe* (pp. 13 ss.) añade en este lugar: «Rogando a Nuestro Señor que le diese gracia para escribir algunas escrituras, y suplicando a Nuestra Señora Santa María que se la quisiese ganar, la cual gracia la ganó. Ca de él es escrito que fue visto sobre su hombro una paloma blanca: por lo cual, es de creer que el Espíritu Santo le enseñaba aquello que escribía; ca, escribió sobre los evangelios de las misas cuarenta homilías y sobre Job».

solemne procesión. Y las vírgenes y continentes en otra; y los casados en otra; y las viudas fuesen en otra procesión; y todos así ordenados y cada uno según su estado iban en su orden. Y ordenó que se cantase en esta procesión la letanía. Y desde entonces acá se ordenaron las procesiones en el tiempo de las necesidades, y que se cantase en ellas la letanía.

Y en esta procesión llevaba San Gregorio la imagen de nuestra Señora Santa María arriba dicha. Y acabada de cantar la letanía, oyeron cantos de ángeles que cantaban ese canto celestial, a saber: «Regina celi letare alia; quia quem meruiste portare Alleluia, resurrexit sicut dixit alla».

Y respondió San Gregorio: «Ora pro nobis deum Alleluia».

Y luego en esa hora fue visto estar un ángel encima del castillo de San Ángelo con una espada ensangrentada en la mano, y la estaba limpiando y la metió en la vaina, y cesó luego la pestilencia. Por lo cual San Gregorio y todo el pueblo romano dieron muchas gracias a nuestro Señor Dios y a la Virgen gloriosa por tan grande beneficio como les había hecho. Y acabada la procesión volvió San Gregorio a su palacio, y puso la imagen en su oratorio.

Capítulo II. Cómo San Gregorio envió a San Leandro, arzobispo de Sevilla la dicha imagen y lo que por ella fue mostrado en el mar.

Conociendo el bien aventurado San Gregorio que era muy necesario para servicio de Dios y ensalzamiento de nuestra fe que se juntase concilio,[62] envió con solemnes mensajeros a llamar por sus cartas a San Leandro, arzobispo de Sevilla y a otros muchos prelados. Y como San Leandro recibió las cartas de San Gregorio, tuvo mucho placer por recibir letras de tan glorioso santo padre. El cual viendo que no podía ir entonces allá, respondió por sus cartas poniendo en ellas sus excusas legítimas; pero, envió con ellas a su hermano San Isidro y a otros prelados. Los cuales, como embarcasen en la mar, llegaron muy pronto a Roma. Y luego, al llegar, fue San Isidro y los otros prelados que iban con él al palacio del papa. Y San Gregorio, desde que supo que San Isidro, hermano de San Leandro, había lle-

---

[62] El códice del Archivo Histórico Nacional no hace referencia este Concilio.

gado, salió a la puerta de su palacio a recibirlo y dio paso a él y a todos los que venían con él. Y mandó dar posada a todos los que iban con él, y que los proveyeran de todas las cosas que hubiesen menester. A San Isidro lo llevó consigo a su cámara. Y hecha la oración delante de su oratorio, abrió San Gregorio las cartas que le dio Isidro, y desde que las hubo leído, le preguntó por el estado de España. Y respondió Isidro:

«Señor padre santo, sepa vuestra santidad que algunos trabajos ha habido por culpa de aquel malvado rey arriano. El cual siempre perseveró en su herejía; y desterró tres obispos; y mató a su hijo el mayor, porque seguía la doctrina y consejos de Leandro arzobispo».[63]

Y como después de esto enfermase este arriano, conoció la maldad en que había estado; mas por vergüenza de sus caballeros nunca se quiso partir de su error; pero llamó a su hijo y díjole: hijo, todo aquello que Leandro dice de la fe de Jesucristo es verdad. Por lo cual te mando que creas sus consejos y sigas su doctrina.

Y cuando Isidro acabase de contar estas cosas y otras a San Gregorio: hijo, mucho me alegro porque no vino acá el arzobispo. Pues según he visto en sus detrás, es muerto el rey, y dejó un hijo seguidor de la santa fe católica. Por lo cual creo que si hasta ahora había en España alguna herejía, que de aquí en adelante sea destruida y desarraigada. Y aún dijo más San Gregorio a Isidro. Así: Hijo, ya había enviado a llamar al arzobispo y a otros prelados, para ordenar con ellos algunas cosas que pertenecen al servicio de Dios; pero aunque él no venga, él se contentará con lo que nos hiciéremos.

Y díjole San Gregorio: Hijo, el arzobispo tu hermano me envió a demandar las escrituras que he hecho sobre Job, y las homilías que escribí sobre los evangelios: mi voluntad es que tú quedes aquí conmigo en mi cámara. Pues sabía San Gregorio que su hermano Leandro lo tenía encerrado en un palacio; lo uno porque aprendiese

---

[63] Este mismo códice del A.H.N. refiere la muerte de San Hermenegildo. Dice así: «Y la muerte de aqueste su hijo fue tan cruel. Ca le hizo encerrar en la obra de una torre que había de una puerta de la ciudad la cual, llaman hoy en día, "la puerta de Córdoba"».

las santas escrituras, y lo otro porque de la vista de los ojos no le viniese algún daño. Pues, hijo, tú mira a los que quieres que queden acá contigo; y los otros quiero enviarlos al arzobispo: y yo le quiero enviar esta imagen de nuestra Señora que tengo en mi oratorio, y esta cruz y un palio. Y sabed, que palio es una divisa que da el Papa a los arzobispos, que traen echada a los pechos. Y quiero enviarle estas santas reliquias que tenemos: y los morales, y las homilías y el diálogo, y otros libros devotos para su contemplación. E Isidro respondió: Señor, padre santo, hágase como mandare la vuestra santidad. Y aparejados los que mandaron volver a Sevilla, mandó San Gregorio poner la imagen y las santas reliquias, y la santas escrituras en un arca muy noble, las cuales dio a un prelado de aquellos que con San Isidro habían ido a Roma, con el cual escribió sus cartas para San Leandro.

Y despidiéndose del padre santo, anduvieron su camino, y llegando al puerto del mar entraron en su navío. Y viniendo por la mar resolvió el demonio muy gran tormenta; y quisiera sumir al navío bajo el agua: Y como esto viese un santo clérigo que ahí iba, abrió el arca en que venía la imagen de nuestra Señora Santa María, y la tomó en los brazos y saltó con ella sobre el navío. Y luego, en esa hora, pareció todo el navío lleno de cirios encendidos, y cesó toda aquella tormenta, y tuvieron en adelante buen viaje por los ruegos de la Virgen gloriosa. Y vista tan gran maravilla, todos los que iban en el navío, comenzaron luego a decir con mucha devoción así: «¡Oh Señora!, Virgen Santa María: con verdad canta de ti la Iglesia llamándote estrella de la mar, carrera de la salud y puerto de salutación».

Y desde que llegaron a Sevilla fuéronse al palacio del arzobispo; los cuales fueron recibidos por San Leandro con mucha alegría. Y él, preguntándoles por San Isidro, respondieron ellos, diciendo: «Señor, el Papa San Gregorio le plugó tenerle consigo, como por estas sus cartas sabrá».

Y abriendo San Leandro el arca en que venía la dicha imagen, la sacó con mucha alegría y devoción; y la puso en su oratorio y las otras santas reliquias.[64]

---

[64] El códice del Archivo Histórico Nacional añade, además, la alegría de San Leandro por estos dones del Papa. Y dice: «¿Quién podría contar

Capítulo III. De cómo fue traída la dicha imagen de nuestra Señora por los clérigos de Sevilla y cómo la dejaron en este lugar escondida huyendo por miedo a los moros.

En el tiempo que reinaba el rey don Rodrigo,[65] sometió muchas tierras a su señorío: y muchos reyes moros le obedecían y daban parias.[66]

Y en tiempo de este rey había en España un gran señor y caballero, que se llamaba el conde don Ulan (don Julián). El cual mandó el dicho rey Rodrigo que pasase al otro lado del mar, y que demandase las parias a los reyes moros, y guerrease contra todos aquellos que no le quisiesen obedecer. Y el conde, obedeciendo el mandamiento del rey su señor, embarcó luego con mucha gente y pasó allende el mar. Y los moros, sabiendo su venida, salieron a recibirle, y besáronle la mano, así como al rey, en señal de sujeción; y le hicieron todas las ceremonias, así como a la persona del rey, y le dieron las parias muy largamente.

Y mientras que el conde allá estaba, tuvo cópula carnal el rey con la condesa, esposa de don Julián.[67] Y después el conde regresó,

cuánto gozo y cuánta alegría sintió con aquestos santos dones de tan santa persona como el glorioso San Gregorio?»

[65] El breve reinado de Rodrigo (710-711) señala el final de la monarquía visigoda en España. Ha sido llamado impropiamente «don Rodrigo». Su gobierno es oscuro y lleno de leyendas. Su reinado estuvo marcado por un hecho de gran trascendencia: la invasión árabe. El 28 de abril del año 711. Tarik desembarcó en Gibraltar. Con él venía el señor de los gomeres, Olián Olbán, el popular conde «don Julián», que era un berberisco, cristiano y súbdito de visigodos. Rodrigo acudió con un gran ejército (unos 100 000 hombres). Mandaban las alas de aquel ejército los hermanos de Witiza —Sisberto y Oppas— quienes, en unión de sus sobrinos, Aquila, Olmendo y Ardabasto, habían pactado con Tarik, con el fin de derrocar a Rodrigo y ocupar el trono un príncipe vitizano. Creían que las intenciones de los musulmanes se limitaban a obtener un gran botín y después reembarcar hacia África. Pero, como ya sabemos, los árabes «les salieron rana»...

[66] Parias: los tributos que pagaban príncipes y grandes dignatarios a otros reyes y poderosos, reconociendo así su inferioridad.

[67] También el códice existente en el Archivo Histórico Nacional coincide en el «asunto» del Rey Rodrigo y la condesa. Otros autores, en cambio, afirman que Rodrigo se juntó con Florinda, una de las hijas del conde

La familia Murguía, que guardó en riguroso secreto la verdadera imagen de la Virgen de Guadalupe durante los años 1926 a 1929. En la excepcional foto de Marcué, la citada familia mexicana con la copia que sustituyó a la tilma original, una vez devuelto el ayate a la antigua basílica.

He aquí otro documento importante. Marcué (mirando a la cámara) aparece junto al abad de la basílica y a la imagen de Virgen. Era el 24 de noviembre de 1931. Como se puede apreciar, el rostro de la Señora aparece ya retocado. La imagen fue tomada por Ramos.

cuando quiso yacer con la condesa, su mujer, ella le dijo: «Señor, no os acerquéis a mí, pues el rey hubo ayuntamiento conmigo». Y habiendo por esto muy grande enojo el conde, entró luego en él un pensamiento muy malo y diabólico, cómo destruir a toda España, y se puso manos a la obra. Y para que su mal concepto tuviera luego el efecto que deseaba, trajo tales maneras con el rey, que les convenía, diciéndole así:

«Señor rey, ruego a vuestra alteza me oiga: todos los reyes del otro lado del mar os obedecen y están a vuestro mandato. Y ya que no hay quien contradiga a la corona real, me parece, señor, con reverencia, que no debe vuestra alteza dar tierras ni vasallaje a caballero alguno ni a escudero, y que les debe mandar deshacer las armas para que vivan en paz, y que todos sean labradores, y críen por el campo; pues así yo lo quiero hacer a todos mis vasallos».

Y pareciéndose esto al rey que eran buen consejo y legítima razón mandó pregonar por todos sus reinos que todos deshiciesen las armas para que todos viviesen en paz; y que desde en adelante quitaba a todos las mercedes y sueldos que daba a caballeros y a escuderos. Y después que el conde escuchó esto y cuando vio que todo su querer y mal consejo había puesto el rey en efecto, y que todos dejaban desamparadas las ciudades y los lugares y salían a vivir a las granjas y a los campos, entendió dicho conde que era ya el tiempo para vengarse de la injuria que el rey le hizo y dijo así al rey: «Señor, quiero pasar al otro lado de la mar a traer las parias que los reyes moros suelen dar a vuestra alteza». Y el rey Rodrigo le mandó que fuese.

Y después que el conde allá pasó, habló con todos los reyes moros y en especial con el rey Soldán que era el mayor de todos, y le dijo: «Ahora, señor, tenéis tiempo vos y todos los reyes moros para pasar a España y yo os la daré en poder, si seguís mi consejo. Pues yo he hecho deshacer todas las armas, y las gentes han salido a morar a los campos; por tanto, si hacéis lo que digo,

don Julián. (Ved Fr. Diego de Écija en su obra *Libro de la Invención de esta Santa Imagen de Guadalupe*, p. 40. Écija asegura que el rey se unió a una hija del conde llamada «La Cava». Ver también *Historia de Nuestra Sra. de Guadalupe*, de Malagón.)

tenéis tiempo ahora para acrecentar vuestra ley, destruir la de los cristianos y matarlos a todos». Y los reyes moros, creyendo que era verdad, como el dicho conde les decía y aconsejaba, pusiéronlo así por obra. Y pasaron tantos moros sobre el mar que no podrían ser contados; los cuales desembarcaron en el puerto de Gibraltar.

Por esta causa huyeron de Sevilla todas las gentes. Entre los cuales huyeron también unos clérigos devotos y de santa vida; y trajeron consigo la dicha imagen de nuestra Señora, Santa María, y la cruz y las otras santas reliquias. Y viniendo huyendo cuando, fuera del camino, llegaron a un río que llaman Guadalupe. Y junto con él estaban unas grandes montañas. Y en esas montañas hallaron una ermita y un sepulcro de mármol, en el cual estaba puesto el cuerpo de San Fulgencio, cuyos huesos están ahora enterrados en el altar mayor de esta iglesia de nuestra Señora Santa María de Guadalupe. Y estos devotos clérigos hicieron una cueva dentro de la ermita, a manera de sepulcro y pusieron dentro la dicha imagen de nuestra Señora, y con ella, una campanilla y una carta y cercaron aquella cueva con muy grandes piedras, y pusieron encima unas piedras grandes y se fueron de ahí.[68]

Y en la carta que dejaron con la imagen, de Santa María estaba escrito cómo aquella imagen de Santa María tenía San Gregorio en su oratorio y que la hiciera San Lucas[69] y cómo San Gregorio la trajera en la procesión y cesara la pestilencia: y cómo la envió San Gregorio de Roma a San Leandro, arzobispo de Sevilla, con otras santas reliquias que le envió el Papa San Gregorio: y cómo fuera allí traída por unos clérigos devotos cuando fue destruida España

---

[68] El citado códice del A.H.N. no trae noticia tan detallada. Lo refiere así: «...e hicieron una cueva aquestos santos cléricos a manera de sepulcro, y cercaron aquesta cueva con grandes piedras; y pusieron dentro la imagen de Nuestra Señora Santa María y con ella una campanilla y una carta...». Écija, por su parte, coincide con el *Libro de los Milagros*, afirmando el encuentro de la ermita y sepulcro, con la referencia a San Fulgencio.

[69] El códice del Archivo Histórico Nacional no dice nada de san Lucas. Si citan la historia de San Lucas los siguientes: Écija. Francisco de San José en su *Historia Universal de la Primitiva y Milagrosa Imagen de Nuestra Señora de Guadalupe* (p. 288) y Juan Malagón, en *Monasterio de Guadalupe* (p. 84).

en tiempo del rey don Rodrigo. Y la cruz la dejaron enterrada en tierra de Aimarás; y se fueron huyendo a las montañas de Castilla la Vieja. Y antes que las gentes huyesen de Sevilla, como ya está dicho, llevó nuestro Señor, para su gloria, a San Leandro. Y después de él fue arzobispo su hermano San Isidro. Y después se perdió la tierra de los cristianos, según ya es dicho. Y entonces, aquellos clérigos devotos huyeron de Sevilla con la imagen de nuestra Señora y con las otras reliquias, según que ya está dicho arriba.

Capítulo IV. De cómo fue hallada y revelada la dicha imagen de nuestra Señora por el milagro del pastor y de lo que entonces acaeció.

Después que el cuchillo de los moros pasó por la mayor parte de España, quiso nuestro Señor Dios tener piedad de los cristianos, y esforzar sus corazones para que volviesen a cobrar las tierras que habían perdido. Y así fue que ganaron y tomaron por fuerza, poco a poco, mucha tierra de aquella que poseían ya los moros. Y por abreviar el tratado, contaremos aquí la manera cómo se tornó a ganar de los cristianos esta tierra ya perdida. Y comenzando diremos primero del muy católico y noble rey de Castilla don Alonso, el cual ganó y tomó a los moros gran parte de Castilla por la fuerza[70] de las armas, teniendo con ellos muy grandes batallas; en especial en la que hubo en las Navas de Tolosa.[71] Donde él y todos los católicos ayudados de la ayuda

[70] Al margen del códice se puede leer, escrito por otra persona: «Éste fue el rey don Alonso octavo de este nombre». Alonso o Alfonso VIII, efectivamente (1158-1214) heredó de su padre Sancho III la corona de Castilla cuando contaba tres años. Tuvo una infancia y juventud turbulentas, a causa de la ambición de los nobles, que querían hacerse con el poder. Después de no pocos esfuerzos logró reunir a los soberanos cristianos —excepto al de León— y se enfrenta a los almohades, que habían atravesado ya Sierra Morena y luchaban en La Mancha.

[71] La batalla de Las Navas de Tolosa (1212) o de La Losa, en Jaén, fue decisiva en la reconquista. El arzobispo de Toledo y notable historiador Rodríguez Jiménez de Rada marchó a Francia, Alemania y Roma y consiguió del pontífice Inocencio III la consideración de cruzada para la lucha contra los almohades. Se reunieron en Toledo los monarcas españoles y las milicias extranjeras mandadas por varios obispos,

y gracia divina, tuvieron una victoria maravillosa de los enemigos de nuestra fe: en la cual, la santa cruz de nuestro salvador Jesucristo y nuestra fe fueron muy ensalzados para siempre.

Y desde entonces, el noble rey don Alonso abatió de tal forma a los falsos moros, que nunca después alzaron cabeza. Y esta vez ganó a Úbeda y a Baeza y a otros lugares muchos y murió en paz.

Y después de él reinó en España su nieto el rey Fernando,[72] el cual ganó las ciudades de Sevilla y Córdoba y aún tomó otros muchos lugares y después murió.[73]

Y luego reinó su hijo Alonso,[74] el cual, una vez muerto, reinó su hijo don Sancho; y muerto don Sancho, reinó luego su hijo

barones y caballeros, que abandonaron la campaña a poco comenzar. El 20 de junio de 1212, el ejército cristiano partió contra los árabes. Lo mandaban Diego López de Haro, señor de Vizcaya, Pedro de Aragón, Sancho VII el Fuerte de Navarra y los obispos de Narbona, Burdeos y Nantes. Entraron en Malagón y, tras pasar a cuchillo a sus habitantes, rindieron Calatrava. El lunes, 16 de julio, se dio la gran batalla. Tres días después continuaron el avance y conquistaron los castillos de Vilches, Ferral, Baños y Tolosa, así como las ciudades de Baeza y Úbeda. En 1214, el rey Alfonso VIII y su esposa fallecían.

[72] También al margen del códice, y escrito por otra mano, se lee: «Tercero de este nombre». Se refiere a Fernando III el Santo (1217-1252). Se casó con Beatriz de Suabia. A la muerte de su padre une para siempre León y Castilla. Su principal preocupación fue la guerra contra los árabes. Conquistó el valle del Guadalquivir, apoderándose de Córdoba (1236) y posteriormente el reino de Murcia. Celebró con el rey Jaime I de Aragón el tratado de Almizra (1244), que señalaba los límites de las conquistas aragonesas, que en adelante tendrían que buscar un campo de expansión fuera de la península, ya que lo que poseían los mahometanos quedaba reservado a las armas de Castilla. En 1246 conquistó Jaén y el 23 de noviembre de 1248 ganaba Sevilla, después de quince meses de asedio. Llegó en sus conquistas hasta Cádiz. Murió en Sevilla en el año 1252. Está sepultado en la catedral.

[73] En el códice existente en Archivo Histórico se dice: «Y reinó su hijo D. Alfonso: el cual ganó las Aljeciras e murió sobre Gibraltar».

[74] En el mencionado códice del Archivo Histórico Nacional aparece también lo siguiente: «Éste fue don Alonso el décimo, que se llamó el sabio. Este Rey hizo las partidas que contienen las leyes por las cuales se sentencian los más de los pleytos». Alonso o Alfonso X el Sabio, en efecto vivió de 1252 a 1284.

don Fernando; y desde que murió este rey don Fernando, reinó su hijo don Alonso, [75]el cual ganó las Algeciras y murió sobre Gibraltar.

Y en el tiempo que este rey don Alonso reinaba en España apareció nuestra Señora, la Virgen María a un pastor en las montañas de Guadalupe de esta manera: andando unos pastores guardando sus vacas cerca de un lugar que se llama Halía, en una dehesa que se dice hoy día la dehesa de Guadalupe, uno de estos pastores que

[75] De nuevo el códice del A.H.N. puntualiza: «Éste fue el onceno». Resulta de un gran rigor histórico el orden de sucesión de los diferentes monarcas que aparecen en el relato de la historia de la Virgen Guadalupe de Cáceres. A Alfonso X el Sabio, efectivamente, le sucedió en el trono su hijo Sancho IV (1284-1295). Por un error de transcripción, se le conoce hoy como el Bravo, cuando en realidad se le llamaba Sancho el Depravado, por su carácter irascible. En Alfaro mató a López Díaz de Haro, señor de Vizcaya y a otros muchos nobles. Bajo su reinado se produjo la famosa gesta de Guzmán el Bueno en Tarifa.

A Sancho IV, que murió tuberculoso en Toledo, le sucedió su hijo Fernando IV (1295-1312). Fue llamado el Emplazado, tal y como recogen algunos romances populares. Uno de ellos, rescatado en la historia de Galíndez de Carvajal, contaba que los hermanos Carvajales fueron arrojados desde la peña de Martos por orden del rey. Éstos, protestando por su inocencia, le emplazaron para comparecer a los 30 días ante Dios. Pasados esos días, el monarca falleció. Se trataba, al parecer, de una simple leyenda, ya que Fernando IV murió de tuberculosis.

Alfonso XI, su hijo, se hizo cargo del trono poco tiempo después, tal y como especifica la leyenda (1312-1350). Tenía un año cuando heredó la corona. Su reinado fue también turbulento. Fue llamado el Justiciero, dado su coraje y fortísima autoridad, que lindaba a veces la crueldad. En 1324 tuvo lugar la famosa batalla del Salado, en la que Alfonso X ayudado por el rey portugués Alfonso IV, derrotó a los benimerines y nazaritas que sitiaban Tarifa. El sitio de la ciudad fue uno de los hechos más notables del siglo XIV. A él acudieron caballeros ingleses, franceses, alemanes y Felipe de Evreux, rey de Navarra. Allí se utilizaron, de forma sistemática, las «pellas de fierro» (bolas de hierro) y los «trabucos» y «máquinas de trueno» (artillería de pólvora). Siete años después puso cerco a Gibraltar y falleció como consecuencia de una peste. «Así falleció el más enérgico y grande de los Alfonsos», según escribe el historiador enemigo, Benalijatib. Con su muerte se interrumpe la Reconquista, que no se reanuda hasta siglo y medio más tarde.

era natural de Cáceres, donde aún tenía su mujer e hijos, halló menos una vaca de las suyas. El cual se apartó de ahí por espacio de tres días, buscándola. Y no encontrándola, se metió en unas grandes montañas que estaban río arriba, a su búsqueda; y se apartó a unos grandes robledales y vio que estaba allí su vaca, muerta y cerca de una pequeña fuente.

Y al ver su vaca muerta, se llegó a ella; y mirándola con diligencia, y no hallándola mordida de lobos ni herida de otra cosa, quedó muy maravillado: y sacó luego su cuchillo de la vaina para desollarla. Y abriéndola por el pecho a manera de cruz, según es costumbre de desollar, luego se levantó la vaca. Y él, muy espantado, se apartó del lugar; y la vaca estuvo quieta. Y luego, en esa hora, apareció ahí visible nuestra Señora la Virgen María a este dichoso pastor y díjole así: «No tengas miedo; pues yo soy la madre de Dios, por la cual el linaje humano alcanzó redención. Toma tu vaca y vete, y ponla con las otras; pues de esta vaca habrás [tendrás] otras muchas, en memoria de esta aparición. Y después que pusieres tu vaca con las otras, irás luego a tu tierra, y dirás a los clérigos y a las otras gentes que vengan aquí, a este lugar donde yo me aparecí a ti: y que caven aquí y hallarán una imagen mía».

Y después que la santa Virgen le dijo estas cosas y otras, las cuales se contienen en este capítulo, luego desapareció. Y el pastor tomó su vaca, y se fue con ella y la puso con las otras. Y contó a sus compañeros todas las cosas que le habían acaecido. Y como ellos hiciesen burla de él, respondióles y les dijo: «Amigos, no tengáis en poco estas cosas. Y si no queréis creerme, creed aquella señal que la vaca trae en los pechos, a manera de cruz», y luego le creyeron.

Y el citado pastor, despidiéndose luego de ellos, se fue para su tierra. Y por donde iba contaba a todos cuantos hallaba este milagro que le había ocurrido. Y al llegar a su casa encontró a su mujer llorando, y le dijo «¿Por qué lloras?». Y ella le respondió, diciendo: «Nuestro hijo está muerto».

Y díjole él: «No tengas cuidado ni llores: pues yo le prometo a santa María de Guadalupe para servidor de su casa, y ella me lo dará vivo y sano».

Y luego, en esa hora, se levantó el mozo vivo y sano, y dijo a su padre: «Señor padre, preparaos y vamos para santa María de

Guadalupe». Por lo cual, cuantos allí estaban presentes y vieron este milagro, quedaron muy maravillados, y creyeron después todas las cosas que este pastor decía de la aparición de la Virgen María.

Y luego, este pastor llegó hasta los clérigo y les dijo así: «Señores, sabed que me apareció nuestra Señora la Virgen María en unas montañas cerca del río de Guadalupe, y me mandó que os dijera que fueseis allí donde me apareció; y que cavaseis en aquel mismo lugar donde ella me apareció, y encontraríais una imagen suya; y que la sacaseis de allí; y le hicieseis allí una casa. Y me mandó que dijese más: que los que tuviesen a cargo su casa, diesen a comer una vez al día a todos los pobres que a ella viniesen. Y me dijo más: que haría venir a ésta su casa muchas gentes de diversas partes, por muchos y grandes milagros que ella haría por todas partes del mundo, así por mar como por tierra: y me dijo más: que allí, en aquella gran montaña, se haría un gran pueblo».

Y después que los clérigos y las otras gentes escucharon estas cosas pusieron luego en obra lo que les había dicho este pastor: los cuales, partiendo de Cáceres anduvieron su camino hasta llegar a aquel lugar, donde la santa Virgen María apareció al pastor. Y después que llegaron, comenzaron a cavar en aquel mismo lugar donde el citado pastor les mostró, que había aparecido nuestra Señora Santa María. Y ellos, cavando allí, hallaron una cueva a manera de sepulcro, dentro del cual estaba la imagen de Santa María; y una campanilla; y una carta con ella; y sacáronlo todo allí, con una piedra donde la imagen estaba asentada. Y todas las otras piedras que estaban al derredor de la cueva y encima, todas las quebrantaron las gentes que vinieron entonces y se las llevaron por reliquias.

Y luego edificaron ahí una casa de piedras secas y de palos verdes, y la cubrieron de corchas; y pusieron en ella la dicha imagen y la carta. Y el sobredicho pastor se quedó como guardador de esta ermita, y como servidores continuos de santa María él y su mujer e hijos y todo su linaje. Y sabed que con estas gentes llegaron también muchos enfermos, los cuales, en tocando la dicha imagen de santa María, luego cobraban salud de todas sus enfermedades y volvían a sus tierras dando gracias al Señor y a la Virgen Santa María por los grandes milagros que había hecho.

Y luego que fueron estos milagros publicados por toda España, venían muchas gentes de diversas partes a visitar esta imagen, en reverencia a la Virgen santa María, por cuyos méritos y ruegos nuestro Señor, Dios, tantos milagros y maravillas hacía a los que con devoción la visitaban.

Y como ya el dicho rey Alonso [Alfonso XI] supiese estos milagros, hubo un escrito que hallaron con la dicha imagen de santa María, y mandó que fuese trasladado en sus crónicas reales. Y poco después hubo una batalla con los moros. Y temiendo ser vencido en ella, prometióse el rey a Santa María de Guadalupe, de la cual fue luego socorrido en tal manera que fue vencedor. Y pasada la batalla, vino luego a esta casa de Guadalupe a cumplir el voto que había hecho; y trajo muchas cosas de las que se ganaron en la batalla, para servicio de la casa de nuestra Señora. Entre las cuales cosas trajeron muchas ollas de metal que sirvieron aquí mucho tiempo a los peregrinos.

«Enviado especial» de Guadalupe (España) a Guadalupe (México)

Estaba claro. La Virgen de Guadalupe de Cáceres, en España, nada tiene que ver con la de México, excepción hecha del nombre. Según la leyenda que acabamos de exponer, y que dado su rigor histórico a la hora de citar nombres, hechos y monarcas pudo ser perfectamente verídica, la imagen «española» —para que nos entendamos— es una talla de madera hallada «misteriosamente» en pleno reinado de Alfonso XI *el Justiciero*. Es decir, entre los años 1312 y 1350. En ese período de tiempo del siglo XIV —y no en las postrimerías del siglo XIII, como apuntan algunos autores— se edificó precisamente la primera y humildísima ermita a Nuestra Señora de Guadalupe. Por su parte, la imagen «mexicana», como ya hemos visto sobradamente, está «misteriosamente» impresa en una capa o tilma y, según todos los indicios y documentos históricos, el suceso tuvo lugar el 12 de diciembre de 1531.

Tampoco el aspecto de cada virgen guarda relación entre sí. Mientras la guadalupana «española» lleva un niño en los brazos, la «mexicana» se presenta ante nosotros en una actitud orante.

Por último, tampoco podemos decir que ambas historias sean semejantes. Ni mucho menos... (Y no voy a extenderme ahora en comentar la fascinante historia del pastor, la vaca y la imagen sepultada en la cueva porque estas «apariciones marianas» constituyen en estos momentos uno de mis «frentes» favoritos de investigación. Y creo que, en breve, estaré en disposición de ofrecer a los lectores un exhaustivo trabajo sobre esas 21 000 «apariciones» que han sido «catalogadas» en el mundo occidental desde hace diez siglos. Y adelanto ya que algunas de mis conclusiones pueden provocar la sorpresa, la ira y el entusiasmo...)

Entonces, y volviendo al tema central, ¿por qué la Virgen «mexicana» había sido bautizada con el nombre de Guadalupe? ¿Qué pudo ocurrir en aquellos primeros años, inmediatamente posteriores a las apariciones y al levantamiento de la primera y no menos sencilla ermita de adobe y cañas del Tepeyac?

Si «Guadalupe» y «Santa María de Guadalupe» figuran en el *Nican Mopohua*, escrito entre diez y veinte años después del suceso, ¿quién le dio esta denominación? Y, sobre todo, ¿por qué?

Como ya he dicho antes, me cuesta trabajo aceptar que la Señora pronunciara el nombre de «Guadalupe». ¿Qué pintaba un término árabe en mitad de una conversación náhuatl? ¿Qué necesidad había de confundir a los sencillos nativos mexicanos? Además, es casi seguro que el anciano y elemental Juan Bernardino hubiera tenido graves problemas de comprensión, y no digamos de pronunciación, con dicha palabra. En suma, y aunque nos estamos moviendo en un «terreno» directamente asociado a lo misterioso o «milagroso», en mi opinión no es lógico ni coherente que la Señora se autodefiniese con una palabra totalmente ajena a la cultura azteca. De la misma forma que en las apariciones registradas en el viejo continente, la Señora jamás invocó un nombre maya, azteca o inca.

«Guadalupe», según todos los expertos, es un vocablo árabe. Para algunos significa «río que arrastra cascajo negro».[76] Para otros, «río escondido»[77] y en opinión de los cronistas Jerónimos, «río de lobos».[78] Este mismo significa-

---

[76] Los defensores de esta traducción afirman que «guadalupe» se compone de «Uad» o «Guad> (río), «al» (articulo) y «lub» (cascajo negro). Y aseguran que este nombre fue dado por los musulmanes a un río que arrastraba cascajo negro.

[77] Para otros autores, «guadalupe» procede de «Guad al lubben» o «río escondido». Como se sabe, en la provincia de Cáceres, y concretamente en la comarca de Villuercas, discurre un pequeño río que nace en la vertiente sur de la sierra de Villuercas —en los confines de Extremadura y Castilla— y que se desliza medio oculto por hondas barrancas y gargantas, como escondiéndose entre las mismas. (Fray Gabriel Talavera: *Historia de Guadalupe*. Toledo, 1597, folio 9 al 11: Arturo Álvarez, en *El Origen del nombre de Guadalupe*; Germán Rubio (O.F.M.), en *Historia de Nuestra Señora de Guadalupe* y fray Francisco de San José: *Historia Universal de la Primitiva y Milagrosa Imagen de Nuestra Señora de Guadalupe*, Madrid, 1763.

[78] Otros aseguran que «guadalupe» es una palabra híbrida, mezcla de árabe («Wadi» o «Guad») y latín «luporum» y que significa «río de lobos». Entre estos defensores de la denominación de «río de lobos» se encontraban los antiguos cronistas jerónimos. El propio fray Talavera (jerónimo), que defendía esta traducción, escribe en sus crónicas sobre dicho río: «Nace por la parte que el Sol se pone, en la raya de una gragosa y altísima montaña, el río que dio principio y origen al nombre Guadalupe; más por misterio y religión que por sus caudales y grandeza, famoso por todo el mundo».

En opinión de mi buen amigo y gran erudito Francisco Peláez del Espino, director de Restauración de Los Alcázares de Sevilla, hay otras

do —«río de lobos»— es defendido por especialistas españoles tan prestigiosos como Michelena y Miguel Asín Palacios. (Véase la obra de Asín: *Contribución a la toponimia árabe en España*, 2ª. edición, Madrid, 1944, C.S.I.C.).

Para estos arabistas, «Guadalupe», como digo, sería fruto de la continuación árabe-románica.

Sea como fuere, lo cierto es que no existe la menor sombra de duda sobre la raíz árabe de «guadalupe». El planteamiento inmediato resulta, por tanto, casi obligado: si el descubrimiento de la pequeña talla de madera sucedió doscientos años antes de las apariciones del cerro del Tepeyac, en México; si los primeros conquistadores de la «Nueva España» eran, en buena medida, oriundos de Extremadura y grandes devotos de Guadalupe —la Señora de «su» tierra— y si, en fin, este vocablo nada tiene que ver con la lengua azteca, lo más lógico es deducir que el «bautizo» de la Señora o Niña del Tepeyac fue cosa de los españoles...

En mi búsqueda de datos que confirmaran esta sospecha encontré, por ejemplo, el testimonio de otro fraile —Diego de Santa María—, monje de la Orden de San Jerónimo y que, mire usted por donde, debió de ser uno de los primeros «reporteros», «enviado especial» a México en 1574 para conocer y aclarar aquella historia sobre la Virgen mexicana de nombre «Guadalupe» y que tanto «ruido» había provocado.

tres interpretaciones: «río sobre piedras» (del latín: «petra/lápis», «río de la luz», también del latín: «lux», «lumen» (fulgor) y «río sagrado». En este último caso. «LUPE» sería un derivado del vocablo celta «lúe» que por corrupción pasó a ser «lup». «Lug» respondía al nombre del más famoso dios de su panteón mítico y no a un vocablo latino. En aquel lugar existió un culto celta al citado dios «Lug», de cuyo nombre se derivó el topónimo «GUADALUPE». Los cuatro primeros posibles significados parten de un origen romano, sin tener cuenta que la zona en cuestión de Extremadura fue un hábitat celta antes que romano.

Fray Diego llegó a México, como digo, «enviado especialmente» por el monasterio de Guadalupe, en Cáceres. Era lógico que los jerónimos se sintieran tan intrigados como confundidos y quizá alarmados ante las noticias que llegaban desde el otro lado del Atlántico. ¿Cómo podía ser que la misma Virgen de Guadalupe se hubiera aparecido —y con idéntica «filiación»— entre los indios de la «Nueva España»? Había que informarse sobre este punto y sobre el no menos «delicado» asunto de las limosnas y privilegios económicos que habían empezado a llover sobre la ermita del Tepeyac. Tampoco era cuestión de dejarse pisar por una «competencia» desleal.

Y el bueno de fray Diego de Santa María se puso a «investigar». Su primera «crónica» conocida llegó a manos del rey de España, Felipe II, con fecha 12 de diciembre de ese mismo año de 1574. Decía así:

...yo hallé en esta ciudad [se refiere a México] una ermita de la advocación de Nuestra Señora de Guadalupe, media legua de ella, donde concurre mucha gente. El origen que tuvo fue de que vino a esta provincia (de la Nueva España) habrá doce años con un poder falso de nuestro Monasterio de Nuestra Señora de Guadalupe, el cual recogió muchas limosnas y, manifiesta la falsedad del poder, se huyó y quedaron cierta cantidad de dineros de los que habían cobrado los mayordomos de esta ermita, que entonces se llamaba por otro nombre.

Y más adelante añade el indignado fraile Jerónimo:

... Entendiendo la devoción con que acudían a Nuestra Señora de Guadalupe, le mudaron el nombre, y pusieron el de Nuestra Señora de Guadalupe, como hoy en día se llama...

Al año siguiente —y con fecha 24 de marzo—, el fraile enviaba una segunda «crónica» a España. Y puntualizaba:

En la fotografía de la derecha, el rostro, tomado por Manuel Ramos en 1923, aún sin retocar. A la izquierda, la cara de la Virgen, después de los retoques efectuados en secreto por la Iglesia. El bellísimo rostro, al menos desde mi punto de vista, ha sido oscurecido y afeado.

Rodrigo Franyutti, licenciado en Filosofía por la Universidad Iberoamericana de México D.F., miembro del Centro de Estudios Guadalupanos y uno de los grandes defensores de la Virgen de Guadalupe, durante una conferencia en Texas (USA). Franyutti muestra una fotografía tomada en 1979 por la NASA y otra (a la derecha) hecha en 1923.

En cuanto a lo que toca a la santa casa de Nuestra Señora de Guadalupe, cuyos negocios traigo entre manos, fuera de los muros de esta ciudad, está una ermita, la cual, del año de 1560 a esta parte, se llama Santa María de Guadalupe y con este título han traído y traen demanda por toda la tierra...

Aquellas «informaciones», recogidas directamente y en el lugar de los hechos, alarmaron al rey de España, que exigió una serie de aclaraciones al virrey y al arzobispo de turno en México. Ambos, «a vuelta de Correo», se apresuraron a desmentir las afirmaciones del jerónimo y a ponerlo como un trapo.

A las pruebas me remito: el 23 de septiembre de 1575, el entonces arzobispo de la «Nueva España», Pedro de Moya de Contreras, escribía al Rey:

El Visorrey me mostró una cédula de Vuestra Majestad cuyo duplicado no he visto, aunque en ella se acusa de remitírseme acerca de la ermita de Nuestra Señora de Guadalupe, media legua de México, por donde parece haberse hecho a V. M. siniestra relación en la erección, renta, gastos, y limosnas de aquella casa, porque la verdad es la que parece por esa información que hice hacer a mi provisor, después de la visita para que constase de ella y cesasen falsas opiniones; por el testimonio se verá la renta que tiene y las limosnas que se dan y sus gastos ordinarios; habiendo conferido esto con el virrey parece que se aplique lo que sobrase para casar huérfanas u otra obra pía, de suerte que el pueblo vea en lo que se emplea para que más edifiquen los devotos de aquella santa casa, y así con brevedad se pondrá en ejecución.[79]

El arzobispo, como era de esperar, acusa a fray Diego Y califica su información de «siniestra». Es una lástima que no se haya podido encontrar esa «relación» a la que el citado Pedro de Moya hace mención y que mandó hacer a su

[79] *Epistolario de Nueva España* (XI, p260).

provisor. Hubiéramos tenido más datos sobre el origen y otras circunstancias que rodearon a la primitiva ermita del Tepeyac.

El virrey, naturalmente, salió al paso también de los «infundios» del jerónimo y escribió al rey en los siguientes términos:

…Otra [cédula] fechada en San Lorenzo el Real, a 15 de mayo de 1575, sobre lo que toca la fundación de la ermita de nuestra Señora de Guadalupe, y que se procure que el arzobispo la visite. Visitarla y tomar las cuentas, siempre se ha hecho por los prelados; y el principio que tuvo la fundación de la iglesia que ahora está hecha, lo que comúnmente se entiende, es que el año 55 o 56 estaba allí una ermitilla en la cual estaba la imagen que ahora está en la iglesia, y que un ganadero que por allí andaba publicó haber cobrado salud yendo a aquella ermita y empezó a crecer la devoción de la gente, y pusieron nombre a la imagen de Nuestra Señora de Guadalupe por decir que se parecía a la de Guadalupe, de España, y de allí se fundó una cofradía, en la cual dicen habrá cuatrocientos cofrades…[80]

El virrey Martín Enríquez de Almanza, como vemos, se «sacude el muerto» y dice, con toda razón, que las visitas y cuentas de la ermita en cuestión siempre fue cosa de los prelados...

¿Quién llevaba la razón en este pleito? En realidad, poco importa. Lo que sí me parece interesante es que —como consecuencia de la investigación del fraile jerónimo— se produzca una coincidencia de opiniones (la del virrey y la del propio Diego de Santa María) en cuanto a un hecho que sí encierra una gran trascendencia: tanto el representante del rey en México como el «enviado especial» del monasterio cacereño señalan los años próximos a 1560 como la

---

[80] *Cartas de Indias* (p.309).

fecha en que fue cambiado el nombre de la Virgen de la ermitilla del cerro del Tepeyac. Esto significa que la Señora que se mostró al indio Juan Diego en 1531 fue conocida por otro nombre, al menos durante los primeros veinte o treinta años que siguieron a tan misterioso hecho.

Y buceando entre documentos, legajos y crónicas pude encontrar otro «indicio» que perfila, incluso, una posible fecha, a partir de la cual pudo empezar a hacerse popular el nombre de «Virgen de Guadalupe». Veamos.

El padre de Huete y fray Alonso de Santiago escribieron:

...que se debiera dar [le] el nombre de Tepeqaquilla[81] que era el lugar donde estaba la iglesia e imagen.

...que ya que el Ilustrísimo señor Arzobispo —declaraba Alonso de Santiago— quisiese que por devoción se fuera [a] aquella ermita, había de mandar que no se le nombrase de Nuestra Señora de Guadalupe, sino de Tepeaca o Tepeaquilla; porque si en España, Nuestra Señora de Guadalupe tenía aquel nombre, era porque el mismo pueblo se decía así, Guadalupe.[82]

Desde 1556, por tanto, existía ya entre algunos misioneros franciscanos una rotunda y pública oposición a que la ermita donde se veneraba la imagen de la Señora «mexicana» fuera llamada «de Guadalupe». Es posible, incluso, que esta «lucha» arrancase desde el momento en que murió el primer obispo de México, fray Juan de Zumárraga (1548). No dispongo, lógicamente, de pruebas pero hay algo que me inclina a ello. Zumárraga, como hemos visto y veremos más adelante, fue un misionero justo y de gran fortaleza de espíritu. Dudo mucho que él —uno de los principales

---

[81] El cerro Tepeyac era llamado por los españoles como «Tepequaquilla» o «Tepeaquilla».

[82] Ver «El Culto Guadalupano del Tepeyac» (p. 102) e «Informaciones de 1556», publicadas en apéndice, pp. 240 y ss.

protagonistas del «milagro de las rosas»— aceptara que se suplantara el verdadero nombre dado por la Señora y que, como ya hemos visto, no pudo ser el de «Guadalupe».

Esto, casi sin querer, me lleva a pensar que el famoso *Nican Mopohua*, del indio Valeriano, tuvo que ser escrito una vez desaparecido Juan de Zumárraga. No olvidemos que el *Nican* es el documento más antiguo sobre las apariciones y en el que se hace expresa mención del nombre «Nuestra Señora de Guadalupe». Una de dos: o Valeriano no habló con Zumárraga a la hora de escribir los acontecimientos del Tepeyac o, si lo hizo, el nombre de la Señora fue cambiado por él o por los copistas posteriores. (Recordemos que el texto original de Antonio Valeriano no ha sido encontrado aún).

Si el primer obispo de México hubiera llegado a leer el citado *Nican Mopohua* —con la denominación de «Virgen de Guadalupe»— es muy posible que Valeriano y sus colaboradores se hubieran visto obligados a rectificar.

¿Qué pudo ocurrir? ¿Por qué fue cambiado el verdadero nombre que la Virgen le facilitó al indio Juan Bernardino? Y, sobre todo, ¿cuál pudo ser ese nombre original?

«La que tuvo origen en la cumbre de las peñas»

Aquel razonamiento me gustó. Tenía cierta base. Es más, parecía muy lógico... El gran historiador Jesús Chauvet, en su libro *El culto guadalupano del Tepeyac*, apunta que, quizá, lo que pudo pasar con el nombre de la Virgen es que fuera deformado por la pésima pronunciación de los españoles, «recién llegados», como quien dice, al imperio azteca.

La lengua náhuatl era y es enrevesada, al menos para los latinos. La generosa proliferación de consonantes y la longi-

194

tud de sus vocablos fueron una permanente dificultad para los conquistadores y misioneros. Y así ha quedado reflejado en algunos de los escritos y «relaciones» de los cronistas de aquella época. Por ejemplo, en la obra del ilustre Luis Becerra Tanco, *Felicidad de México*, en su folio número nueve y en los siguientes:

...Algunos ingeniosos —dice Becerra— se han fatigado en buscar el origen del apellido «Guadalupe», que tiene el día de hoy esta Santa Imagen —se refiere a la del Tepeyac—, juzgando que encierra algún misterio: lo que refiere la tradición sólo es que este nombre, no se le oyó a otro que al indio Juan Bernardino, el cual ni pudo pronunciar así, ni tener noticia de la imagen de Nuestra Señora de Guadalupe del Reino de Castilla; a que se llega la poca similitud que tienen estas dos imágenes, sino es en ser ambas de una misma Señora, y ésta se halla en todas; y recién ganada esta tierra, y en muchos años después, no se hallaba indio que acertase a pronunciar con propiedad nuestra lengua castellana, y los nuestros no podían pronunciar la mexicana, si no era con muchas impropiedades. Así que, a mi ver, pasó lo siguiente, esto es, que el indio [Juan Bernardino] dijo en su idioma el apellido que se le había de dar, y los nuestros, por la asonancia sola de los vocablos, le dieron el nombre de Guadalupe, al modo que corrompieron muchos nombres de pueblos y lugares y de otras cosas de que hoy usamos...

No le falta razón a Becerra Tanco. Ante nombres tan complicados como Atlauhtlacolocayan, Quauhnáhuac, Oaxaca, etc., los rústicos —y no tan rústicos— colonizadores españoles debieron «tirar por la calle del medio» y pronunciar muchas de estas palabras «a su aire». Así, en lugar de «Atlauhtlacolocayan», surgió «Tacubaya». Y «Quauhnáhuac» se vio igualmente corrompida y apareció Cuernavaca. La lista sería interminable y confirma, repito, la teoría de Becerra Tanco.[83]

[83] Como muy bien apunta Chauvet en *Las apariciones de Nuestra Señora*

Más adelante, el mismo autor asegura:

... De lo dicho, se deja inferir que lo que pudo decir el indio Juan Bernardino, en su idioma, fue la palabra «tequantlanopeuh», cuya significación es «la que tuvo origen en las cumbres de las peñas», porque entre aquellos peñascos vio la vez primera Juan Diego a la Virgen Santísima...

Según Becerra Tanco, «otro nombre pudo ser también que dijese el indio, esto es, "tequantlaxopeuh", que significa "la que ahuyentó o apartó a los que nos comían" y siendo nombre metafórico, se entiende por las bestias fieras o leones».

En este «rastreo» supe de otros historiadores y estudiosos que compartían plenamente la hipótesis de la «corrupción» lingüística. Por ejemplo, el padre Mario Rojas Sánchez, que propuso como palabra original —y de la que derivó «Guadalupe»— «tlecuauhtlacupeuh». Según Rojas, este complicado vocablo significa en náhuatl «la que viene volando de la luz como el águila de fuego».[84]

de Guadalupe a la luz de la Historia, de la Ciencia y del Magisterio Papal ordinario, estas sabias suposiciones de Becerra no están documentalmente probadas, aunque la tradición lo ratifica plenamente. Fidel de Jesús Chauvet si ha logrado descubrir, en cambio, un testimonio escrito sobre una de estas frecuentes «corrupciones» de la lengua náhuatl. Para dar ejemplo —dice— citaré la progresiva, aunque no rectilínea transformación, de la palabra Huitzilopochco en el actual vocablo "Churubusco", que he estudiado documentalmente: consultando los libros parroquiales manuscritos del archivo de la antigua doctrina de Churubusco hemos hallado de 1658 a 1704 que se escribía "Huitzilopochco". En 1722 Churubusco. En 1789 se usaban indiferentemente cuatro formas: Huitzilopochco, Ochoropoxtlo, Ocholopoxtlo y Churubusco; y todavía en fecha tan tardía como 1830 se escribía indiferentemente Ochlopoxtlo y Churubusco. Si el lector tiene la paciencia de consultar los documentos del Epistolario de la Nueva Hispana, podrá comprobar como también, poco a poco. Quauhnáhuac se fue convirtiendo en Cuernavaca...».

[84] Ver *Nican Mopohua de D. Antonio Valeriana, traducción del náhuatl al castellano por el Pbro. Mario Rojas S.*, México, 1978. p. 44. En relación

El mismo autor de la traducción, padre Mario Rojas Sánchez, en las notas finales, al citar el versículo 208, dice; «El nombre náhuatl que verosímilmente dijo la Santísima Virgen a Juan Bernardino y que los oídos españoles asimilaron a "Guadalupe", "de Guadalupe" tal vez nunca lo lleguemos a encontrar en ningún documento...».

¿«Tlecuauhtlapcupeuh» o «Cuahtlapcupeuh»? La verdad es que estas palabras dan terror, con sólo mirarlas... Imagino a Hernán Cortés y a sus «muchachos» y al propio obispo, fray Juan de Zumárraga y a sus misioneros, intentando pronunciar correctamente tales términos y haciéndose un verdadero lío con la lengua...

a esta palabra náhuatl —«tlecuauhtlacupeuh» o «cuahtlapcupeuh»— Guillermo Ortiz de Montellano ha llevado a cabo el siguiente estudio: «Los elementos de dicha palabra son TLE-CUAUH-TLAPCUP-EUH, cuya significación es ésta:

1º. TLE-TL (fuego): elemento que recuerda el lugar donde Dios vive y actúa.

2º. CUAUT-TLI (águila): símbolo del Sol, y de la Divinidad.

3º. TLAPCUP-A (Del Oriente de la Región de la Luz): que era también la región de la Música. Tiene también las formas TLAPCOPA, TLAUCUPA y TLAUHCOPA.

4º. El verbo ECHUA, en forma de pretérito EUH. Dicha formación se usa para indicar el sujeto que hace la acción —en nuestra lengua, un participio pasivo— y que continúa haciéndola. Significa: levantar, proceder de, disponerse a volar, revolar, entonar un canto.

Para la significación de la palabra da lo mismo poner o quitar la primera sílaba «TLE» (fuego), pues lo mismo es decir: TLECUAUHTLI (el águila de fuego simplemente) o CUAUHTLI (el águila por excelencia. Es decir el Sol, Dios).

El significado de dicho nombre, en su forma más sencilla, sería así: «La que procede de la región de la luz como el águila de fuego».

Y dado que el verbo está tan preñado de contenido podría proponerse la siguiente simplificación, de acuerdo con la lengua y las implicaciones culturales:

«La que viene —volando— de la región de la luz (y de la música) y entonando un canto, como el águila de fuego». (Ver Vocabularios y Gramáticas: Mol. FXC. ThDS, MS-MS).

¿Qué pudo pasar? Muy sencillo. Si el nombre que dio la Señora al indio Juan Bernardino fue éste, o similar a éste, lo normal es que los españoles asociaron de inmediato el «sonido» a «Guadalupe». Tanto los vocablos anteriormente citados (y que constituyen un tormento a la hora de transcribirlos) como «tequantlanopeuh» y «tequantlaxopeuh» «suenan» a «cuadlasupe».

No es extraño, en fin, que durante los primeros años, los españoles prefirieran llamar a la Señora y a la ermitilla del Tepeyac como «guadalupe». El nombre original, en náhuatl, como hemos visto, podía «sonar» de forma muy parecida y, además, los conquistadores extremeños ya sabían de la existencia de «su» Virgen de Guadalupe. Cuando el 15 de mayo de 1575, el virrey de México escribía a Felipe II, explicándole que «...pusieron nombre a la imagen de Nuestra Señora de Guadalupe por decir que se parecía a la de Guadalupe, de España», es muy posible que no hablase del parecido físico, sino del lingüístico. (Como podrá apreciar el lector, entre ambas Vírgenes no existe la menor semejanza.)

Quizá con el paso del tiempo, la costumbre terminó por hacerse «ley» y la Señora del Tepeyac fue conocida ya como «Guadalupe». Esa «generalización» del nombre de la imagen mexicana pudo ser una de las razones que movió al monasterio de Guadalupe, en Cáceres, a enviar a uno de sus frailes —el ya mencionado fray Diego de Santa María— para «investigar» la «suplantación».

Una prueba más de lo que digo está en Becerra Tanco. Volviendo a su libro *Felicidad de México* (folio nueve y siguientes), puede leerse:

... Y si el día de hoy le mandamos a un indio, de los que no son muy ladinos ni aciertan a pronunciar nuestra lengua, que dijese «de Guadalupe», pronunciaría «Tequatalope», porque la lengua

A la izquierda, la imagen de la Virgen de Guadalupe existente en Extremadura (España). En el centro, la imagen de la Guadalupana impresa en la tilma del indio Juan Diego. A la derecha, la Virgen de Guadalupe (España), con rayos solares parecidos a los retoques de la imagen mexicana.

A la izquierda, la Virgen «morena» de Guadalupe (Extremadura), en España, que no guarda el menor parecido con la imagen de la Señora de Guadalupe de México (a la derecha).

199

mexicana no pronuncia ni admite estas dos letras —la «g» y la «d»—, la cual voz pronunciada en la forma dicha se distingue muy poco de las que antes dejamos dichas. Y esto es lo que siento del apellido de esta bendita imagen.

Becerra Tanco nos ha vuelto la oración «por pasiva», aportando otro elemento importante. Si los indios no sabían pronunciar las «g» y «d», ¿cómo explicar que la Virgen pronunciara precisamente «Guadalupe»?

Esta interesante matización fue comprobada no hace mucho por el esforzado cura párroco de la localidad mexicana de Tlachichuca, don Nicolás Sabino Zavaleta, cuando —sin mediar palabra— mostró la imagen de la Señora de Guadalupe (la mexicana) a unas indias del valle de Atlixco y de la ciudad de Zapotitlic, en el Estado de Jalisco. Las inditas —que sólo hablan náhuatl— respondieron invariablemente que aquella era «Shanta María de Coatlallope».

Esta experiencia fue repetida por el profesor Elías y los resultados fueron idénticos. Los mexicanos jamás pronunciaron la palabra «Guadalupe», en castellano. Esto haría escribir al padre Joaquín Cardoso S. J. que «el nombre que recibió el indio Juan Bernardino en 1531 no pudo ser "guadalupe"».[85]

Y Cardoso expone su propia teoría sobre el posible significado de «Coatlallope». Según el jesuita, este vocablo náhuatl se compone de «coatl» (que significa serpiente), «a» (preposición de régimen) y «Llopeuh» o «xopeuh» (pretérito perfecto del verbo azteca «xopeauah», que quiere decir «aplastar con el pie»).

De donde —afirma el padre Cardoso—, teniendo en cuenta la construcción gramatical de la lengua náhuatl, que

[85] Artículo publicado por J. Cardoso el 12 de diciembre de 1951 el prestigioso diario mexicano *Excélsior*.

pone el verbo al final de la frase, «coatlallopeuh» significa «aplastó con el pie a la serpiente» y que su castellanización («guadalupe») no es ya vocablo árabe que nada tiene que ver aquí, sino «Santa María la que aplastó a la serpiente».

Abundando en esta misma teoría, el también jesuita, Padre Enrique Torroella, afirmaba en 1958 y 1961:

A mí me parece un absurdo suponer que Nuestra Señora se llamara a sí misma «Guadalupe». Ella hablaba en Náhuatl, a un indio ignorante como era Juan Bernardino, ignorante seguramente de la lengua castellana: era ya viejo y mal la pudo aprender. Cómo es posible que la Señora le dijera un nombre aunque bello en significado, pero en una lengua extraña, todavía más extraña que el español, puesto que la palabra Guadalupe es árabe y significa «río de luz»... La Virgen usó seguramente una palabra azteca, que les sonó a los españoles, como Guadalupe; esta palabra fue probabilísimamente «COATLAYOPEUH», que significa «la que aplasta la serpiente». El idioma mexicano es aglutinante. La palabra se forma de un substantivo y de un verbo; el substantivo es «coatl», que significa serpiente y el verbo «yopeu» —aplastar con el pie—, unidos los dos por la partícula o conjunción «a», por eufonía. «La que aplasta la serpiente con el pie». Esto sí tiene un significado maravilloso.[86]

Aún pude conocer otras hipótesis sobre el posible origen del nombre de la Señora del Tepeyac.

Efraín Bonilla, por ejemplo, dice que Guadalupe significa «río de los lobos» y que la denominación dada a la Señora «mexicana» deriva de «coatlaloctlapia», formado —según Bonilla— de «coatl» (serpiente), «tlaloc» (dios del agua), «tlapia» (cuida) y que, en definitiva, quiere decir «la que cuida a la serpiente diosa del agua». Según este autor, «por contracción se suprimió "tla", quedando la pa-

---

[86] Prólogo al *Nican Mopohua,* publicado por *Buena Prensa* en los citados años de 1958 y 1961.

labra "coatlalocpia". Suprimida finalmente la "a" en prove-
cho de la brevedad, quedó "coatla locpi", que pronunciada
por un indio auténtico se oiría como "coalalopi" en lugar de
"guadalupe"».[87]

Por último —y por no fatigar más al lector— veamos
la opinión del padre Francisco Florencia S. J., en su obra
Estrella del Norte, México, 1688:

> …Algunos han querido hazer nombre de la lengua mexicana
> al de «Guadalupe», pero corrupto; dizen que oyendo los españo-
> les el vocablo «Quauhtlalapan», que quiere decir, tierra, suelo de
> árboles junto al agua (nombre que acaso debía tener en tiempo
> de la Gentilidad aquel parage, donde se apareció la Virgen, y se
> fundó el santuario) de «Quautlalapan» por pronunciar los indios
> las «qq» con algún sonido de «gg», y las «tt», como «dd», hizieron
> porque assí les sonó en sus oydos, «Guadalupe»; y acordándose
> de la célebre «Guadalupe» en Extremadura de España, la llama-
> ron comúnmente «La Virgen de Guadalupe».[88]

Esta opinión, sin embargo, no es compartida por el no menos prestigioso investigador Jesús Chauvet (franciscano). En
relación con esta palabra náhuatl —«quauhtlalapan»— afirma que él ha encontrado, en efecto, que el libro más antiguo
de bautismo de la colonial parroquia de Santiago Tlatelolco
(1585-1602) estaba reservado al pueblo de Santiago Quautlal-
pan, una antiquísima dependencia de dicha parroquia.

Algunos autores —dice Chauvet— pretenden que las in-
mediaciones del Tepeyac recibía antiguamente el nombre de
Quauthlalpan, que significa «suelo de tierra de árboles», de excelente calidad para la agricultura. Sin embargo, los inmediatos

---

[87] Escrito de 15 de diciembre de 1930, publicado el 19 del mismo mes en
el diario *El Universal Gráfico* de México.
[88] Es de advertir que la lengua mexicana, escrita con el alfabeto castellano, carece de las consonantes «b», «d», «f», «g», «r» y «s».

alrededores del cerro Tepeyac no eran así, sino tierras salitrosas y muy pobres. Y tampoco la deformación de Quauthlalpan en Guadalupe está comprobada por documentación conocida. De modo que la hipótesis queda asimismo en el aire...

Después de estas largas y penosas investigaciones, sobre mi corazón había caído un leve rayo de luz: aunque nadie dispone de las pruebas documentales, estaba convencido de que la Señora «no» pronunció jamás el nombre de «Guadalupe». Personalmente me inclino por «tequantlanopeuh» y «tequantlaxopeuh». Ambas palabras guardan una curiosa semejanza con «guadalupe» y, por otra parte, son más lógicas, si aceptamos la «comunicación» entre la Señora y los indios. (La primera significa «la que tuvo origen en la cumbre de las peñas» y la segunda, «la que ahuyentó o apartó a los que nos comían»).

Si la Virgen, como dice Becerra Tanco, hubiera pronunciado realmente el nombre de «Guadalupe», el indio —amen de no entender el vocablo como tal— no habría sabido que aquella Niña se refería a un convento existente a miles de kilómetros.

Además, ¿no parece cruel que la Señora de los Cielos se apareciese a dos aztecas y, en el colmo del partidismo se identificase con un nombre, «propiedad» de los conquistadores? Como ya he reflejado en páginas anteriores, es muy posible que esa influencia española fuera precisamente la responsable de la progresiva «corrupción» y cambio del auténtico nombre que dio la Señora del Tepeyac a los indios.

Y como final de este capítulo, he aquí, en síntesis y como resultado de mis propias investigaciones, lo que pudo suceder en aquellos años del siglo XVI, siguiendo siempre un orden cronológico, en relación al oscuro asunto del nombre de la Virgen:

Basándose en los estudios de los norteamericanos Smith y Callagan, la pintora Rebeca García de Franyutti llevó a cabo esta singular pintura de la Virgen de Guadalupe —sin retoques ni añadidos— tal y como pudo quedar impresa en la tilma del indio Juan Diego.

He aquí la imagen original de la Virgen de Guadalupe, tal y como se observa hoy en el ayate del indio Juan Diego, y que se venera en el altar mayor de la basílica de la capital mexicana. Los científicos Smith y Callagan han demostrado que fue «superretocada».

205

De izquierda a derecha, una princesa azteca con vestiduras de fiesta; una israelita del siglo I, también con un vestido de fiesta y, por último, la imagen de la Virgen de Guadalupe, sin añadidos ni retoques. El parecido entre estas dos últimas, en lo que al atuendo se refiere, es muy significativo. Algunos estudiosos en ropajes orientales —entre los que se encontraba el célebre fray José Guadalupe Mojica— aseguran que la imagen de la Virgen de Guadalupe no guarda relación alguna con una mestiza. Todo lo contrario: el color del rostro y sus vestiduras son similares a los de una mujer israelita del tiempo de Jesús de Nazaret.

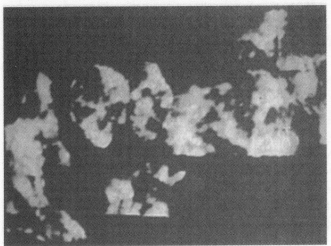

Algunas de las figuras descubiertas por las computadoras del profesor Tonsmann, en este caso en el ojo izquierdo. Abajo, y para una más rápida localización de dichas imágenes, éstas han sido perfiladas con una línea blanca. A la izquierda aparece» al llamado «indio sentado» con las manos en actitud orante. A su derecha, la cabeza del anciano (supuesto Juan de Zumárraga). En tercer lugar, el «traductor», y junto a éste (en el extremo derecho), el también supuesto indio Juan Diego, con un sombrero en forma de «cucurucho» y extendiendo la tilma ante los personajes anteriores. En al centro de la imagen, el «grupo familiar»: una mujer joven, de perfil, y frente a ella, un hombre con sombrero.

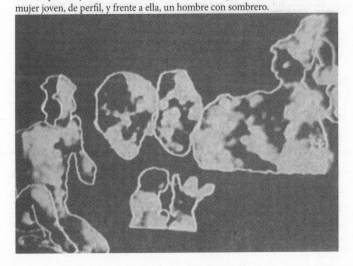

1531. Se registran las apariciones y Juan Bernardino recibe un nombre, en náhuatl. Posiblemente «tequantlaxopeuh».

1548. Muere Juan de Zumárraga. Durante esos años, los españoles terminaron por «corromper» el vocablo original y la Señora del Tepeyac es conocida como la Virgen de Guadalupe.

1545-1550. Antonio Valeriano, el indio sabio, escribe el *Nican Mopohua* y en él aparece ya el nombre de «Guadalupe». Es posible que desde la muerte del obispo de México se registraran luchas y tensiones para cambiar «oficialmente» el nombre de la ermita y de la misteriosa imagen que se veneraba en la tilma del indio Juan Diego.

1556. Varios franciscanos se oponen abiertamente a que la Virgen sea llamada como «de Guadalupe». Y sostienen que debe ser conocida por el nombre del lugar: Tepeyac o Tepeaquilla.

1560. Por estas fechas, más o menos, debieron de ganar la partida aquellos que pretendían «bautizar» a la imagen con el nombre de «Guadalupe».

1574. El nombre y la historia de la Virgen de Guadalupe de México llega hasta el convento de Guadalupe, en Cáceres, y los Jerónimos—celosos de "su" Virgen— envían al padre Diego de Santa María para que investigue.

1574. (finales) En una carta a Felipe II, el jerónimo «enviado especial» a México afirma que doce años antes, alguien llegó hasta la Nueva España con un poder falso y se dedicó a «estafar» a propios y extraños. El «estafador» o «estafadores» aparecieron en la ermita del Tepeyac con un poder que, decían, había sido extendido por el monasterio de Guadalupe, en Extremadura. Ello confirma que en 1560 la Señora del Tepeyac ya era conocida como «de Guadalupe».

1575. En otro escrito del virrey de México al rey de España, aquél ratifica las afirmaciones del jerónimo Diego de Santa María, en el sentido de que el cambio de nombre de la Virgen pudo ser hacia 1560.

Tercera parte

10. UN «HOMBRE CON BARBA» EN LOS OJOS DE LA VIRGEN

Aquel sábado, 24 de octubre de 1981, no fue un día como los demás. Al menos, para mí.

Había iniciado las investigaciones en uno de los «frentes» más atractivos y periodísticos del asunto «Guadalupe»: los descubrimientos en los ojos de la imagen de la Virgen. Y aquel día, como referiré en breve, había sostenido varias y fructíferas entrevistas con Carlos Salinas (el segundo descubridor de la figura de un «hombre con barbas» en las córneas de los ojos de la Señora) y con el doctor Graue, un oftalmólogo de renombre internacional.

Cansado y arrastrando sueño de varios días me encerré en mi habitación número 1 404 del hotel Ejecutivo, en pleno centro del Distrito Federal, y me dispuse a ordenar el trabajo de aquella jornada. Había que combatir aquel cansancio y, tras una generosa ducha, me cambié de ropa y roe situé frente al espejo del cuarto de baño. Eran las nueve y media de la noche —minuto más, minuto menos— cuando tomé el peine e inicié la siempre difícil empresa e trazar una raya lo más recta posible entre los todavía húmedos cabellos. Un pequeño televisor, situado en una esquina de la habitación y en una mesa que apenas si levantaba dos cuartas sobre una moqueta azul, me mantenía unido al resto del mundo. Recuerdo que el locutor del Canal 13 hablaba de los últimos momentos de la histórica «cumbre» de presidentes y jefes de Gobierno de todo el mundo, en Cancún. Segundos antes de situarme frente al espejo, había echado una ojeada a través del inmenso ventanal que constituía en realidad la pared exterior de la habitación. Desde aquella altura, millones de luces se extendían a mis pies, perdiéndose en un horizonte imposible de precisar.

De pronto, el espejo del cuarto de baño comenzó a oscilar. Durante décimas de segundo permanecí con el peine semienterrado en el pelo, desconcertado. ¿Qué ocurría?

Al mismo tiempo, un ruido sordo —como el fragor de una ola gigantesca que fuera aproximándose— me hizo volver la cabeza hacia la pared de cristal de la habitación. ¡El gran ventanal estaba vibrando!...

Fue cosa de segundos. Mientras asistía atónito al movimiento del espejo, sentí una especie de mareo. Era como si una fuerza invisible estuviera agitando mi cerebro...

El frasco de la colonia, los tubos con las pastas de afeitar y de dientes, los cepillos, la brocha y el resto de los útiles para el aseo estaban cayendo de las estanterías o chocaban entre sí, como «encantados» por esa fuerza desconocida.

Antes de que pudiera reaccionar la habitación quedó a oscuras. Salí o salté del cuarto de baño —no lo recuerdo bien— y traté de aproximarme a la gran pared de cristal. Luego comprendí que aquel error pudo haberme costado la vida. Toqué el vidrio con las palmas de las manos, al tiempo que, observaba cómo grandes zonas de la capital federal habían en quedado en tinieblas.

Fue entonces, al sentir en mis manos aquella aguda vibración, cuando me di cuenta: ¡era un terremoto! Jamás había vivido una experiencia como aquélla. El miedo —no me avergüenza confesarlo— me llenó de pies a cabeza. No sabía qué hacer...

El pequeño televisor acababa de caer al suelo y la pantalla, inexplicablemente iluminada aún, seguía emitiendo imágenes de la primer ministra inglesa, Margaret Thatcher y el presidente de México, López Portillo, en no sé qué reunión oficial...

Me separé del ventanal y traté de aproximarme hasta el televisor. Pero, aunque parezca increíble, ¡no pude dar el segundo paso! Aquel movimiento, inicialmente tímido, casi imperceptible, se había transformado en una durísima y constante sacudida general. Todo se movía de un lado a otro: la cama, los cuadros, la pequeña mesa, las cámaras fotográficas que yo había situado minutos antes sobre una cómoda y los libros y papeles que se apilaban en la mesilla de noche...

El rugido de aquella «ola» invisible, más fuerte y cerca no a cada segundo, terminó por destrozarme. Sin pensar en nada, sin saber siquiera por qué, todas mis fuerzas se dispararon hacia la puerta de la habitación. ¡Tenía que abrirla y salir! Y con una excitación que no podré definir jamás —mitad frío, mitad miedo, mitad impotencia—, traté de salvar los tres metros escasos que me separaban de la puerta. Sé que parecerá absurdo, pero tuve la sensación de estar caminando contra un viento huracanado.

Mi terror era tal que ni siquiera reparé en las cámaras fotográficas o en el dinero o en mi pasaporte... Mi único pensamiento, mi único deseo, era salir de allí. Alcanzar el pasillo, la calle...

Así lo hice, al fin. Pero la oscuridad de mi habitación se hizo aún mucho más intensa en aquel corredor interior de la planta catorce...

Alguien, creo que una mujer, chillaba presa de un ataque de histeria al otro lado del corredor. Yo sabía que los ascensores estaban a poco más de treinta metros de la puerta de mi habitación. Pero, mientras avanzaba a duras penas en medio de aquel bramido, un pensamiento me inmovilizó: «¡A los ascensores no!... Deben de estar bloqueados...».

En un gesto instintivo me pegué a la pared del pasillo. Extendí los brazos y traté de resistir los embates del seísmo. Durante segundos que se me antojaron siglos, mis espaldas, brazos y manos registraron mil golpes cortos y firmes. Hasta que una de aquellas oscilaciones, más larga que las anteriores, terminó por empujarme y caí como un saco de arena sobre el piso. Fue entonces cuando comprendí que aquella mole de hierro y cemento podía venirse abajo en cualquier momento. ¡Estaba en una de las últimas plantas del hotel!

«¡Dios santo!...»

El miedo se había hecho fuego en mi estómago. Y mi lengua se volvió pastosa.

Cuando estaba a punto de ponerme a gritar, aquel ruido cesó.

En mitad de la oscuridad, y con los dedos aferrados a la moqueta, traté de incorporarme. La señora de los chillidos había comenzado a llorar. Ahora, todo era silencio. Un silencio de muerte...

Me puse en pie de un salto y alguien, a mis espaldas, encendió un mechero. Era otro de los clientes. Al verme gritó:

«¡Acá!... ¡Póngase acá!...»

Aquel mexicano, acostumbrado desde niño a los temblores, sabía que, en nuestras circunstancias, lo mejor era situarse bajo el marco de una puerta. Así permanecí durante quince o treinta minutos. «Es mejor esperar —sentenció aquel inesperado amigo—. Uno nunca sabe si volverá el seísmo...»

Fueron minutos tensos. Angustiosos. Pero el terremoto se había «alejado» definitivamente. Poco a poco todo volvió a la normalidad. Descendimos por las escaleras, al principio con infinitas precauciones y en los últimos tramos, en una carrera casi enloquecida. Sólo en el mar, cuando estuve a punto de naufragar en mitad de una tormenta, en plena desembocadura del Guadalquivir, había sentido una sensación tan profunda de impotencia y peligro.[89]

A la mañana siguiente, al leer la prensa, supe que el seísmo se había sentido en amplias zonas de la costa, del Atlántico, así como en México (Distrito Federal). El terremoto, cuyo epicentro fue localizado entre Guerrero y Michoacán, había tenido una duración de casi dos minutos. Su intensidad había sido de 6 en la escala de Richter. Veinte personas habían resultado heridas y numerosos edificios cuarteados o derribados.

Por supuesto, nunca olvidaré «mi» primer terremoto...

Aquella noche, como buena parte de los habitantes de la ciudad de México, la pasé a la intemperie. Aunque las fuerzas de la naturaleza parecían tranquilas, preferí no volver al hotel. Y me instalé en uno de los bancos del parque de Chapultepec.

Allí, en compañía de decenas de familias con sus hijos, vi llegar un nuevo amanecer. Hacía tiempo que la vida y los tibios rayos del sol no se me antojaban tan hermosos.

Pero yo estaba en México para tratar de investigar e misterioso fenómeno registrado en los ojos de la Señora de Guadalupe. Y no tardé en enfrascarme en nuevas entrevistas.

Marcué: el verdadero descubridor

En mi opinión, ésta es la parte más espectacular del ceso de Guadalupe. No sé si la más trascendental, pero sí, al menos, la más llamativa. En realidad, y como decía en las primeras frases de este libro, el descubrimiento de un «hombre con

---

[89] El relato completo se encuentra en el libro de J. J Benítez, *TVE: Operación Ovni.*

barbas» en los ojos de la imagen de la Señora mexicana fue lo que me puso en marcha. Fue el pistoletazo que marcó mi salida en esta singular «carrera» en la que me encuentro, casi sin querer...

Al hojear en aquel día de 1977 —aparentemente como tantos otros— el libro de Carlos Salinas y Manuel de la Mora, *Descubrimiento de un busto humano en los ojos de la Virgen de Guadalupe*, supe, y lo di por válido, que había sido el mencionado dibujante J. Carlos Salinas quien había «descubierto» el busto humano o el «hombre con barbas» en dichos ojos. Así figuraba en las páginas 100 y 101 de la obra en cuestión. Como digo, no tenía motivos para desconfiar del importante dato y en aquellas fechas lo creí así. Pero ahora, al dedicarme de lleno a la investigación, el hecho cambió sensiblemente.

La verdad lisa y desnuda es que el «descubridor» del «hombre con barbas» en las córneas de los ojos de la imagen que «apareció» misteriosamente en la tilma del indio Juan Diego el 12 de diciembre de 1531 en México no fue Salinas.

Indagando aquí y allá comprobé que había sido otro mexicano —Alfonso Marcué— que había tenido tal privilegio.

Cuando intenté localizarlo, mis ilusiones se vinieron abajo: Marcué había fallecido.

El acontecimiento —según las informaciones que pude reunir— tuvo lugar en 1929, sobre una fotografía en blanco y negro, hecha precisamente por Alfonso Marcué, fotógrafo oficial de la vieja basílica de Guadalupe.[90]

En una de las fotografías de la cabeza de la Virgen, Marcué se «encontró» con «algo» que en un principio le dejó

---

[90] Ver el artículo de James Mechan. «The Portrait of Our Lady's eyes» (*Inmaculata*, agosto de 1974, p. 72).

atónito y que, conforme fue investigando, le reafirmó sus primeras impresiones: ¡allí había un busto humano! Pero, ¿cómo podía ser? ¿Un «hombre con barbas» en el interior de los ojos de la Virgen?

Marcué —por quien siento una gran simpatía, no lo niego— debió de dudar. ¿Qué podía y qué debía hacer? ¿Revelaba el hallazgo a la Iglesia?

Cuando estuvo plenamente seguro de su descubrimiento, Marcué terminó por alertar a los responsables de la Iglesia católica en México. Pero el interesante asunto no debió de caer muy bien entre la jerarquía y Marcué fue «obligado» a guardar silencio. Es cierto que los «aires» no eran muy propicios en aquellas fechas para la «gran estructura eclesiástica»[91] pero, desde mi punto de vista, la Iglesia, en este caso, cometió un error, contribuyendo así al retraso en unas investigaciones que no admitían demora.

Esta «prudencia» de la Iglesia «congeló» el descubrimiento, por lo menos «oficialmente», durante veintidós años.

Y digo «oficialmente» porque, como es lógico, un hallazgo de esta naturaleza no es fácil de guardar. Y me consta que la noticia de la aparición de un «hombre con barbas» en los ojos de la Señora del Tepeyac circuló «bajo cuerda» y fue conocida por numerosos ciudadanos...

Una de estas personas fue, sin duda, Carlos Salinas. Él mismo lo confesó veladamente en la conferencia pronunciada el 12 de julio de 1956 en México.[92] Así fueron sus primeras palabras en aquella ocasión:

[91] Como ya hemos visto anteriormente, la difícil situación de la Iglesia Católica en México se agudizó precisamente en 1926 y la imagen de Guadalupe tuvo que ser retirada, en secreto, hasta 1929.

[92] La citada conferencia, pronunciada en México D.F. con motivo de la aparición del número 200 de la revista *Juan Diego*, fue reproducida textualmente en el número 201 de la mencionada publicación, en el mes de agosto de 1956.

Hace mucho tiempo que había sido informado de una silueta que parece distinguirse en la parte superior de uno de sus párpados. Esta noticia me llevó a empeñarme en descubrir algo de positivo valor comprobatorio y teniendo una fotografía auténtica del busto de la Santísima Virgen, al tamaño natural y sin retoque, que me obsequió el señor licenciado Manuel Garibi Tortolero y fue tomada con el cristal abierto y con la cámara a nivel por el litógrafo don Jesús Cataño (que en paz descanse), me coloqué frente a ella y musité mi ruego: «Madre mía: si quieres que descubra "algo digno de ti", que sea en donde todos nosotros los humanos lo aceptemos como cierto y verdadero, es decir, en la pupila o iris de tus ojitos, única parte de tu cuerpo que emite reflejos...»

Salinas, como vemos, ya tenía noticia de la existencia de una «silueta» extraña en alguna parte de los ojos de la imagen. Fue, por tanto, el «redescubridor». Pero, desde mi punto de vista, el gran mérito de este mexicano fue otro: José Carlos Salinas Chávez fue el hombre que removió Roma con Santiago, hasta lograr que la Iglesia primero y la ciencia después se interesaran de verdad por el hallazgo. Pero sigamos el hilo de los acontecimientos, tal y como sucedieron.

Debido a su antiguo conocimiento —como hemos observado por sus palabras en la conferencia pronunciada en 1956— sobre la existencia de una silueta o de un busto humano en los ojos de la Guadalupana, Salinas pasó muchas horas «explorando» el rostro de la Virgen. Hasta que un buen día —mejor dicho, una buena noche—, el hoy anciano[93] dibujante tembló de emoción.

---

[93] J. Carlos Salinas nació el 15 de octubre de 1906 en Atzcapotzalco (Distrito Federal). Su afición al dibujo se hizo patente en la escuela Vicente Alcaraz, donde cursó sus estudios de primaria. Trabajó como dibujante en el periódico *El Demócrata* hasta el cierre del mismo. En 1926 ingresó en el diario *El Nacional* y desde 1930 ha trabajado por su cuenta, siempre como dibujante.

Aquel 29 de mayo de 1951, Salinas se hallaba materialmente volcado sobre una fotografía en blanco y negro del busto de la Señora del Tepeyac. Eran las 20.45 horas.

Armado de una diminuta lupa, el mexicano paseaba una y otra vez su vista sobre aquel rostro sin retoques. Hasta que, de pronto, su mano derecha se detuvo. Allí había «algo» raro. Concentró su atención en aquel punto del ojo derecho de la imagen. No había duda. ¡Allí estaba la buscada «silueta humana»!

Acercó y alejó varias veces la minúscula lupa negra y su primera impresión quedó totalmente confirmada. Su emoción debió de ser tan profunda que aquella misma noche dejó escrito el siguiente documento:

En el despacho 24 de las calles de Tacuba, número 58, siendo las 8.45 horas de la noche, del martes 29 de mayo de 1951 yo José Carlos Salinas Chávez vi por vez primera reflejada en la pupila del lado derecho de la Santísima Virgen de Guadalupe la cabeza de Juan Diego y comprobándola también en el lado izquierdo, en seguida y minutos después la vio también el señor Luis Toral que se encontraba presente.

Firmamos de común acuerdo el presente testimonio siendo las 9.20 de la noche del mismo día y año.

México D.F., mayo 29 de 1951. J. Carlos Salinas. Luis Toral González. (Firma y rúbrica de ambos).[94]

De la lectura de este testimonio es fácil deducir lo siguiente:

Si Salinas localizó, al fin, al «hombre con barbas» a las

---

[94] El pintor Luis Toral —como afirma el padre Lauro López Beltrán— es uno de los mejores artistas contemporáneos del pincel guadalupano. Hace más de treinta años que estudia y pinta Vírgenes de Guadalupe. Como advierte Abel Tirado López. «Toral conoce la imagen en sus mínimos detalles».

ocho y cuarenta y cinco minutos de la noche, ¿cómo pudo saber —treinta y cinco minutos más tarde— que la figura en cuestión era la del indio Juan Diego?

Una de dos: o Carlos Salinas había oído ya con anterioridad que aquella «silueta» podía ser la de Juan Diego o fue un impulso totalmente subjetivo y, en consecuencia, tan precipitado como carente de rigor histórico-científico.

En mi opinión, por tanto, el documento de Carlos Salinas y de Luis Toral tiene —únicamente— el valor del testimonio escrito, que deja constancia del día y de la hora en que fue «localizado» (no descubierto) el misterioso personaje. Como veremos en páginas sucesivas, y muy especialmente a raíz de los descubrimientos del profesor Tonsmann, la figura del «hombre barbudo» pudiera ser —quizá— la de un noble español. Pero difícilmente la del indio mexica...

Y siguiendo los consejos de su amigo y casi «colocalizador» de la figura humana en los ojos de la imagen, Luis Toral, el emocionado Salinas puso de inmediato el asunto en manos de la jerarquía eclesiástica. El 13 de septiembre de ese mismo año de 1951, el dibujante fue recibido en audiencia por monseñor Gregorio Aguilar, protonotario apostólico en la cancillería anexa a la catedral metropolitana de México. Allí, Salinas dio a conocer su «descubrimiento», colocando en la mesa de despacho del monseñor la fotografía sobre la que había detectado la figura humana. El propio Aguilar vio y confirmó el hallazgo.

Al día siguiente, Carlos Salinas fue invitado —por mediación del entonces fotógrafo oficial de la basílica de Guadalupe, Alfonso Marcué— a examinar de cerca, y sin el cristal que la protege, la imagen que aparece en el ayate del siglo XVI.

Era curioso. El verdadero descubridor del busto humano —Marcué— se vio obligado a guardar silencio durante más de veinte años y en 1951, por esos «azares» de la vida, otra persona se erigía en el primer descubridor del «hombre con barbas». Paradojas del destino...

Se pidió permiso para efectuar fotografías en esta inspección ocular de la tilma y José Carlos Salinas —«siendo las 22.10 horas de aquel 14 de septiembre de 1951»— pudo comprobar personalmente la exactitud de su localización.[95]

En aquella oportunidad —y según me confirmó Salinas en una de las entrevistas que me concedió— le llamó la atención el color ligeramente anaranjado que presentaba el citado busto humano y que, siempre según las palabras del dibujante, «debía de corresponder a la luz del amanecer, que bañaba en aquellos instantes de la aparición al indio Juan Diego».

Voy a pasar por alto —al menos por ahora— esta apreciación de Carlos Salinas. Como observaremos más adelante, el juicio del dibujante sobre la luz de sol matinal que caía sobre el indio y que se reflejó en los ojos de la Señora del Tepeyac carece casi de fundamento.

A partir de aquel 14 de septiembre de 1951, Salinas inició un meritorio «peregrinaje» por toda clase de despachos oficiales. Deseaba que «su» descubrimiento fuera conocido y a todos los niveles y trabajó tenazmente para que así fuera.[96] Y Salinas lo consiguió. Como ya he dicho, gracias a su

---

[95] A dicha visita asistieron también el ingeniero Esteban Iglesias, que llevó a cabo las fotografías, el pintor Toral González, el ingeniero Salinas y monseñor Gregorio Aguilar.

[96] El 23 de septiembre de 1951, a las 9.30 horas, el dibujante Carlos Salinas proporcionó esta misma información al abad de la basílica de Guadalupe, monseñor Feliciano Cortés y Mora. El 8 de enero de 1952, Salinas informó de su hallazgo a Luis María Martínez, arzobispo primado. El breve encuentro tuvo lugar en la parroquia de Nuestra Señora del Pronto Socorro de México. El 26 de marzo de ese mismo año, a las 18.35 horas, fue recibido por el arzobispo en audiencia privada En

El dibujante J. Carlos Salinas Chávez en el despacho 24 del número 58 de la calle Tacuba, en la ciudad de México D.F., sobre el cuadro y con la misma lupa que le sirvieron para «redescubrir» la figura del «hombre con barba» en los ojos de la imagen. Era el 29 de mayo de 1951, a las 20.45 horas.

férrea voluntad, la ciencia oficial entró en contacto con el misterioso hallazgo. Los más prestigiosos médicos y especialistas en oftalmología se acercaron al ayate original.

Pero, antes de entrar a describir los detalles del famoso «hombre con barbas» y las opiniones que pude recoger entre los médicos mexicanos, quisiera referirme a las entrevistas que sostuve con el señor Salinas.

Cuando supe que Marcué había fallecido, poco faltó para que me olvidara de Carlos Salinas. Por un momento me asaltó el cansancio y pensé que quizás hubiera muerto también. Pero «algo» tiró de mí y, casi a regañadientes, inicié la búsqueda del dibujante mexicano.

A los dos días, la voz quebrada del anciano saltaba casi como un milagro al otro lado del hilo telefónico.

Aquella misma tarde del 15 de octubre de 1981, el propio Carlos Salinas me abría la puerta de hierro de su casa, en el número 8 de la calle Mar de Hudson, en la Colonia Popotla de la capital federal. Con pasos muy cortos y vacilantes. Salinas me condujo a través de un breve y descuidado jardín hasta el interior de su despacho. El hombre, acosado ya por sus setenta y cinco años, se sentó frente a un desgastado tablero de dibujo y me observó con curiosidad. Creo que se sentía halagado por aquella súbita visita de un periodista español. Mientras preparaba mi grabadora hice un rápido examen de cuanto nos rodeaba. El despacho, que debía de servir también de almacén, presentaba un aspecto desolador: decenas de carpetas, libros y folios ennegrecidos ya por el polvo de varios años se apilaban en el piso de la habitación, trepando

ella, monseñor Martínez le ofreció nombrar una comisión que estudiara el asunto. Y le recomendó a Salinas que le entregara un memorándum.

El 13 de octubre de 1952. Carlos Salinas entregó dicho memorándum en la Secretaría del arzobispado de México.

por las paredes en el más anárquico de los desórdenes. Al fondo, en uno de los altos tabiques, descubrí en seguida un cuadro de considerables proporciones con una fotografía en blanco y negro del rostro de la Virgen del Tepeyac.

Los primeros minutos, lógicamente, fueron de mutua observación.

«¿Quién era y qué podía querer aquel periodista extranjero?»

«¿Cómo era realmente Carlos Salinas?» Debo reconocer que mi primera impresión fue totalmente positiva. Salinas parecía un hombre cordial y bonachón, dispuesto en cada instante a complacerme. No creo que su vida fuera muy holgada. Al contrario: la humildad de su casa delataba una vida modesta y sin grandes pretensiones.

—Así que usted, señor Benítez, se interesa por la Virgen...

Fue el dibujante, en efecto, quien rompió el hielo. Acompañó sus palabras con una sonrisa abierta y acogedora. Una sonrisa que ya no le abandonaría en toda la entrevista.

—Digamos, para ser exactos, que me interesan, de momento, los descubrimientos que se han hecho en la tilma del indio Juan Diego. No es que me molestase, pero —mientras llevaba a cabo esta primera investigación— traté de esquivar a aquellas personas que podían sentir una profunda devoción veneración por la Señora de Guadalupe. En mi opinión, no habrían contribuido precisamente a sostener esa difícil imparcialidad que yo intentaba conservar.

Salinas —eso saltaba a la vista— era un ferviente seguidor de la Guadalupana. Esto me inclinó a reducir el tiempo de mis entrevistas con el dibujante. En realidad, todo cuanto me interesaba sobre el mexicano obraba ya en mi poder. Si deseaba visitarle era, en suma, por una pura curiosidad personal; por conocer mejor el entorno del «redes-

Salinas escribió este documento y lo firmó juntamente con Luis Toral, en la misma noche del 29 de mayo de 1961.

cubridor» del «hombre con barbas» en los ojos de la Virgen y, sobre todo, por saber cuál era su opinión en torno a los últimos hallazgos.

Pero me sentí desilusionado. Carlos Salinas apenas si estaba al tanto de los descubrimientos de las misteriosas «figuras humanas» en las córneas de los ojos de la Señora y, por encima de todo, seguía creyendo que el busto humano correspondía a la figura del indio Juan Diego.

Así me lo manifestó con toda claridad:

—Ese hombre barbudo —comentó al tiempo que extraía un cartón blanco de entre los papeles, pinturas y pinceles que se derramaban sobre el tablero de dibujo— que se observa en los ojos de la imagen tiene el colorido naranja-rojizo del sol naciente de la mañana. Y fue la Virgen quien, al amanecer, como dice la leyenda, se mostró a Juan Diego. En ese momento tomó en sus manos las flores que el indio acababa de cortar en lo alto del cerro y las dejó caer sobre la tilma. En mi opinión, en ese momento, la figura de Juan Diego quedó reflejada en los ojos de la Señora y milagrosamente impresa en su ayate.

Salinas me mostró un hermoso dibujo, todavía sin terminar, en el que podía verse al indio —prácticamente de espaldas— y extendiendo su ayate hacia la Virgen. Al fondo, y a espaldas de la Señora, Carlos Salinas había dibujado un sol naciente.

—Ésta, según creo, pudo ser la escena a que antes me refería. El sol que nace por el Oriente incide directamente sobre el cuerpo y rostro de Juan Diego y, como le digo, se refleja en los ojos de la Virgen, que tenía que estar muy cerca del indígena...

Guardé silencio. Y me dediqué a contemplar aquel espléndido dibujo de Salinas. En realidad no merecía la pena llevarle la contraria. ¿Para qué? Salinas se consideraba el verdadero descubridor de la figura de Juan Diego en los ojos de la imagen de la Virgen. No hubiera aceptado fácilmente que aquel busto humano no podía tratarse del mencionado Juan Diego. Entre otras razones que iré desgranando, porque la misteriosa imagen de la Señora quedó «impresa» en la tilma en presencia del obispo Juan de Zumárraga, tal y como señala la leyenda, y no en el cerro del Tepeyac.

Después de contemplar la fotografía sobre la que Salinas llevó a cabo «su» descubrimiento —y que tuve que bajar personalmente de una de las paredes, dada la escasa agilidad del anciano— le rogué que me acompañara hasta el jardín. La luz solar se estaba agotando y una de las razones de aquella mi primera visita a Salinas era precisamente fotografiarle. Y con la misma amabilidad que me había recibido y escuchado, Carlos Salinas me llevó hasta el jardín que crece frente a la casa y posó pacientemente.

Una carta reveladora

Meses después de este viaje a México, y gracias a la inestimable ayuda de mi amigo el profesor Franyutti, a quien había trasladado mi deseo de reivindicar la memoria de Alfonso Marcué, mis informaciones sobre el verdadero descubridor del busto humano en los ojos de la Virgen de Guadalupe pudieron ser confirmadas.

Rodrigo había localizado parte del desperdigado archivo de Marcué. Y entre los documentos del fotógrafo de la basílica había aparecido una carta reveladora.

Estaba dirigida al director de la revista mexicana *Impacto*, don Regino Hernández Llergo, con motivo de un artículo publicado en el número 722 de dicha publicación por el dibujante, don Carlos Salinas Chávez. En aquel trabajo (que obra igualmente en mi poder), el «redescubridor» hacía una detallada exposición de «su» hallazgo, con abundante material gráfico.

Es de suponer que Marcué se sintió dolido por este «pisotón» y replicó en los siguientes términos:

D. Regino Hernández Llergo.
Director general de la revista «IMPACTO»
Apartado Postal 2986.
México, 1 — D.F.

Muy estimado señor:

La presente tiene por objeto aclarar ciertas apreciaciones aparecidas en la revista «Impacto», publicación a su muy digno cargo, correspondiente al núm. 722 del 1º de enero del presente año, en un artículo escrito por don Carlos Salinas Chávez, en la página 23 y que lleva por título «La figura de Juan Diego en los ojos de la Guadalupana».

En la primera parte del citado artículo, estimo que en general la información técnica, al tratar de los ojos de la Virgen de Guadalupe, es correcta; sólo que señala el señor Salinas, en un párrafo de su escrito, lo siguiente: «Los reflejos acusan lógicamente la misma antigüedad de *las partes no retocadas de la imagen*».

El asunto de los pretendidos retoques en la imagen original de Nuestra Señora de Guadalupe, es un punto ya discutido por eruditos; bien está que no debe tratarse en esta ocasión, a fin de evitar confusiones.

Más adelante, asegura el articulista en términos muy personales, lo siguiente: «tuve el privilegio de hacer este hallazgo —se refiere al hecho de que en los ojos de la Santísima Virgen de Guadalupe se refleja su mensajero Juan Diego— la noche del 29 de mayo de 1951, sobre una fotografía al tamaño natural, tomada directamente del Sagrado Original».

Sobre este particular, sírvase tener en cuenta, señor Salinas, que yo mismo, en anteriores ocasiones a la fecha que usted cita en su artículo de *Impacto*, confidencialmente le traté sobre estos

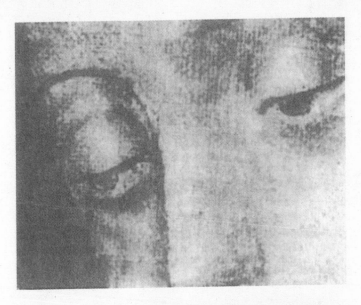

Arriba, el rostro de la imagen de Guadalupe. Abajo, el ojo derecho de la Virgen, ampliado más de cuarenta veces. El famoso «hombre con barba» aparece sin retoque alguno. Ha sido únicamente perfilado con una línea blanca para una mejor y más rápida localización. El misterioso personaje toma su barba con la mano derecha. Más abajo, la imagen que aparece en el ojo izquierdo de la Señora del Tepeyac. El busto humano ha sido igualmente perfilado (obsérvese la distorsión del reflejo).

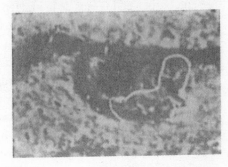

extraños reflejos que yo había ya observado mucho antes que usted desde el año de 1929, en los ojos de la Virgen de Guadalupe.

Las razones que tuve, en aquel entonces, para que tal descubrimiento no fuera todavía del dominio público, se debió a las instrucciones terminantes del ilustrísimo señor abad don Feliciano Cortés y Mora, de grata memoria, que estimó oportuno no publicarlas, por circunstancias del momento, asegurándole a usted que el señor abad Cortés tenía mucho interés en que se estudiara el caso más tarde.

No obstante la advertencia, recuerde usted, señor Salinas, que adelantándose a lo recomendado, de no hacer público por el momento lo de los reflejos observados por mí desde 1929 se tomó la libertad de publicarlos sin la debida autorización del señor abad de la basílica de Guadalupe.

Enterado de este caso, el señor abad Cortés, persona discreta y de amplios conocimientos, me recomendó prudencia y que se olvidara el asunto.

La carta, en mi opinión, no tiene desperdicio. Por un lado, Marcué deja bien claro que él mismo observó el busto humano en 1929; es decir, veintidós años antes que Salinas. Además, proporciona el nombre de la persona que cargó con la responsabilidad de «congelar» el descubrimiento...

Mucho he reflexionado sobre esas «circunstancias del «momento» a que se refiere Alfonso Marcué y que impidieron que trascendiera oficialmente el hallazgo de un «hombre con barba» en los ojos de la imagen. Curiosamente, tanto Rodrigo Franyutti como yo tuvimos la misma sospecha: Marcué descubrió el busto humano en 1929. Y tuvo que ser a partir de junio de ese año, fecha en que la verdadera tilma fue devuelta a la basílica. Como recordará el lector, cuando los ánimos anticlericales se calmaron en México, las autoridades eclesiásticas encargaron nuevas fotos de la Virgen. Y así se cumplió a primeros de 1930. Al comparar estas fotos con las realizadas en 1923, los expertos comprendieron que el rostro de la Señora del Tepeyac había sido lamentablemente retocado. Esa manipulación, como ya indiqué en páginas precedentes, tuvo lugar con seguridad entre 1926 y 1929. Y tanto Franyutti como yo nos hicimos la misma pregunta: ¿le fue prohibida a Marcué la difusión del descubrimiento del «hombre con barba» por miedo a que se detectaran estos retoques en la cara de la Señora?

Por último, la misiva a *Impacto* deja entrever que Salinas conocía ya por boca del propio Alfonso Marcué los pormenores del hallazgo, las «recomendaciones» del abad Cortés para que no se publicara y es muy probable que hasta la opinión de Marcué sobre la «identidad» del busto humano: «el mensajero Juan Diego».

Esto sí explicaba la fulminante declaración de Salinas respecto al «hombre con barba», descubierto —según él— a las 20.45 del 29 de mayo de 1951 y cuya identidad quedó resuelta en treinta y cinco minutos...

11. SORPRESA ENTRE LOS MÉDICOS OCULISTAS

La primera vez que tuve ante mí, allá por 1977, el famoso busto humano existente en los ojos de la imagen de la Virgen de Guadalupe, me costó trabajo identificarlo. Hasta es posible que no hubiera dado con él, de no ser por la línea blanca que fue trazada por el propio Salinas y que lo perfila.

Como ya dije, mi encuentro con este «hombre con barba» me desconcertó. El suceso, por sí solo, resultaba tentador para cualquier investigador. Si el ayate es del siglo XVI y si la imagen de la Virgen apareció sobre la fibra de maguey de una forma misteriosa, ¿cómo pudo formarse este busto humano? Y lo más interesante: ¿a quién corresponde?

No necesito decir que he pasado muchas horas enfrascado en una minuciosa «exploración» del mencionado busto. Y efectivamente, tal y como han dictaminado los médicos, allí «hay» lo que parece una figura humana. Una figura de un hombre —de medio cuerpo—, con el cabello aparentemente corto y con su mano derecha acariciándose la barba. También es «visible» su hombro derecho y parte del brazo y la ya citada mano derecha. El «busto» —como podrá apreciar el lector en los grabados— aparece con claridad en el ojo derecho, mientras que en el izquierdo, y siempre según el criterio de los oftalmólogos, ese mismo «hombre barbudo» se presenta con una ligera deformación.

Por supuesto, y una vez comprobada la «presencia» del enigmático busto, toda mi atención fue dirigida a los médicos, en especial a los expertos en oftalmología.[97] ¿Qué habían dicho los oculistas al respecto? ¿Quiénes se habían interesado por el hallazgo?

Si estábamos ante un fenómeno óptico, lo inmediato era buscar información entre los especialistas debidamente cualificados. Y así lo hice. Pero, antes de poner en marcha el siempre complejo mecanismo de las entrevistas personales, decidí estudiar a fondo cuantos informes se hubieran publicado sobre el «hombre con barbas». Durante varios días recorrí las hemerotecas y archivos de las más importantes revistas y rotativos del país azteca. Justamente entre los años 1953 y 1956, las revistas *Impacto*,[98] *Juan Diego*,[99] y el prestigioso diario local *Excélsior*,[100] dedicaron amplios espacios al «redescubrimiento», como me he permitido bautizar al segundo hallazgo: el del dibujante J. Carlos Salinas.

Los titulares de la prensa resultaban ciertamente sensacionalistas. Veamos algunos:

«Hallazgo: ¡Una figura humana en los ojos de la Virgen India!», rezaba un artículo publicado por Abel Tirado López en *Impacto*. El encabezamiento de dicho trabajo concluía así: «La Mitra (el Obispado) inicia un proceso para dictaminar: a) si en efecto se trata de una figura humana lo que se ve en los dos ojos de la imagen; b) si es Juan Diego, o fray Juan de Zumárraga».

---

[97] Oftalmología: parte de la patología que trata de las enfermedades de los ojos.

[98] *Impacto* (núm. 187, del 21 de febrero de 1953).

[99] *Juan Diego* (núm. 161. del 12 de abril de 1953).

[100] *Excélsior* (artículo publicado el 12 de junio de 1956).

Por su parte, el padre Lauro López Beltrán titulaba así su artículo publicado en la revista *Juan Diego*: «Aparece Juan Diego en su propio ayate».

Excélsior, el gran periódico de la capital mexicana, con un mayor sentido de la prudencia informativa, afirmaba a través del periodista Francisco de la Mora: «Se percibe un busto humano en el ojo de la imagen Guadalupana».

En ninguno de estos artículos se citaba al verdadero descubridor de la figura humana: al señor Marcué. Y lo que me pareció más triste y falto de rigor científico: antes de que los médicos hubieran podido llevar a cabo una mínima investigación sobre los ojos de la imagen, tanto Salinas como los firmantes de los referidos trabajos periodísticos se habían lanzado a la peligrosa «aventura» de identificar al «hombre barbudo».

Por más que investigué no pude hallar un solo indicio racional y objetivo que marcara a la misteriosa figura como al indio del siglo XVI. La apreciación de Carlos Salinas se me antojó, cuando menos, subjetiva y nacida, básicamente, de su gran devoción por la Guadalupana. No es que tenga nada —insisto— contra esa elogiable fe en la Señora del Tepeyac, pero, desde el prisma de la investigación, este planteamiento no es válido. Es preciso aportar pruebas —lo más sólidas posibles— o mantenerse en un prudente silencio.

Cuando interrogué al dibujante sobre esa rotunda afirmación suya, Salinas —como ya he apuntado en capítulos anteriores— esgrimió el único y débil argumento que yo ya conocía:

«...Cuando me fue permitido analizar el ayate original —me dijo— allá por el mes de septiembre de 1951, pude verificar además que el diminuto busto humano presentaba una ligera coloración anaranjada. Esto me llevó a la conclusión de que la imagen del indio Juan Diego había quedado milagrosamente reflejada en el ojo de la Virgen en los primeros instantes del amanecer. Justamente cuando la luz matinal bañaba al vidente del Tepeyac».

Treinta años después, Carlos Salinas sigue pensando lo mismo sobre el «hombre con barba».

Antes de proseguir por este escurridizo tema de la identidad del personaje que se observa —casi a simple vista— en los ojos de la Guadalupana, me propuse, como digo, consultar y reunir un máximo de documentación científica sobre lo que habían dicho los médicos oculistas. Salinas, en este sentido, sí había acertado plenamente. Gracias a su entusiasmo y tenacidad, y a partir de aquel año de 1951, los más prestigiosos oftalmólogos y cirujanos en general habían ido desfilando ante el ayate original y emitiendo valiosos y documentados informes.

Una vez vencida la resistencia de la Iglesia, el prime médico que extendió un informe sobre los ojos de la imagen fue el oculista Javier Torroella Bueno.[101]

El histórico acontecimiento tuvo lugar el 27 de marzo de 1956. Dos meses después, y con fecha 26 de mayo, el citado cirujano enviaba a J. Carlos Salinas Chávez un escrito que resumía así su minucioso análisis:

Si tomamos una fuente luminosa y la ponemos frente a un ojo veremos que es reflejada por él, el lugar a donde se refleja y que nosotros vemos, es la córnea ya que en el ojo sólo se pueden refle-

---

[101] Javier J. Torroella, mexicano, nació en abril de 1923 Es cirujano especialista en oftalmología. Ha sido jefe de Clínica de Propedéutica en la Escuela Nacional de Medicina de la Universidad Nacional Autónoma de México (1949-1962) y de la cátedra de Oftalmología de la UNAM (1953-1980). Es fundador del Instituto Mexicano de Oftalmología Tropical, consultor de la Organización Mundial de la Salud y miembro, entre otras prestigiosas sociedades, de la francesa, panamericana y mexicana de Oftalmología.

El señor Salinas, con la fotografía sobre la que hizo el «redescubrimiento» del «hombre con barba». (Foto J. J. Benítez)

Don Carlos Salinas, con el dibujo hecho por él mismo en el que se ve a Juan Diego y a la Virgen, de espaldas al sol naciente. (Foto J. J. Benítez)

jar las imágenes en tres lugares (imágenes de Samson Purkinje) o sea la cara anterior de la córnea, la cara anterior del cristalino y la cara posterior del mismo.

Los caracteres de estas imágenes son los siguientes: la imagen de la cara anterior de la córnea es más brillante, es derecha. La segunda imagen, es decir, la de la cara anterior del cristalino también es derecha, pero menos brillante; y la tercera es invertida y poco luminosa. Para poder observar estas dos últimas imágenes es necesario que la pupila esté en midriasis[102] ya que se encuentran atrás del iris.

En la imagen de la Virgen de Guadalupe, motivo de mi estudio, los citados reflejos se encuentran en la córnea.

Si tomamos un pedazo de papel de forma cuadrada y lo ponemos frente a un ojo, nos daremos cuenta de que la córnea no es plana (ni esférica tampoco) ya que se produce una distorsión de la imagen de acuerdo con el lugar donde está reflejando.

Si alejamos este papel notaremos que aparecen en el lugar contra lateral del otro ojo, es decir, si una imagen se está reflejando en la región temporal del ojo derecho, se reflejará en la región nasal del ojo izquierdo. En las imágenes en cuestión están perfectamente colocadas de acuerdo con esto, la distorsión de las figuras también concuerda con la curvatura de la córnea.

Extiendo la presente a petición del interesado, para los fines que crea convenientes.

Antes de proceder a la simplificación de algunos de los conceptos técnicos vertidos por el oculista, señor Torroella tras su estudio de las córneas de los ojos de la imagen de la Virgen, quiero mostrar otro informe, no menos importante, efectuado por el también eminente cirujano mexicano Rafael Torija Lavoignet.[103]

[102] Midriasis: dilatación anormal de la pupila del ojo.

[103] El doctor Torija Lavoignet nació en México en octubre de 1931. Es cirujano y ha trabajado como director del hospital Tamaulipas la ciudad de México; del sanatorio San Miguel y del Ramón Pardo, ambos del Distrito Federal. En la actualidad es cirujano del sanatorio Notre Dame de la capital mexicana.

El documento me fue facilitado por el propio médico. Dice así:

A solicitud del señor Francisco de la Mora, colaborador del diario *Excélsior* y destinada a los lectores del citado periódico, doy la siguiente información:

Aprovechando la circunstancia de que se iba a efectuar la medición del marco de la imagen original de Santa María de Guadalupe, el señor Antonio Guerrero, amigo mío, me invitó a examinar de cerca la imagen.

Al proceder a efectuar dicho examen, el señor Alfonso Marcué, allí presente, me sugirió examinar con particular atención los ojos de la Virgen de Guadalupe. Así lo hice, a simple vista, y me sorprendieron algunos detalles, particularmente los reflejos luminosos. Entonces le pedí una lupa, a fin de hacer una mejor observación.

Al estar haciendo esto, me preguntó sí advertía yo una imagen humana reflejada en la córnea de ambos ojos. Yo no tenía conocimiento de que hubiera sido descubierto un busto humano en los ojos de la Guadalupana. Observé con mayor atención y percibí que efectivamente se ve un busto humano en la córnea de ambos ojos. La observé primero en el ojo derecho y en seguida en el izquierdo.

Entonces, sorprendido, pensé en la conveniencia de examinar mediante procedimientos científicos, el hecho.

Aproximadamente dos semanas después, el día 23 de julio de este año, provisto de un oftalmoscopio, hice un segundo y más minucioso examen, durante una hora aproximadamente.

En la córnea de los ojos se percibe la imagen de un busto humano. La imagen aparece distorsionada y en el mismo sitio que en un ojo normal.

Cuando se dirige la luz del oftalmoscopio a la pupila de un ojo humano, se ve un reflejo luminoso brillante en el círculo externo de la misma. Siguiendo ese reflejo y cambiando las lentes del oftalmoscopio en forma adecuada, se obtiene la imagen del fondo del ojo.

Al dirigir la luz del oftalmoscopio a la pupila del ojo de la imagen de la Virgen, aparece el mismo reflejo luminoso, y siguiéndolo, la pupila se ilumina en forma difusa dando la impresión de oquedad.

Este reflejo se aprecia en todos los sentidos en que se dirige la luz; es brillante, viéndose en todas las distancias que alcanza la luz del aparato, y con las distintas lentes del mismo.

Este reflejo es imposible de obtener de una superficie plana además, opaca como es dicha pintura.

Después examiné, mediante el oftalmoscopio, los ojos en diversas pinturas al óleo y a la acuarela y en fotografías, y en ninguna de ellas, todas ellas de distintos personajes, no se aprecia reflejo alguno. Por lo contrario, los ojos de la Santísima Virgen de Guadalupe dan impresión de vitalidad.

El escrito está fechado en México, D.F., a 9 de agosto de 1956.

La lectura de estos primeros documentos me animó sensiblemente. Al fin disponía de datos fríos y objetivos...

Como era de esperar, conforme fui devorando estos estudios, mi ignorancia me hizo tropezar una y otra vez en términos como «triple imagen de Purkinje-Samson». ¿De qué se trataba?

Aunque en estas mismas páginas aparece un grabado que —espero— ilustrará convenientemente al lego en la materia, he aquí algunos conceptos básicos relacionados con la formación de las imágenes en los ojos vivos y que estimo de vital importancia para una mejor comprensión de la misteriosa presencia del «hombre con barba» en las córneas de los ojos de la imagen guadalupana.

Ya el doctor Torroella hace una breve exposición del llamado fenómeno de la «triple imagen de Samson-Purkinje», pero ampliemos algunos detalles sobre el mismo:[104]

[104] Los presentes datos han sido tomados de la obra *Cuestiones oftalmológicas*, del profesor Manuel Márquez, de la cátedra de oftalmología de la Facultad de Medicina de Madrid, ex presidente del XIV Congreso

Las imágenes de Purkinje-Samson son llamadas así en recuerdo de los dos sabios que, por separado y con varios años de diferencia, las descubrieron: Purkinje de Breslau y Samson de París. Se da la curiosa circunstancia de que ninguno de los dos sabía de las investigaciones que estaba llevando a cabo el otro...

Dichas imágenes son tres: la primera producida en la cara anterior de la córnea, la segunda en la superficie anterior del cristalino y la tercera en la superficie posterior del mismo.

En el ojo humano la cara anterior de la córnea y la anterior del cristalino actúan como espejos convexos, de los objetos exteriores imágenes más pequeñas que y derechas; la cara posterior del cristalino, en cambio, actúa como un espejo cóncavo, produciendo imágenes invertidas de estos mismos objetos y también más pequeñas. Todas estas imágenes, tanto las que se producen en las superficies convexas de la cara anterior de la córnea y de la cara anterior del cristalino, como las que se registran en la superficie cóncava de la cara posterior del cristalino, son tanto más pequeñas cuanto mayor es la curvatura: es decir, cuanto menor es el radio de las superficies reflectantes.

Si se coloca una bujía encendida ante un ojo en estado normal, se perciben en el interior de dicho ojo tres pequeñas imágenes de la luz: dos son derechas y siguen el sentido del movimiento que se imprime a la bujía y la tercera es invertida y marcha en sentido inverso al de dicha bujía o foco de luz. Sube cuando se hace descender a la bujía y desciende cuando, por el contrario, se eleva este punto de luz. Y lo mismo sucede en los movimientos de derecha a izquierda y viceversa.

Internacional de Oftalmología. («Las imágenes de Purkinje-Samson», *op. cit.*, p 47.)

Para el Dibujante J. Carlos Salinas Chávez:

Si tomamos una fuente luminosa y la ponemos frente a un ojo veremos que es reflejada por él, el lugar a donde se refleja y que nosotros vemos, es la cornea ya que en el ojo sólo se pueden reflejar las imagenes en tres lugares (imagenes de Samson Purkinje) o sean la cara anterior de la cornea, la cara anterior del cristalino y la cara posterior del mismo.

Los caracteres de estas imagenes son los siguientes: la imagen de la cara anterior de la cornea es más brillante, es derecha. La segunda imagen, es decir la de la cara anterior del cristalino tambien es derecha, pero menos brillante; y la tercera es invertida y poco luminosa. Para poder observar estas dos últimas imagenes es necesario que la pupila esté en midriasis ya que se encuentran atras del iris.

La imagen de la Virgen de Guadalupe que se me ha dado para su estudio, se encuentran en la cornea, los reflejos.

Si tomamos un pedazo de papel de forma cuadrada y la ponemos frente a un ojo, nos daremos cuenta de que la cornea no es plana, (ni esférica tampoco) ya que se produce una distorción de la imagen de acuerdo con el lugar donde se esta reflejando.

Si alejamos este papel notaremos que aparecen en el lugar contralateral del otro ojo, es decir si una imagen se esta reflejando en la región temporal del ojo derecho, se reflejará en la región nasal del ojo izquierdo. En las imagenes en cuestion estan perfectamente colocadas de acuerdo con esto, la distorción de las figuras tambien concuerda con la curvatura de la cornea.

Extiendo la presente a petición del interesado, para los fines que crea convenientes.

Atentamente

JAVIER TORROELLA BUENO

México, D. F., 26 de Mayo de 1956.

Reproducción del primer documento médico conocido donde se ratifica la presencia de los extraños reflejos en los ojos de la imagen de la Virgen de Guadalupe. Al pie del escrito aparece la firma y rúbrica del oculista y cirujano Javier Torroella Bueno.

Pues bien, de las dos imágenes derechas (las de las caras anteriores de la córnea y cristalino), una parece siempre mucho más brillante y colocada sobre un plano más próximo al observador exterior que la otra, que se presenta muy pálida y profunda. La imagen invertida, situada sobre un plano intermedio, parece también tener el término medio en claridad.[105]

[105] En el sentido anteroposterior, el orden verdadero es el siguiente: (fig. 1) la primera (1), es decir, la más superficial corresponde a la córnea, situada muy próxima al plano pupilar o un poco detrás de él. La segunda (3) es la invertida, correspondiente a la tercera superficie (III) o sea la cara posterior del cristalino, correspondiendo un poco por detrás de la anterior, en las circunstancias ordinarias, a causa de que siendo una superficie cóncava la que produce la imagen, ésta se forma por delante de ella. La tercera (2) es la recta virtual y profunda que corresponde a la segunda superficie (II), es decir, la cara anterior del cristalino. Claro está que la situación de las imágenes en el sentido anteroposterior no es una cosa fija, pues varia con la» distancias del foco luminoso al ojo. En general puede decirse que la imagen que proporciona la córnea corresponde, poco más o menos, al plano pupilar. La que da la cara anterior del cristalino correspondería al vítreo virtualmente, y la que refleja la cara posterior está de nuevo muy próxima al plano pupilar, aunque algo por detrás de la primera y por delante de la segunda.

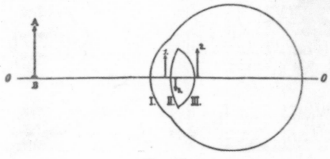

Figura 1

Las tres imágenes de Purkinje-Samson en sentido antero-posterior (Gómez-Ocaña I, II y III, superficies reflejantes. 1,2 y 3 las imágenes correspondientes. Se ve que la 2 correspondiente a la superficie III es la intermedia y la 2 de la III es la más profunda.

Continuación de pie de página No 105

Proyectadas en el plano pupilar, las imágenes se suceden aparentemente en este orden: la primera, corneal, virtual derecha la más brillante y la más próxima al borde de la córnea en donde se halla el foco
de luz; la segunda, cristaliniana anterior, también derecha y virtual
más grande que la corneal y más débil que ella, es intermedia y la tercera, cristaliniana posterior, invertida, real, la más pequeña, más luminosa que la segunda y menos que la primera situada más cerca del
borde pupilar opuesto al foco de luz (fig. 2) (1. 2. 3 proyección, respectivamente, de 1'. 2' y 3').

Combinando los resultados de las figuras 1 y 2 hemos obtenido el
esquema de la figura 3, en la cual se han representado, de una parte a
la derecha, el triángulo luminoso vertical F en dos posiciones: línea
continua arriba y línea de puntos abajo y otra a la izquierda y dentro
del pequeño círculo que representa la pupila, las tres imágenes en las
dos posiciones correspondientes cada una con relación al foco luminoso, ordenadas de dos maneras diferentes: 1ª en paralaje pupilar representadas por I, II, III y 2ª, en sentido anteroposterior, representadas
por 1, 2, 3. Se ve por tanto que la más anterior y externa (I-1), corresponde a la superficie anterior de la córnea; que la más posterior y ex-

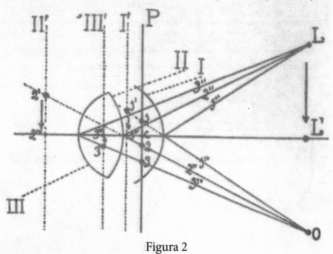

Figura 2

Esquema mostrando la situación aparente, 1, 2 y 3 de las Imágenes de Purkinje en
proyección sobre el plano pupilar, P, y la real, 1', 2' y 3', en los planos I', II', III'. L,
foco de luz; O, situación del observador. Si el foco L pasa a L' las imágenes 1', 2' y
3' pasan a ser la 1", 2" y 3", sobre el eje.

No se trata de una ilusión óptica

Estos primeros informes médicos, como era de esperar, estimularon a Carlos Salinas y a los periodistas que acababan de difundir la noticia por todo México, y con fecha 8 de noviembre de 1956 fue elevado el siguiente escrito a monseñor Gregorio Aguilar y Gómez, arcipreste de la basílica de Santa María de Guadalupe y a los integrantes de la recién nacida Comisión Dictaminadora de la Realidad de los Descubrimientos en los ojos de la Imagen de la Virgen de Guadalupe:

Muy ilustres señores:

Los suscritos respetuosamente nos dirigimos a ustedes, permitiéndonos hacerles notar la conveniencia de que el primer examen

Continuación de pie de página No 105

terna (II-3) corresponde a la superficie anterior del cristalino y que la intermedia e interna (2-III) corresponde a la superficie posterior del cristalino. Las dos primeras son virtuales y derechas, moviéndose en el mismo sentido que la luz. La última es real e invertida y se mueve en sentido inverso que el foco luminoso. Tal es la verdad que nadie podrá destruir y que se demuestra teórica, experimental y prácticamente.

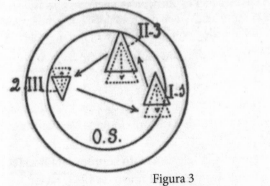

Figura 3

Las tres Imágenes de Purkinje-Samson en relación con el foco luminoso colocado en dos posiciones diferentes. La línea de puntos indica la segunda posición en el foco y en las imágenes. Los números I, II y III corresponden a las superficies y los 1, 2 y 3 a sus imágenes respectivas.

que se haga en la imagen original de la Virgen Santísima de Guadalupe, lo efectúen única y conjuntamente los doctores Javier Torroella Bueno y Rafael Torrija Lavoignet, debido a la siguiente razón:

Ambos examinaron individualmente la sagrada imagen. Lo hicieron en distintas fechas, a través del cristal, y sin que el segundo, o sea el doctor Torija Lavoignet, tuviera conocimiento de la comprobación efectuada por el primero ni del dictamen que rindió. Ambos coincidieron en la observación de un busto humano en los ojos de la imagen. El doctor Rafael Torija, además, examinó los ojos de la Guadalupana mediante un oftalmoscopio, y realizó un nuevo descubrimiento, consistente en reflejos luminosos en la córnea transparente y en la difusión de la luz del oftalmoscopio en la pupila, que causa impresión de oquedad. Este último descubrimiento no ha sido comprobado por el doctor Torroella Bueno. De ahí la conveniencia de que conjuntamente examinen la imagen, mediante los instrumentos científicos adecuados, a fin de que elaboren un dictamen que exponga las conclusiones a que lleguen, el cual servirá de punto de partida a los oculistas que sean posteriormente invitados a examinar la imagen.

También rogamos a ustedes tener en cuenta la conveniencia de que los dos médicos citados, estén presentes en los exámenes de la imagen que vayan realizando en fechas posteriores otros oculistas, a fin de que aquéllos puedan defender sus conclusiones.

Pedimos a la Santísima Virgen de Guadalupe que bendiga sus esfuerzos por llevar a feliz término la delicada misión que les ha sido encomendada.

Atentamente.

La carta aparece firmada y rubricada por J. Carlos Salinas Chávez, Francisco de la Mora Tapia y Manuel de la Mora Ojeda.

Afortunadamente, la Iglesia aceptó la propuesta de Salinas y de los periodistas y el 10 de mayo de 1957, Javier Torroella y Rafael Torija firmaban un breve pero importante documento, una vez efectuados los análisis pertinentes. He aquí el texto íntegro de dicho informe médico:

Ilmo. y Rvmo. Monseñor Dr. Gregorio Aguilar y Gómez Presente.

Los suscritos, nos permitimos informar a usted las conclusiones a que hemos llegado respecto a la imagen de un busto de hombre que se aprecia en los ojos del Sagrado Original de la Santísima Virgen de Guadalupe.

Dicha imagen está colocada en la córnea de ambos ojos, correspondiendo por lo tanto a la primera de las imágenes de Samson-Purkinje, y de acuerdo con las leyes de la óptica, ya que se encuentra en la parte interna de la córnea del ojo derecho y en la parte externa del ojo izquierdo.

Creemos también pertinente indicar qué factores deben contribuir para que se refleje un objeto en la córnea:

1º Que el objeto que se ha de reflejar esté intensamente iluminado.

2º Que la córnea en estudio, esté tenuemente iluminada dirigida en sentido opuesto a la fuente luminosa.

Sin más por el momento, firmamos la presente para los fines que juzgue usted necesarios, en México, D.F., a los 10 días del mes de mayo de 1957.

A partir de 1956, otros especialistas en oftalmología tuvieron la oportunidad de llegar hasta la tilma del indio Juan Diego y examinar los ojos de la imagen. Veamos algunos de los certificados que extendieron, una vez explorados los ojos de la Señora:

El doctor Ismael Ugalde Nieto escribía lo siguiente el 20 de febrero de 1957:

El suscrito hace constar que está de acuerdo en todo lo anotado por el señor doctor Javier Torroella Bueno en el documento por él firmado, con fecha 26 de mayo de 1956, respecto a la imagen humana y reflejos observados en fotografías y directamente, por el firmante en el SAGRADO ORIGINAL DEL AYATE DE SANTA MARÍA DE GUADALUPE, en su basílica, y que se aprecia en la córnea de sus dos ojos, de acuerdo con las leyes de la óptica. México, D.F.

Ese mismo 20 de febrero de 1957, otro prestigioso médico, A. Jaime Palacios, afirmaba:

A quien corresponda: El suscrito médico cirujano oculista, hace constar haber observado en los ojos de la Virgen de Guadalupe, en su Sagrado Original del Ayate que se encuentra en el altar mayor de la basílica, la figura de un busto de hombre, simétricamente colocado y que corresponde al reflejo corneal de acuerdo con las leyes de la óptica. México, D.F.

Dos años más tarde —el 21 de febrero—, el doctor Guillermo Silva Rivera se responsabilizaba del siguiente escrito:

El que suscribe, doctor Guillermo Silva Rivera, con registro en la S.S. y A. 13037 y cédula profesional 31269, hace constar que habiendo observado los ojos de la imagen de la Virgen de Santa María de Guadalupe en su sagrado original del ayate que se encuentra en el altar mayor de la nacional basílica de Guadalupe, señala que está de acuerdo en que se ve con toda claridad y sin necesidad de ningún instrumento óptico la figura de un busto humano, que se encuentra ubicado en la córnea, distorsionándose normalmente de acuerdo con la curvatura de la misma y con los reflejos luminosos que precisamente corresponden al mecanismo de Purkinje con respecto de las imágenes normales de reflexión en el ojo humano.

Estando de acuerdo con el estudio presentado por los doctores Rafael Torija y Javier Torroella para demostrar dicho fenómeno.

Por su parte, la doctora Ernestina Zavaleta, y también el 21 de febrero de 1959, firmaba otro documento prácticamente «gemelo» al que acabamos de leer.

Pero quizá uno de los informes más extensos y detallados —fruto sin duda de su mayor número de observaciones directas sobre el ayate original— corresponde al ya mencionado doctor Torija Lavoignet. El 20 de septiembre de 1958 escribía este prestigioso oculista, con quien tuve la oportunidad de conversar largamente:

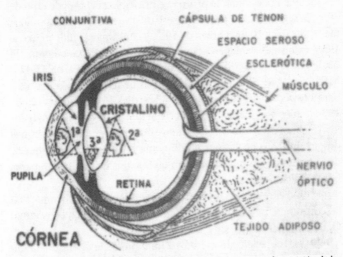

En el dibujo, un corte transversal de un ojo humano, con la posición de la triple imagen de Purkinje-Samson. La primera figura en la cara anterior de la córnea; la segunda, en la cara anterior del cristalino y la tercera imagen (más pequeña e invertida), en la cara posterior del citado cristalino.

Doctor Kuri: «Me parecieron unos ojos vivos». (Foto J. J. Benítez.)

251

En cinco ocasiones, la primera a principios del mes de julio de 1956, la segunda el 23 de julio de ese mismo año, la tercera y cuarta los días 16 y 20 de febrero de 1957 y la última el 26 de mayo de 1958, examiné la imagen original de la Virgen de Guadalupe. El 23 de julio de 1956 utilicé un oftalmoscopio, cómo FUENTE LUMINOSA Y LENTE DE AUMENTO, que me permitió una más perfecta percepción de los detalles. Los días 16 y 20 de febrero de 1957 lo hice sin que mediara el cristal que protege dicha imagen.

Después de efectuar estos cinco exámenes, y en relación con el descubrimiento hecho por el dibujante J. Carlos Salinas Chavez, de la figura de un busto humano en los ojos de la Guadalupana, CERTIFICO:

1º Que el reflejo de un busto humano se observa a simple vista, con suficiente claridad, en el ojo derecho de la imagen original Guadalupana.

2º Que el reflejo de ese busto humano se encuentra situado en la córnea.

3º Que la distorsión del mismo corresponde a la curvatura normal de la córnea.

4º Que el reflejo del busto humano en cuestión se destaca sobre el iris del ojo.

5º Que el hombro y el brazo del busto humano reflejado sobresalen sobre el círculo de la pupila, causando un efecto estereoscópico.

6º Que, además del busto humano, se observan en dicho ojo dos reflejos luminosos, que juntamente con el reflejo o busto humano, corresponden a las tres imágenes de Samson-Purkinje.

7º Que estos reflejos luminosos se hacen brillantes al reflejar la luz que se les envía directamente.

8º Un hecho también resaltante es que al enfocar una fuente luminosa sobre el ojo, el iris se hace brillante, llenándose de luz y los reflejos luminosos contrastan con mayor claridad, fenómeno que es perceptible a la simple vista del observador.

9º Que los reflejos luminosos mencionados demuestran que efectivamente el busto humano es una imagen reflejada en la córnea y no una ilusión óptica causada por algún accidente de la contextura del ayate.

10° Que en la córnea del ojo izquierdo de la imagen original Guadalupana se percibe con suficiente claridad el reflejo correspondiente del citado busto humane, pero no se perciben los reflejos luminosos, correspondientes a las dos restantes imágenes de Samson-Purkinje, por las siguientes razones:

a) La posición del ojo izquierdo con relación a la fuente luminosa, angula la proyección, quedando en esa posición sin reflejos luminosos, haciendo más natural el hecho óptico.

b) La imagen del busto humano reflejado se hace más externa en la superficie de la córnea, se distorsiona de acuerdo con su curvatura y con las leyes ópticas de proyección y reflexión.[106]

Por último, el doctor Torija Lavoignet concluye su informe con un apartado dedicado a «Las imágenes de Purkinje-Samson en los ojos de la imagen Guadalupana». Dice así:

En la córnea del ojo derecho de la imagen Guadalupana, se observa el reflejo de un busto humano, que se distorsiona siguiendo la curvatura de la córnea, y con la característica de que la parte que corresponde al hombro y al brazo de dicho busto humano no sobresale en el círculo de la pupila, dando la impresión de estar en un plano anterior. Este reflejo corresponde a la imagen 1-I (Purkinje-Samson) y está ubicado superficie anterior de la córnea (figura 4).

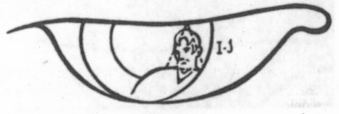

Figura 4

---

[106] Estas leyes ópticas —de Purkinje-Samson— han sido expuestas anteriormente.

A la izquierda del reflejo del busto humano, se percibe claramente un reflejo luminoso que, si se observa cuidadosamente, corresponde al primero, constituyendo una segunda imagen, derecha, y que corresponde a la imagen II-3 (Purkinje-Samson), ubicada en la superficie anterior del cristalino (figura 5).

Figura 5

Cercano al borde pupilar, más intensamente luminoso e invertido con relación a la configuración de los anteriores, vemos un tercer reflejo luminoso, correspondiente a la imagen 2-III (Purkinje-Samson), ubicado en la superficie posterior del cristalino (figura 6).

Figura 6

En la córnea del ojo izquierdo de la imagen original Guadalupana se percibe con suficiente claridad el reflejo correspondiente del citado busto humano, pero no se perciben los reflejos luminosos, correspondientes a las dos restantes imagen de Samson-Purkinje, por las razones ya explicadas (figura 7).

Figura 7

«*Parece un ojo vivo*»

Como habrá apreciado el lector, ni uno solo de los oculistas hace alusión alguna a la posible «identidad» del busto humano que aparece en los ojos de la Virgen. Con un perfecto criterio de la objetividad y rigor científico, los médicos atestiguan y ratifican por escrito «que allí aparece un busto humano» —que no es poco—, pero prefieren no entrar en el plano subjetivo de la posible identidad del personaje en cuestión. Y otro tanto ocurrió veinte años después, cuando, por fortuna, estas «exploraciones» de los médicos oftalmólogos se reanudaron con gran vigor.

El primero en abrir el fuego de la investigación del misterioso «hombre con barba» en las córneas de la imagen fue el doctor Amado Jorge Kuri. Era el año de 1975.

Mi muy estimado y fino amigo —escribe Kuri el 19 de agosto de dicho año a Carlos Salinas—, el resultado del examen de los ojos de la Santísima Virgen María de Guadalupe, efectuado por el suscrito el día 5 de agosto de 1975 en la insigne basílica de Guadalupe, sin el marco de cristal, es la siguiente:

Al acercarme para ver la cara de la pintura de la imagen en el ayate de Juan Diego observé: un par de ojos con la mirada dirigida a un objeto colocado enfrente y ligeramente abajo y a la derecha, semejantes a ojos vivos de humano con proporción en distancia y tamaño perfectamente adecuado a una cara que guarda una proporción de líneas admirablemente perfectas; llamando la atención que tiene en particular, algo de tercera dimensión más en la región correspondiente a los maxilares, esto le hace tener una facies que imprime dulzura, paz y ternura.

Los ojos vistos al oftalmoscopio auxiliado con lupa de aumento evidencian una córnea y un iris pintados a la perfección y de una brillantez tal, que causan la impresión del reconocimiento de ojos con vida, en donde es fácilmente tangible a la mirada la sensación de cavidad a través del cristalino. El iris del ojo derecho tiene una forma no totalmente circular, sino que en su extremo lagrimal rompe su redondez por la presencia de una figura humana distorsionada, de color amarillo naranja, en la que puede distinguirse cabeza, cuello, parte superior del tórax y hombro derecho, con el brazo extendido que precisamente éste entra un poco en su situación en el área circular del iris y pegada sobre la porción del cristalino una mancha más luminosa correspondiente al segundo reflejo Purkinje-Samson. Más hacia la izquierda, en la porción de lo que pudiera ser cara posterior de cristalino, se nota una mancha luminosa más pequeña y menos brillante (puede corresponder por su distancia equidistante a las anteriores, al tercer reflejo óptico aludido). En el ojo izquierdo es visible cerca del extremo temporal del iris, una mancha luminosa brillante que puede engarzar en el reflejo luminoso de ese lado.

Los tres reflejos luminosos del ojo derecho, más el del lado izquierdo, guardan una proporción en distancia tan perfecta que encuadran con claridad en los conocidos reflejos de Purkinje-Samson.

Atentamente.

Algunos meses más tarde, otro prestigioso oftalmólogo, —el doctor Eduardo Turati Álvarez— tenía acceso también al ayate de la basílica de Guadalupe. Éste fue su informe:

Constancia de las observaciones realizadas sobre la imagen de la Santísima Virgen de Guadalupe.

Por medio de la presente he querido hacer constar que habiendo en días pasados tenido el honor de realizar un estudio de la imagen de la Santísima Virgen de Guadalupe, en el ayate de Juan Diego; el cual se encuentra en el altar mayor de la basílica de Nuestra Señora Santísima encontré detalles que quiero hacer resaltar, tales como:

1º Las imágenes que se encuentran reflejadas en sus ojos, en especial el ojo derecho, podrían simular, en la parte de la pintura correspondiente a la córnea, una porción de la figura humana, y más atrás y a su lado, se encuentran dos figuras más, un poco más pequeñas, en la misma posición que guardan las imágenes de Purkinje en el ojo humano.

2º A la observación del ojo derecho de la Santísima Virgen (cosa que no sucede en otras partes de la imagen), observándolo mediante el oftalmoscopio (instrumento habitual en mi práctica oftalmológica) al interponer cristales de diferentes poderes, se aprecia una sensación de profundidad de la imagen y sensación de curvatura de la superficie de la córnea (tal como sucede en la vida real); hecho que no sucede en otras pinturas que posteriormente he estudiado, movido precisamente por la curiosidad que tal detalle despertó en mí.

El escrito lleva fecha del 10 de diciembre de 1975. Varios días después —el 23 de ese mismo mes de diciembre—, otro especialista mexicano, el doctor José Roberto Ahued Ahued, escribía en relación al tema del «hombre con barba»:

El suscrito hace constar que está de acuerdo en todo lo anotado por el señor doctor Amado Jorge Kuri, en el testimonio por él firmado con fecha 19 de agosto de 1975, respecto a los datos encontrados al explorar con oftalmoscopio y lupa el sagrado original del ayate de Santa María de Guadalupe en su basílica; llama la atención el hecho de sentir la exploración ocular de un ser humano vivo; los tres reflejos luminosos del ojo derecho, más el del lado izquierdo, guardan una proporción en distancia tan perfecta, que encuadran fácilmente con los reflejos de Purkinje-Samson.

Ese mismo año, y siempre con la obligada autorización de la Iglesia católica, el ayate original fue examinado de nuevo por el oftalmólogo Enrique Graue, uno de los especialistas más competentes de América.[107]

A pesar de su brevedad, su dictamen fue rotundo:

México, D.F., a 9 de enero de 1976.

El médico cirujano y cirujano oculista que suscribe hace constar por la presente, haber examinado en dos ocasiones (habiendo sido la primera en el año de 1974 y la ultima en el mes de julio de 1975), la imagen del ayate de la Virgen Santísima de Guadalupe, en su sitio, en la basílica de Guadalupe de esta ciudad. Lo examiné con oftalmoscopio de alta potencia, y se pudo apreciar en ellos las «imágenes de Purkinje», lo que da una visión y sensación de profundidad del ojo mismo, siendo el reflejo apreciado en las córneas el de una imagen que es apreciable como el busto de un hombre. Todo ello da la sensación de estar viendo un ojo *in vivo*, y realmente no puede uno menos de pensar en algo sobrehumano.

Y quiero cerrar este abanico de testimonios médicos, precisamente con un último informe, escrito por el primer oculista que tuvo la oportunidad de certificar la realidad del busto humano en las córneas de la Señora. El 21 de febrero de 1976, y desde San Cristóbal de las Casas, el anciano doctor Torroella afirmaba con gran acierto:

A nosotros, los oftalmólogos no nos corresponde dictaminar si la imagen de nuestra Señora de Guadalupe es o no sobrenatural y ni siquiera si las figuras que vemos en sus ojos son realmente unas figuras o simples acúmulos de pintura, eso es materia para otros especialistas.

Por otra parte, debemos despojarnos de todo guadalupanismo, por muy guadalupanos que seamos, y tomar las cosas desde un terreno netamente científico.

Bajo estas bases me permito declarar que, en la imagen de Nuestra Señora de Guadalupe, se aprecia:

[107] El doctor Graue es especialista en enfermedades de los ojos. Ha sido director del hospital oftalmológico de Nuestra Señora de la Luz y profesor de oftalmología de la Facultad de Medicina de la UNAM.

En el ojo derecho

1º En la porción interna de la córnea (entre las 3 y las 6 del círculo horario) la cara de un hombre con barba.

2º Para observar dicha figura no es necesario emplear aparato alguno, lográndose desde luego apreciar mejor con la ayuda de una simple lupa.

3º Dicha imagen correspondería por lo tanto a la primera imagen de Purkinje, por ser derecha, no invertida y fácilmente visible.

En el ojo izquierdo

1º En la porción externa de la córnea se ve con dificultad (entre las 3 y las 6 del círculo horario) una figura parecida a la del ojo derecho, pero «desenfocada».

2º Para observar dicha figura no es necesario emplear aparato alguno, lográndose desde luego apreciar mejor con la ayuda de una simple lupa.

3º Dicha imagen, por lo tanto, correspondería a la primera imagen de Purkinje, por ser derecha, no invertida y fácilmente visible.

En ambos ojos

1º Desde el punto de vista óptico y de acuerdo con la posición de la cabeza en la imagen de Nuestra Señora de Guadalupe, la colocación de las figuras en cada ojo es la correcta (interna en el derecho y externa en el izquierdo).

2º La figura del ojo izquierdo no se ve con claridad porque para que en el ojo derecho se vea con nitidez el objeto, debe ir colocado a unos 35 o 40 centímetros de él y por lo tanto queda a unos cuantos centímetros más lejos del izquierdo. Lo suficiente para que quede fuera de foco y la figura se vea borrosa.

Atentamente.

Difícilmente podría resumirse con mayor precisión y brevedad el sensacional descubrimiento de un «hombre con barba» en los ojos de la Virgen de Guadalupe.

El cirujano Óscar Rene Benavides Iliza-liturri (ya fallecido) observa los ojos de la imagen de Guadalupe, provisto de un oftalmoscopio.

El oculista Javier Torroella Bueno subiendo por las escaleras hacia la plataforma especialmente dispuesta en febrero de 1957 para el estudio de los ojos de la imagen guadalupana.

El ojo derecho de la Virgen, ampliado cuarenta y nueve veces su tamaño original. Las tres imágenes de Purkinje-Samson han sido perfiladas con una línea blanca para su mejor ubicación. Según los médicos que han explorado los ojos, la imagen I-1 corresponde al reflejo en la cara anterior de la córnea. La imagen II-3, al reflejo en la superficie anterior del cristalino y la marcada con la numeración 2-III a la que aparece en la superficie posterior del citado cristalino.

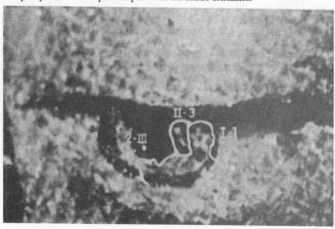

Pero la lectura y estudio de estos testimonios médicos, aunque me infundieron una considerable fuerza para proseguir con mis indagaciones, también levantaron en mí la duda. Estos documentos y certificados habían sido redactados en los años cincuenta. Los más recientes aparecían fechados en 1975 y 1976. ¿Qué pensaban estos mismos médicos en la actualidad? ¿Seguían creyendo en la existencia del extraño busto humano en las córneas de los ojos de la Guadalupana? ¿O habrían hallado quizá una «explicación» racional?

En mi ánimo estaba recorrer —hasta el final— el camino de la razón y la investigación científica. Así que no lo dudé e inicié las gestiones precisas para entrevistarme con aquellos oftalmólogos que habían tenido la suerte de comprobar personalmente el desconcertante hallazgo.

Graue: el médico que le habló a la imagen

Desplazarse por México capital —por el gigantesco Distrito Federal—, con sus casi diecisiete millones de habitantes, es, cuando menos, angustioso. Y si uno se ve en la necesidad de hacerlo durante la noche, todas las recomendaciones son pocas. Al margen del alto índice de delincuencia existente en algunas áreas de la gran ciudad, las distancias resultan ya tan largas[108] que, a pesar de los tres millones de «carros» o vehículos que suman el parque automovilístico de la capital federal, en numerosos barrios o colonias, tropezar con un taxi libre es soñar. Así que, cuando el doctor Graue me citó, bien entrada ya la tarde, en su casa de la colonia de Las

[108] La avenida de Insurgentes, por ejemplo, equivale a las distancias que separan las ciudades de Murcia y Alicante o Vitoria y Bilbao (más de 60 kilómetros).

Lomas de Chapultepec, no tuve más remedio que alquilar los servicios de un amigo taxista. Tal y como yo suponía, mi conversación con el prestigioso oftalmólogo se prolongaría hasta bien entrada la noche.

Don Enrique Graue no disimuló su curiosidad al ver a aquel periodista español, armado de sus cámaras fotográficas, magnetófono y cuaderno de notas, dispuesto a «saber cosas» sobre el supuesto prodigio en los ojos de la Virgen de Guadalupe. Y encajó el intenso interrogatorio con tanta paciencia como amabilidad.

—Doctor, han pasado más de seis años desde su última exploración de los ojos de la imagen de la Señora de Guadalupe. ¿Qué opina ahora, en 1981, sobre ese enigma?

—En primer lugar debo aclararle que yo era un incrédulo. Es decir, soy cristiano, apostólico y romano, pero también soy un científico... Durante mucho tiempo estuvieron pidiéndome que fuera a ver los ojos y que diera mi opinión, pero siempre rehusaba.

—¿Porqué?

—Ya le digo que, sobre todo, me considero un científico y esas extrañas historias de un «hombre con barba» en los ojos de la imagen me parecieron insostenibles. Decían, incluso, que podía tratarse del indio Juan Diego. Por aquellas fechas se levantó en México una cierta corriente para tratar de canonizar al vidente del Tepeyac y yo pensé que la imagen en los ojos de la Virgen, entonces no se hablaba de córneas, podía obedecer precisamente a ese afán por lograr la citada canonización. Total, que mis amigos seguían insistiendo y yo rechazaba una y otra vez la propuesta para analizar el lienzo. Me daba pena desilusionarles...

»Hasta que un buen día, aquella gente insistió y me cercó de tal forma que no tuve más remedio que aceptar. Pero lo hice con una condición: debería examinar la imagen sin el cristal que la protege. De esta forma podría evitar reflejos y comprobar la naturaleza y contextura del ayate. No le voy a negar que sentía una profunda curiosidad. Jamás me había acercado de esta forma a la imagen de la Virgen...

»Les pedí, además, que instalaran un pequeño andamiaje y que la observación pudiera hacerse durante la noche.

—¿Por qué razón?

—Yo llevaba aparatos eléctricos y, sobre todo, porque los oftalmólogos trabajamos mejor en un cuarto oscuro. Así se evitan los posibles reflejos exteriores y conseguimos que la pupila se dilate. Como usted sabe, la pupila del ojo, ese «agujero» que aparece rodeado por el iris, está contrayéndose constantemente. Cuando hay luz se contrae y en la oscuridad o en la penumbra se dilata. Entonces, para poder examinar el fondo del ojo sin necesidad de utilizar un colirio,[109] es mejor el cuarto oscuro.

»Me citaron a las nueve de la noche y acudí acompañado de un ayudante del hospital donde soy director.[110]

—¿Recuerda qué instrumental llevó en aquella ocasión?

—Oftalmoscopios, un microscopio de mano y una pequeña cámara fotográfica.

—¿Acopló usted la cámara al oftalmoscopio? —Bueno, verá usted lo que pasó. Para mí, aquella primera visita a la basílica fue una completa desilusión. El armazón que me habían puesto se encontraba en muy malas condiciones. Era hasta peligroso subirse allí. Le estoy hablando, claro, de la antigua basílica. Pero, en fin, conseguí situarme en lo alto del andamio y, ¡oh sorpresa!, la urna estaba cerrada a

---

[109] Colirio: medicamento externo que se emplea en las enfermedades de los ojos.

[110] El doctor Graue, que cuenta en la actualidad 68 años, lleva 42 como director del hospital de Nuestra Señora de la Luz, siendo también director del prestigioso Instituto Mexicano de Oftalmología.

piedra y lodo... No habían retirado el cristal, tal y como yo había solicitado.

»Total, que me bajé muy enojado. Había allí un sacerdote y me preguntó: «¿Por qué se baja tan pronto, doctor?» Le respondí que aquéllas no eran las condiciones que había pedido y que me parecía una burla. Y que se lo comunicase así al abad de la basílica, el señor Schulenburg.

—¿Y se marchó?

—Sí, claro. Me fui volando. Al día siguiente empezaron a telefonearme y a rogarme que volviera. Pero yo, muy digno, me negaba. Hasta que a los quince días me llamaron nuevamente, asegurándome que todo estaba tal y como yo quería. La verdad es que con aquella primera visita me di cuenta que los aparatos que yo había llevado hasta el templo resultaban inútiles. La explicación era muy simple. Los oftalmoscopios eran eléctricos, de gran potencia, y allí no había enchufes. Así que no hubiera podido utilizarlos.

»Esto me sirvió para corregir el problema y en la segunda visita a la basílica todo estaba en orden: alargadores para conectar a la red eléctrica, un andamiaje como Dios manda, etc. Y comencé mi exploración de los ojos...

—¿Le quitaron el cristal?

—Sí y me emocioné al ver tan cerca a la Guadalupana...

—¿Por qué? Usted me ha dicho hace unos minutos que no creía demasiado en el «milagro» de los ojos...

—En ese sentido tiene usted razón, pero la Virgen de Guadalupe, al menos para nosotros, los mexicanos, es mucho más que una Virgen: es una bandera. —Estamos hablando de 1974...

—En efecto. Después, en 1975, la analicé de nuevo y años más tarde acompañé a la imagen en su traslado a la nueva basílica.

—Bien, ¿y qué fue lo que vio?

—Todo y nada.

Don Enrique Graue me miró divertido. Y prosiguió.

—... Empecé a examinarlo todo, pero no quise ver los ojos. Me interesaba primero saber cómo estaba el ayate y cuál era su grado de conservación. Yo había leído que, a pesar de sus 450 años, el tejido se mantenía muy bien y como científico, necesitaba constatarlo por mí mismo.

—¿Y cuál fue su impresión?

—La conservación es magnífica. Me he interesado mucho por el arte y puedo asegurarle que, después de mirar y remirar el ayate durante una hora, resulta incomprensible que un pintor pudiera llevar a cabo una pintura así en un tejido tan tosco. Si usted se aproxima a la tilma como yo lo hice se dará cuenta que allí no existe aparejo. Aquello, sinceramente, me maravilló.

—¿Y no exploró los ojos?

—Sí, eché un vistazo, pero fue en la segunda visita cuando me dediqué de lleno a ellos. Y comprobé varias cosas, a cual más sorprendente. Por ejemplo, las imágenes que aparecen en el ojo derecho están perfectamente enfocadas. Las del izquierdo, en cambio, están desenfocadas. ¿Por qué?, me preguntará usted. Pues muy sencillo: porque el ojo izquierdo de la Virgen estaba en aquellos instantes un poquito más atrás que el derecho, respecto a la persona o personas que estaba contemplando. Esos milímetros o centímetros de diferencia son más que suficientes como para que el objeto que se observa quede fuera de foco. Y yo le pregunto: ¿a qué pintor se le hubiera ocurrido una cosa así, en el caso de que ese supuesto falsificador hubiera decidido colocar una miniatura en el interior de los ojos de la Señora?

—Entonces, ¿usted vio algo en los ojos de la imagen?

—Sí. Allí hay una figura humana. Eso está claro.

—¿Qué clase de figura?

Otro testimonio para la historia: el eminente doctor Enrique Graue observando los ojos de la Virgen con un oftalmoscopio de gran potencia.

El doctor Graue en su despacho, «inexplicablemente, la triple imagen de Purkinje-Samsosn se registra en el ojo de la imagen». (Foto J. J. Benítez)

—Bueno, la de un hombre barbado...

—¿Y no puede ser una ilusión óptica o el resultado de la casualidad?

—No. Yo he investigado después cientos de pinturas y en casi todas he visto cómo el artista ha tratado de darle vida a los ojos de sus personajes, pintando en la zona de las córneas una comita blanca que sigue precisamente la curvatura de dicha córnea. Pero lo curioso de estos reflejos en los ojos de la Virgen de Guadalupe es que se presentan en la cara anterior de la córnea y en el cristalino. ¿A qué pintor se le hubiera ocurrido hacer algo así en el siglo XVI o XVII? Entonces no se había descubierto la triple imagen de Purkinje-Samson...

—¿Esto lo «descubrió» usted en la segunda visita?

—Efectivamente. En la primera exploración, como le digo, centré mi atención en la naturaleza del tejido y de la pintura.

—¿Y no sintió la tentación de examinar los ojos?

—Sí. Y lo hice para comprobar una cuestión que alguien me había comentado. Tomé el oftalmoscopio y lancé el haz de luz al interior del ojo. Y quedé atónito: aquel ojo tenía y tiene profundidad. ¡Parece un ojo vivo!

—Pero eso es inexplicable en una supuesta pintura...

—Totalmente inexplicable.

—Permítame que insista: ¿está usted seguro que en los ojos de la imagen aparece un busto humano?

—Absolutamente seguro. No he sido yo el único que lo ha visto. En el ojo derecho, y en un espacio aproximado de cuatro milímetros, se ve con claridad la figura de un hombre con barba. Ese reflejo se encuentra en la cara anterior de la córnea. Un poco más atrás, el, mismo busto humano queda reflejado en las caras anterior y posterior del cristalino, siguiendo con total precisión las leyes ópticas. Más concretamente, la llamada «triple imagen de Samson-Purkinje». Este fenómeno, repito, es lo que proporciona profundidad al ojo.

—¿Y en cuanto al izquierdo? —Allí pude ver la misma figura humana, pero con una ligera deformación o desenfoque. Este detalle resulta muy significativo porque, como le citaba antes, ello concuerda plenamente con las leyes de la óptica. Sin duda, ese personaje se hallaba un poco más retirado del ojo izquierdo de la Virgen que del derecho.

—¿Qué oftalmoscopio utilizó usted en aquella oportunidad?

—Un Keeler de gran potencia. Aproximadamente, de unas doce dioptrías de aumento. Pero le diré algo que comprobé en las sucesivas exploraciones. Cuantos más aumentos utilizaba, más diluida salía la imagen. Se perdían los colores y la trama quedaba muy visible Lo ideal, desde mi punto de vista, era utilizar unos cuatro aumentos.

—¿Qué fue lo que más le llamó la atención en las distintas investigaciones sobre el ayate original?

—Yo le diría que, más aún, incluso, que la presencia de esa figura humana en las córneas, lo que me animó a seguir fue la luminosidad que se aprecia en la pupila.

—¿En ambos ojos?

—Sí, pero todo se ve con mayor precisión en el derecho. He efectuado infinidad de pruebas en pinturas y jamás he observado ese fenómeno. Uno pasa el haz de luz en los ojos de la Virgen de Guadalupe y ve cómo brilla el iris y cómo el ojo adquiere profundidad. ¡Es algo que emociona!

»Fíjese hasta qué punto le recuerdan a uno los ojos de una persona viva que, en una de aquellas exploraciones, y estando yo con el oftalmoscopio en plena observación, inconscientemente comenté en voz alta, dirigiéndome a la imagen: «Por favor, mire un poquito para arriba...»

»Como usted habrá visto, la Virgen tiene los ojos ligeramente inclinados hacia abajo y hacia la derecha y yo, ensimismado con aquella luminosidad y profundidad, me olvidé que se trataba de una imagen y le hice aquel comentario, pensando que estaba ante un paciente...

—En suma: ¿diría usted que parecen los ojos de un ser vivo?

—Si no fuera porque sé que se trata de una imagen, sí.

—¿Y qué explicación le encuentra a todo esto?

—Ninguna. ¿Por qué ese brillo? ¿Por qué la triple imagen de Purkinje-Samson en los ojos? ¿Por qué esa sensación de profundidad?

—Algunas personas afirman que ese «hombre con barba» es el indio Juan Diego. ¿Cuál es su opinión?

—En cierta ocasión, uno de los representantes del abad de la basílica se acercó a mí y me pregunto: «Doctor, ¿ya vio usted a Juan Diego?» Recuerdo que le respondí: «Mire usted, mi querido amigo, yo he visto a un hombre. Parece el retrato de un hombre barbado, pero no lleva ningún cartel que diga "Juan Diego"...» Y le dije más: «... Sinceramente, no creo que ese busto humano sea el del indio Juan Diego». «¿Por qué?», me preguntó el sacerdote. «Muy sencillo: los indios no tenían barba. Eran lampiños».

—¿Tiene usted alguna idea de quién podía ser ese personaje?

—No.

—Pero el «hombre con barba» está ahí...

—Sí, eso es indiscutible. Y estaba muy cerca de los ojos de la Señora.

—¿Cómo lo sabe?

—Usted mismo puede hacer la prueba. Ilumine fuertemente el rostro o el busto de una persona y sitúela a 30 o 40 centímetros de sus ojos. Si una tercera persona se aproxima

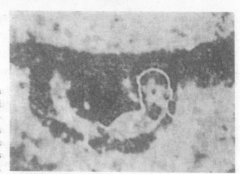

En opinión de los médicos oculistas: el «hombre barbudo» debía de encontrarse a unos treinta o cuarenta centímetros de los ojos de la Virgen.

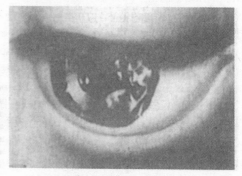

Representación artística del reflejo del busto humano en el ojo derecho de la Virgen de Guadalupe, según fotografía existente en la nueva basílica mexicana.

Doctor Torija: «Yo fui el descubridor de la triple imagen Purkinje-Samson en los ojos de la Señora de Guadalupe». (Foto J. J. Benítez)

a su cara o le saca una foto a sus ojos, allí se verá, reflejado por tres veces, el busto de esa persona que está intensamente iluminada. Se han hecho muchas pruebas fotográficas y en todas ellas surgen las conocidas imágenes de Purkinje-Samson.

—¿Y es preciso que la persona o cosa iluminada esté a 30 o 40 centímetros?

—Sí. En caso de hallarse más retirada, difícilmente quedará reflejada en las córneas y cristalinos. Por eso este personaje con barba ha quedado en los ojos de la Virgen: porque estaba muy cerca de sus ojos.

—Hay algo que no entiendo, doctor...

—¿Qué es?

—Si ese personaje con barba quedó misteriosamente reflejado en los ojos de la Virgen en 1531, y si tales reflejos pueden ser observados casi a simple vista o con la ayuda de una lupa, ¿por qué nadie los vio en los siglos pasados?

—No sé decirle. Lo que sí está claro es que la triple imagen de Purkinje no fue descubierta hasta finales del siglo XIX.

—Como científico, ¿defendería usted esa triple imagen de Purkinje-Samson en los ojos de la imagen?

—En cualquier parte... Desde el punto de vista de la física óptica, en el ojo derecho de la Virgen de Guadalupe se está reflejando la figura de un hombre con barba. Y en el izquierdo, esa misma imagen, también de acuerdo con las leyes ópticas, aparece ligeramente desenfocada.

—Doctor, ¿cree usted en los milagros?

Fue la primera vez que el prestigioso oftalmólogo dudó.

—Mire, estimado amigo, como médico me cuesta trabajo...

—Le haré la pregunta más directamente: ¿piensa usted que la presencia de ese busto humano en las córneas de la imagen de Guadalupe puede ser un milagro?

—Un milagro va contra las leyes físicas y naturales. Y esto no rompe dichas leyes. Lo que ocurre es que un fenómeno así no resulta fácil de asimilar por una mente racional y académica como la mía...

—Entonces, ¿de qué podemos hablar?

—Humildemente le digo que no lo sé. Es un hecho inexplicable.

Preferí dejar ahí esta primera entrevista con el doctor Graue. Muchas de mis dudas, sinceramente, parecían disueltas.

¿Una Virgen embarazada?

A los pocos días de iniciadas estas entrevistas con los médicos mexicanos había comprobado que, además de esa decena de especialistas que habían firmado documentos con sus observaciones y ratificaciones en torno al «hombre con barba» en los ojos de la Señora de Guadalupe, otros oculistas habían pasado igualmente con su instrumental científico por delante del ayate del siglo XVI. En total, por tanto, y desde los primeros años de la década de los cincuenta, los ojos de la imagen han sido examinados por una veintena de oftalmólogos y cirujanos.

Tras mis conversaciones con Graue, Kuri y Torija Lavoignet, el resto de los médicos casi no aportó nada nuevo, excepción hecha, naturalmente, de la confirmación unánime de la presencia del busto humano en las córneas de la imagen. Creo que, aunque sólo fuera por ello, mereció la pena aquel nuevo esfuerzo...

Pero tampoco voy a cansar al lector con una repetitiva serie de entrevistas. Me limitaré únicamente a mis contactos con Amado Jorge Kuri y Torija. Fueron quizá los que me proporcionaron nuevos datos sobre la Señora del Tepeyac.

El doctor Kuri, influyente cirujano y especialista en medicina interna, había acompañado a Enrique Graue en algunas de las observaciones del ayate. Según pude deducir a lo largo de nuestra conversación. Amado Jorge Kuri había quedado muy impresionado por el mismo fenómeno que observara el director del hospital de La Luz:

—Aunque parezca mentira, aquellos ojos ¡tienen vida!...

—¿No puede ser, estimado doctor, que ustedes (católicos, practicantes y «guadalupanistas») hayan «querido ver» todo eso en la imagen que conocen y quieren...?

—Sinceramente, no. Han sido muchos los médicos que han examinado los ojos y todos coinciden: tienen brillo. No es una mancha, como podría ocurrir con una simple pintura. ¡Uno ve el hueco...! Y eso se aprecia muy bien con el foco del oftalmoscopio. Parece una tercera dimensión.

—En su informe, usted habla de la dirección de la mirada de la Virgen...

—Sí, los ojos están dirigidos hacia algo o alguien que se encuentra ligeramente abajo y un poco a la derecha de la Señora.

—Entonces, ¿cree usted que la Virgen era más alta que el personaje con barba que se refleja en sus ojos?

—Pudiera ser. O quizá ocurrió que la Señora, en ese instante, se hallaba suspendida en el aire y, consecuentemente, un poco más elevada que aquella persona.

—¿Piensa que ese hombre con barba tenía que estar a una distancia de 30 a 40 centímetros de los ojos de la Señora?

—Sí. De acuerdo con los reflejos de Purkinje-Samson, la Virgen, en ese momento, debía de estar mirando hacia un lado.

—¿Cree que existe alguna explicación lógica o racional para esa presencia de un busto humano en los ojos?

—No, no la hay. Al menos por el momento. Desde el punto de vista de la ciencia no sabemos cómo se grabó esa figura en las córneas. Quizá la medicina del futuro pueda aclarar el misterio.

—Ustedes han observado los ojos de la imagen con gran detenimiento. ¿Han encontrado algún defecto en los mismos?

—Fisiológicamente son perfectos. Y esto resulta también inaudito.

—¿Porqué?

—Si se tratara de una simple pintura humana, por muy buen artista que hubiera sido el maestro, jamás habría logrado una perfección anatómica y hasta microscópica como la de dichos ojos. Volvemos, además, a lo de siempre: ¿qué pintor podía conocer en 1531 el fenómeno óptico de la triple imagen de Purkinje-Samson?

—¿Qué otros detalles no hubieran podido pintar o falsificar los artistas?

—Por ejemplo, el color negro de los ojos. Cuando se ilumina con el oftalmoscopio, adquieren profundidad y brillantez. Como le decía antes, parecen ojos vivos...

»Por ejemplo, la equidistancia existente entre los reflejos que se advierten en los ojos. Es tan perfecta que uno le da la sensación de estar mirando ojos humanos... ¡vivos!

—Usted es especialista en cirugía de vientre. Desde que inicié esta investigación han sido varios los médicos y expertos que me han insinuado la posibilidad de que la Virgen estuviera embarazada en el momento de la misteriosa impresión de su imagen en la tilma del indio Juan Diego. ¿Qué opinión le merece esta hipótesis?

—Yo también lo he oído. Han dicho, incluso, que podría mostrar un embarazo de unos tres meses...

—¿Y está conforme?

—Es muy difícil de saber. Se aprecia un cierto pronunciamiento bajo el lazo, pero...

—Y ya que hablamos de temas anatómicos, ¿ha observado alguna anomalía en el cuerpo de la Virgen?

—Aunque la imagen aparece sobre un ayate e ignoramos, por tanto, las verdaderas dimensiones de la Señora, a simple vista es perfecta.

—¿Corresponden esos rasgos a una niña o a una jovencita, tal y como se ha dicho?

—Sí, eso está muy claro. Quizá pudiera tener entre catorce y quince años.

—¿Se observa alguna enfermedad a través del estudio del rostro o de las manos?

—No. Su cutis es perfecto.

—¿Opina usted, doctor, que se trata de una joven hermosa?

—Muy hermosa. Le aseguro que verla de cerca, y sin el cristal protector, es muy distinto...

—¿Qué sintió al verla así? ¿Qué experimentó la primera vez que la tuvo tan cerca?

—Le diré algo importante. Como científicos, antes de proceder al análisis, tuvimos que dejar nuestras creencias religiosas en la puerta de la basílica. Era absolutamente necesario... Pero, a pesar de ello, la emoción fue enorme. ¡Si usted supiera la paz, la ternura y la dulzura que inspira ese rostro...!

—¿Ha visto alguna vez un rostro igual o parecido al de Guadalupana?

—Jamás. En mi larga vida como profesional he tenido oportunidad de ver a miles de seres humanos. De todas las clases y condiciones, pero jamás tropecé con uno tan delicado y sugerente.

—¿Y en retratos o pinturas?

—Mucho menos.

—Hablando de retratos, si todo esto es cierto, y si la imagen se formó o estampó de una forma misteriosa en la tilma de Juan Diego, ¿es posible que nos encontremos ante el primer y único «autorretrato» de la Virgen María?

—Estoy convencido de que así es. Cuando uno es consciente y está informado de esas maravillas, lo lógico es pensar que ese rostro pertenece a María. Una María niña o jovencita.

Aquella nueva entrevista con el doctor Kuri me reafirmó en la creencia de que me hallaba ante uno de los prodigios más grandes y extraños de los últimos tiempos. Y deseé de todo corazón poder contemplar la imagen de la Virgen Niña, tan cerca como lo habían hecho estos médicos.

Pero no iba a ser fácil...

Doctor Torija: «La Virgen tenía los ojos verdes»

Cuando sostuve mi primera entrevista con el también cirujano y oftalmólogo, Rafael Torija Lavoignet, yo no sabía que aquel hombre que tenía ante mí en su consulta de la calle «5 de Mayo» del Distrito Federal era, precisamente, el especialista que había descubierto el fenómeno de la triple imagen de Purkinje-Samson en los ojos de la Virgen. Eso, al menos, fue lo que reconoció el propio Torija:

—El hallazgo, en efecto, se produjo en el mes de julio de 1956.

—He leído sus informes sobre los ojos de la Guadalupana y en el primero, fechado el 9 de agosto de ese mismo año de 1956, usted alude a un personaje a quien, en mi modesta opinión, no se ha hecho justicia: Alfonso Marcué. ¿Cómo contactó con él?

—Verá usted, un cuñado mío era secretario y encargado de los negocios de Marcué. Este hombre, allá por los años veinte, era fotógrafo de la basílica de Guadalupe y fue precisamente el auténtico descubridor del «hombre con barba» en el ojo derecho de la Virgen...

—Sí, lo sé. Por eso le decía que quizá no se le ha hecho justicia.

—Estoy totalmente de acuerdo con usted en ese aspecto. Pero sigamos. Total, que yo conocía a Marcué y en alguna ocasión le había comentado mi deseo de ver el ayate de cerca. «Si se abre la urna —le expuse—, me gustaría estar presente».

»Y por una de esas casualidades de la vida, en cierta ocasión, creo que con motivo de unos estudios y mediciones del marco de oro, mi cuñado me advirtió de la inminente apertura de la urna. Y acompañado de Alfonso Marcué asistí a tal acontecimiento.

»Por aquellas fechas yo no había hablado aún con Marcué sobre las figuras que aparecen en los ojos.

—¿Por qué le interesaba entonces el examen de la imagen?

—Por pura curiosidad. Quería ver de cerca la tilma, su textura, etc. Fue en esa oportunidad, estando en lo alto de la escalera, observando la imagen, cuando Marcué me preguntó si veía la figura de un hombre con barba en el ojo derecho.

»Me fijé mejor y llegué a apreciar unos reflejos. Aquello era muy raro y le rogué a Marcué que me proporcionara una lupa. En ese momento, al situarla sobre el ojo derecho, vi por primera vez el famoso busto humano. Después me dirigí al ojo izquierdo y, efectivamente, allí también estaba.

»Aquello, especialmente los reflejos, me dejó tan confundido que, al bajar de la escalera, le pregunté a Marcué si podía volver al día siguiente, pero con un oftalmoscopio.

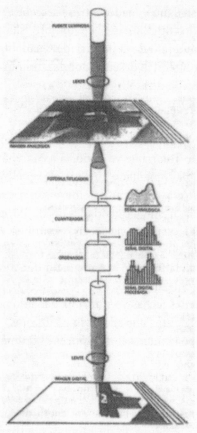

Un esquema del procedimiento digital de una imagen (tipo diapositiva). Ante todo es necesario convertir la imagen analógica en digital. Este proceso se puede llevar a cabo mediante un «microdensitómetro», representado aquí de una forma esquemática. Un haz de luz se proyecta a través de la diapositiva, que se desplaza en vaivén y lateralmente. Un tubo fotomultiplicador recoge la luz transmitida a través de la película y genera una señal analógica eléctrica cuya amplitud es proporcional al brillo de la imagen en cada punto. La señal analógica se digitaliza en un dispositivo conocido como «cuantizador», antes de su transmisión al ordenador, en el que se procesa esa señal digital. A su vez, la señal procesada puede utilizarse para modular la fuente luminosa del microdensitómetro; de este modo, el dispositivo puede trabajar también en un sentido inverso al descrito, generando una nueva imagen fotográfica, al someter a una exposición sucesiva cada una de las celdillas de que se compone el mosaico de la imagen.

Me dijo que sí y llevé a cabo la primera exploración con oftalmoscopio en los ojos de la Virgen de Guadalupe. Lancé la luz sobre el ojo derecho y quedé desconcertado: allí había tres reflejos. Aquello correspondía a la triple imagen de Purkinje-Samson. A partir de ese momento, y con la debida autorización, acudí durante ocho meses seguidos hasta la basílica. Y así pude perfilar mi estudio, llegando a la conclusión firme de que en el ojo derecho de la imagen había una figura de un hombre, repetida por tres veces.

—En resumen: la figura humana en los ojos de la Virgen había sido descubierta con anterioridad, pero usted proporcionó el dato o la explicación científica de la misma. ¿Me equivoco?

—No. Así fue, efectivamente. Hasta esos momentos, nadie había podido dar un razonamiento lógico.

—¿Marcué creía que se trataba de la figura del indio Juan Diego?

—Sí.

—Bien, doctor, pero hay algo que no termino de comprender. He leído en los informes médicos que el doctor Torroella analizó la imagen y firmó un documento, concha 26 de mayo de 1956, en el que ya hablaba de los reflejos y de las imágenes de Purkinje. ¿Quién fue entonces el verdadero descubridor de esa triple imagen?

—El doctor Torroella intervino después. Cuando yo hice el descubrimiento de los reflejos se lo comenté a Marcué y éste terminó por publicarlo en un periódico o en una revista. Fue a partir de ese momento cuando Salinas me pidió información y animó a otros oftalmólogos a ratificar lo que yo había descubierto. Es más: el informe al que usted hace alusión, y que aparece firmado por Torroella, fue elaborado con mi colaboración. Torroella, incluso, no se decidía a hacerlo público... Temía el ridículo.

—Volvamos al tema principal. Veo que para usted tampoco existe duda alguna sobre la existencia del «hombre con barba» en los ojos de la Señora...

—Es que no hay, fíjese bien, no hay posibilidad de duda científica.

—¿Y qué explicación le da usted?

—Se puede mostrar el hecho, pero no explicarlo científicamente. Al menos con la actual tecnología. Me siento incapaz de decir cómo se produjo esa imagen en los ojos de la Señora...

—¿Qué considera usted que debe hacer la ciencia, de cara a futuras investigaciones en los ojos de la Virgen de Guadalupe?

—¡Queda tanto por hacer...!

—¿Podría concretar?

—Deberían utilizarse, por ejemplo, oftalmoscopios de mayor definición.

—¿Sería usted capaz de afirmar que ese fenómeno en los ojos de la Virgen corresponde a un hecho sobrenatural?

—No, ¡Dios me libre! Mientras me quede un gramo de espíritu científico, seguiré estudiando el asunto, pero jamás me atreveré a decir semejante cosa.

—Usted es uno de los médicos que más veces ha explorado los ojos de la Guadalupana. Si aceptamos que dicha imagen quedó dibujada o impresa de un modo misterioso, es muy probable que nos encontremos ante el verdadero rostro de María. En ese caso, ¿de qué color cree usted que tenía los ojos?

—En la tilma de Juan Diego aparecen como claros, tirando más bien al verde-amarillento.

—¿Eran verdes?

—Seguramente. Pero un verde cercano al marrón o al tono amarillento.

Este «descubrimiento» —el color de los ojos de la Virgen María— me reafirmó en aquella vieja idea, expuesta en mi anterior obra —*El Enviado*—,[111] sobre la casi nula descripción existente en los Evangelios en torno al aspecto físico de Jesús y de su madre. Resulta desolador, al menos para un reportero como yo, que ni uno solo de los evangelistas dedicara un capítulo, o unas simples líneas, a las descripciones de los rostros y de los cuerpos de María y de Jesús de Nazaret. Sin embargo, no pierdo la esperanza de que la nueva tecnología —tal y como viene sucediendo ya con la sábana de Turín— pueda ofrecernos esa sugestiva parte de la historia sagrada. Una tecnología como la de los modernos ordenadores y «cerebros electrónicos», que ha abierto una inesperada puerta en el ya de por sí fascinante misterio de la Virgen de Guadalupe. Me refiero, como habrá adivinado el lector, a las doce figuras humanas descubiertas por el profesor Tonsmann en los ojos de la imagen mexicana.

El «hombre con barba» estaba muy cerca de la Señora

Pero antes de meterme de lleno en el difícil y fascinante capítulo de las computadoras del doctor Tonsmann, siento la necesidad de hacer un breve balance de mis investigaciones con los médicos.

¿A qué conclusiones podía llegar?

He aquí algunas de las más destacadas:

[111] En su libro *El Enviado* (1979). J. J. Benítez expone las más importantes investigaciones y descubrimientos de técnicos al servicio de la NASA sobre la pasión, muerte y resurrección de Cristo. Dichas experiencias están realizadas en su totalidad sobre la sábana que se conserva en la ciudad italiana de Turín.

1ª La famosa figurilla de un «hombre con barba» en los ojos de la imagen fue «descubierta» hacia 1929 por el entonces fotógrafo oficial de la basílica de Nuestra Señora de Guadalupe, Alfonso Marcué González.

Por una aparente casualidad (ya he comentado en muchas oportunidades que no creo en la casualidad), Marcué encuentra este busto humano al revisar unos negativos fotográficos.

2ª Cuando Marcué pone el hecho en conocimiento de las autoridades eclesiásticas, éstas le imponen un obligado silencio.

En mi opinión, como ya expuse anteriormente, este error «congeló» y retrasó las investigaciones por un espacio de más de veinte años.

3ª El 29 de mayo de 1951, el dibujante Carlos Salinas «redescubre» al «hombre con barba» en el ojo derecho de la Virgen.

A partir de ese momento, la ciencia oficial —y especialmente los oftalmólogos— entran en escena, llevando a cabo importantes exploraciones en los referidos ojos de la imagen mexicana.

4ª En 1956 —y siempre según la opinión del doctor Rafael Torija Lavoignet—, este cirujano mexicano hace el descubrimiento de la llamada «triple imagen de Purkinje-Samson» en el ojo derecho de la Virgen. En dichas exploraciones estuvo presente Alfonso Marcué.

5ª Durante esos años, y hasta 1976, más de veinte médicos pasan por delante del ayate del indio Juan Diego y confirman verbalmente y por escrito la inexplicable presencia de un «hombre con barba» en las córneas de los ojos.

También ratifican el triple reflejo de Purkinje-Samson.

Precisamente en ese año de 1956 (el 26 de mayo), aparece a la luz pública el primer documento escrito —firmado por el eminente cirujano y oculista, Javier Torroella— en el que se habla de los misteriosos reflejos en los ojos.

6ª En contra de lo que han afirmado algunos estudiosos del tema, no hay pruebas objetivas y científicas de que el «hombre con barba» fuera el indio Juan Diego. Ninguno de los médicos que ha intervenido en las investigaciones se ha pronunciado positivamente sobre este particular.

7ª Parece evidente que la persona que ha quedado misteriosamente reflejada en las córneas y cristalino de los ojos de la imagen se encontraba en aquel instante a unos 30 o 40 centímetros de la Señora.

12. DONDE LAS COMPUTADORAS ME «CONVIRTIERON» EN 263 160 NÚMEROS

—¿Tiene alguna fotografía suya en su cartera?

Aquella pregunta del profesor Tonsmann me desconcertó. Los que me conocen saben que odio hacerme fotos. Yo no llevaba foto alguna y, al menos por una vez, lo lamenté.

—No se apure —se adelantó José Aste Tonsmann, al observar mi contrariedad—. Bastará con una foto pequeña.

Quiero mostrarle algo...

En ese instante me vino a la mente la diminuta imagen del documento nacional de identidad. Ésa sí iba conmigo.

—¿No importa que sea así? —le expuse, al tiempo que le enseñaba el carnet de identidad español.

—No, al contrario. Cuanto más pequeña sea la foto o la imagen con la que se trabaja, mejor.

Tonsmann me invitó a salir de su despacho. En segundos recorrió los estrechos y luminosos pasillos del Centro Científico de IBM en la colonia del Pedregal, en el Distrito Federal, y me condujo hasta una pequeñísima habitación de poco más de ocho o nueve metros cuadrados. Dos voluminosas máquinas ocupaban prácticamente el lugar, dejando el espacio justo para una o dos personas.

Pronto caí en la cuenta de que me hallaba ante los ordenadores con los que el célebre profesor —especialista en Ingeniería de Sistemas Ambientales por la Universidad de

J. J. Benítez muestra la larga tira de papel utilizado por la «impresora» y en la que el ordenador ha aumentado la diminuta fotografía del documento nacional de identidad 258,5 veces. La imagen fue «traducida» por la computadora a 263 160 números.

Cornell (Estados Unidos)— había descubierto una docena de figuras humanas desconocidas en el interior de ojos de la Virgen de Guadalupe.

Durante segundos, y mientras Aste Tonsmann manipulaba los múltiples mandos, botones y clavijas del «micro densitómetro» y del formidable «armario» de casi dos metros de altura (luego supe que se trataba de un computador tipo Perkin-Elmer PDS,[112] conectado al «analizador de imagen»), permanecí inmóvil y en silencio. Si todo aquello era cierto, yo me encontraba —por primera vez— en el lugar exacto donde, y siempre según Tonsmann, habían «aparecido» las figuras de un «indio sentado»; la supuesta cabeza del primer obispo de la «Nueva España» o México, fray Juan de Zumárraga; el «traductor» de éste; el propio Juan Diego extendiendo su tilma y hasta el ya conocido «hombre con barba» al que me he referido en capítulos anteriores.

Todos estos personajes habían sido «rescatados» del fondo de los ojos de la imagen de la Señora, gracias a aquellos complicados «cerebros electrónicos».

La emoción —lo reconozco— se apoderó de mí durante algunos minutos. Necesité de toda mi sangre fría para espantar aquella sensación y situarme nuevamente en mi papel de informador y casi «abogado del diablo».

Tonsmann había colocado mi documento nacional de identidad sobre una negra y brillante plataforma circular de unos cincuenta centímetros de diámetro. Y siguió con la manipulación de los mandos del llamado «microdensitómetro».

—Disculpe, profesor, pero ¿qué está haciendo?

[112] Tanto el «microdensitómetro» como el computador son Perkin Elmer PDS (Data Acquistion System). El computador con el que trabaja Tonsmann es modelo Pd.P8/M.

—Voy a convertir su fotografía en números. Mejor dicho, lo harán los computadores.

—¿Y cómo puede ser eso?

—En el fondo es muy sencillo. Basta con «traducir» o transformar los colores (en este caso, el negro, blanco y los distintos grises que dibujan su fotografía) a dígitos o números. Se lo explicaré de una forma más simple. Imagine que sobre esta foto suya coloco una cuadrícula, formada por líneas horizontales y verticales espaciadas a una misma distancia. De acuerdo con las distintas tonalidades de gris de la foto, y con la posición de cada cuadradito de esa red o cuadrícula situada sobre la cara, notaremos que hay cuadraditos totalmente blancos. Otros serán negros y muchos más, con tonos intermedios (grises).

»Pues bien, si le damos un número a cada uno de esos colores, la computadora podrá "reconstruir" su fotografía, pero a base de dígitos o números. A este proceso se le llama "digitalización" de una imagen.

»Si consideramos, por ejemplo, que el color blanco puro es el número cero y el negro absoluto, el número diez, en medio nos quedarán todos los tonos del gris. A esa variación de grises le asignaremos el resto de los números, del 1 al 9, ambos inclusive.

»Al terminar esta tarea previa del "cambio" de blanco, negro y grises por números, la fotografía, como le digo, habrá quedado representada por una tabla numérica...

—Es decir, ¿un número por cada uno de esos cuadraditos?

—En efecto. A partir de ese momento, otra computadora podrá «leer» esa «ensalada» de números y reconstruir la imagen original: es decir, su cara o cualquier otra imagen. Éste, ni más ni menos, es el sistema que se utiliza para la retransmisión de fotos tomadas por las cápsulas espaciales, los satélites artificiales y los astronautas...

—Ahora que usted lo dice, siempre me había preguntado cómo podían llegar hasta la Tierra esas impresionantes fotos en color o blanco y negro de Júpiter, de la Luna o de Saturno, con sus anillos...

—Precisamente a través de este procedimiento. La imagen auténtica y original, la que ha captado la sonda espacial, es «convertida» en números y esos miles o cientos de miles o millones de dígitos «viajan» por el espacio en forma de impulsos eléctricos o de ondas, siendo «traducidos» por otra computadora a colores y formas, tal y como después lo vemos en los periódicos, revistas o en el cine y la televisión. Así de fácil.

—Y maravilloso, diría yo...

—Pues sí. Esta fórmula de «conversión» y «transporte de fotos tiene, además, otras muchas ventajas. La primera computadora (el «microdensitómetro»), es decir, la que «cambia» los colores por números o dígitos, puede mejorar incluso esa foto original, quitándole posibles manchas, aplicando filtros, etc., y la imagen final, la que nos da la segunda computadora, resulta así mucho más nítida y perfecta.

»Hoy, por ejemplo, los ordenadores digitales pueden "arreglar" una fotografía desenfocada o movida. Siguiendo este proceso de digitalización es posible mejorar su resolución y recuperar los detalles confusos o perdidos en el original.[113]

[113] Según un importante estudio de T. M. Cannon y B. R. Hunt, las técnicas capaces de mejorar la nitidez de las imágenes no sólo se pueden aplicar en investigación científica y médica, sino también en campos tales como la criminología y la investigación militar. Por otra parte, los investigadores están desarrollando nuevos métodos digitales, capaces de condensar toda la información que contiene una imagen; entre otras posibilidades, estas técnicas permitirían incrementar la eficiencia con que se producen las transmisiones de televisión. Otra aplicación potencial se basa en el reconocimiento automático de ciertas figuras recurrentes en un número muy grande de imágenes, lo cual haría posible, por ejemplo, extraer una mayor información de las imágenes de la Tierra obtenidas desde satélites artificiales.

Una vez situado el carnet de identidad sobre la pequeña plataforma circular del «microdensitómetro», Tonsmann centró su atención en el «cuadro de mandos» de la compleja máquina...

—Ahora —prosiguió explicándome— debemos fijar las coordenadas de la fotografía, su fotografía, que pretendemos digitalizar o transformar en dígitos o números.

—¿Para qué?

—Es imprescindible para que el haz de luz del «microdensitómetro» pueda «barrer» la foto con precisión. Si no delimitásemos el campo de acción donde debe trabajar ese haz de luz, es decir, la superficie completa de la foto, la máquina se saldría del objetivo principal.

Al cabo de algunos segundos, Tonsmann sonrió. Estaba claro que había logrado «decirle» a la máquina cuáles eran los puntos cardinales de mi imagen y de los que no podía escapar...

Sin más comentarios, el científico se volvió hacia la segunda máquina —el computador— y se sentó frente a un pequeño teletipo o máquina de escribir.

—Tenga paciencia —musitó Aste Tonsmann mientras pulsaba las teclas de aquella terminal del computador—. Todo está preparado para la conversión de su foto en números... Sólo queda transmitirle a la computadora las coordenadas que acabo de establecer en el «microdensitómetro».

—No se preocupe —le respondí, al tiempo que metía la nariz sobre la plataforma negra del «micro».

Al manipular los mandos, Tonsmann había hecho aparecer sobre mi fotografía cuatro pequeñas cruces blancas o cursores, que delimitaban mi cabeza por el cabello, orejas derecha e izquierda y cuello, respectivamente. El «microdensitómetro» se disponía a «barrer» una superficie de 2.5 por 3 centímetros.

—Bien, todo está listo...

J. A. Tonsmann se situó frente al «microdensitómetro», chequeando por última vez los diferentes e inaccesibles datos (al menos para mí) que había suministrado a ambas máquinas.

—Ahora observará —señaló el profesor hacia el documento de identidad que descansaba sobre la plataforma negra— cómo un rayo de luz blanca desciende de la parte superior del «microdensitómetro» y cae sobre su fotografía, «barriéndola» milímetro a milímetro...

Tonsmann accionó uno de los mandos. Al instante, y de forma simultánea, la plataforma circular comenzó a mover el carnet y un grueso e inmóvil haz de luz blanca cayó sobre la imagen de mi foto. Ahora comprendía con claridad por qué aquel aparato —el «microdensitómetro»— era llamado también «barredor» de imágenes.

Era sencillo: el rayo de luz «barre» la totalidad de la foto, de derecha a izquierda y de arriba abajo. Gracias a ese constante y lento movimiento del tablero, el haz incide sobre una parte distinta de la foto, del negativo o de la transparencia o diapositiva, según se trate. En este caso concreto, el rayo del «microdensitómetro» estaba «barriendo» una superficie, como ya dije anteriormente, de 3 X 2.5 centímetros.

—La luz, puesto que no se trata de un negativo o transparencia, está siendo reflejada —apuntó Tonsmann— y cada zona de la fotografía está siendo convertida ya en un número. Esos miles de dígitos son grabados en esta segunda máquina, el computador, a través de una especie de cinta magnética, parecida a las que se utilizan para las grabaciones de música.[114]

---

[114] Al digitalizar una imagen, el haz de luz que atraviesa o se refleja en una imagen es recogido por un tubo fotomultiplicador. La salida eléctrica del fotomultiplicador se compara con la salida que se registra en au-

»Es cuestión de diez o quince minutos, la imagen de su cabeza habrá sido "traducida" a números...

Por más que miraba el lento vaivén de la fotografía, siempre bajo aquel chorro de luz blanca, no podía comprender cómo aquella infinidad de puntitos blancos, negros y grises podían estar siendo transformados en dígitos o números. Lo aceptaba, naturalmente, pero, si he de decir lo que pienso, «aquello», para mí, era pura magia...

Había estudiado el funcionamiento de los «microdensi-

sencia de la imagen, y a partir de ambas lecturas, se calcula brillo relativo que corresponde a cada uno de los puntos observados. Un dispositivo similar, el rastreador de haz móvil, se diferencia del microdensitómetro únicamente en ciertos detalles mecánicos. En el microdensitómetro, el rayo luminoso está fijo y la película se mueve de derecha a izquierda y de arriba abajo sobre una mesa de observación especial. En cambio en el rastreador de haz móvil la película está fija y es el rayo luminoso el que se mueve. En el rastreador de rayo o haz móvil, el punto luminoso se suele generar en la pantalla de un tubo de rayos catódicos: un sistema óptico adecuado focaliza la imagen del correspondiente punto luminoso sobre la película a observar, al mismo tiempo que el haz de electrones se mueve en todas direcciones en el interior del tubo. Recientemente se han desarrollado otros sistemas de rastreo de imágenes, más avanzados que los descritos anteriormente, basados en la tecnología de los llamados «semiconductores». Por ejemplo, en un dispositivo de carga acoplada, la totalidad de la imagen hace llegar directamente sobre un conjunto rectangular de sensor Cada sensor registra el brillo de su propia porción de imagen y transmite directamente al ordenador.

Además de proporcionar una salida digital directa, los dispositivos de rastreo de imágenes por «semiconductores» ofrecen otra ventaja. Generalmente se puede conseguir que su respuesta sea directamente proporcional a la intensidad de la luz que incide sobre el conjunto de sensores. La respuesta lineal no es una característica de las imágenes registradas fotográficamente. En fotografía, como se sabe, la densidad de los granos de plata de una película revelada es proporcional al logaritmo de la intensidad de la luz incidente sobre la placa. El carácter logarítmico de esta respuesta debe tenerse en cuenta cuando se procesa digitalmente una imagen fotográfica.

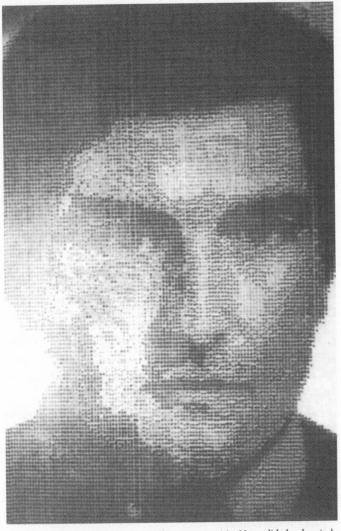

Mientras el ojo humano sólo capta entre 16 y 32 tonalidades de gris, la computadora puede «distinguir» hasta 250. Cada una de esas variantes de color es «traducida» a números o dígitos por el ordenador. Ello permite gigantescas ampliaciones.

tómetros» cuando, años atrás, tuve la suerte de investigar el no menos «mágico» asunto de la sábana santa de Turín,[115] pero ahora lo estaba contemplando con mis propios ojos. Era curioso y sintomático que la sofisticada ciencia de la Informática estuviera al servicio de los investigadores en dos imágenes tan importantes y vinculadas entre sí como son la de santa María de Guadalupe y la de Jesús de Nazaret...

Pero yo tenía aún cientos de preguntas que formular al profesor Tonsmann y aproveché aquellos minutos —mientras el haz de luz «barría» mi foto— para seguir aclarando conceptos.

—Siguiendo con este ejemplo, el de mi carnet de identidad, ¿cuántos blancos, negros y grises cree usted que habrá en dicha foto?

—Eso lo sabremos cuando terminen el «microdensitómetro» y el computador. Generalmente, este tipo de máquinas logra registrar, para cada cuadradito de una imagen, hasta 256 niveles distintos del gris.

—Por cierto, ¿cuál es la superficie del cuadradito o punto más pequeño que puede analizar el «microdensitómetro»?

—Ese tamaño es regulado a voluntad. Ahora, con su foto, estamos trabajando a 50 × 50 micrones.[116]

»Pero se pueden tomar puntos o cuadraditos mucho más pequeños. Por ejemplo, de 25 × 25 micrones,[117] que fue el tamaño elegido para mis investigaciones sobre la imagen de la Virgen de Guadalupe, y que, para que me entienda, viene a significar que en un cuadrado de un milímetro por

[115] Las investigaciones de la NASA sobre el lienzo que se conserva en Turín fueron descritas por J. J. Benítez en su libro *El Enviado*.

[116] Micron (micra): medida de longitud equivalente a la millonésima parte de un metro.

[117] 25 × 25 micrones: cuadraditos equivalentes a 25 milésimas de milímetro.

un milímetro aparecen 1 600 puntos. También se han hecho digitalizaciones, dividiendo la foto en cuadraditos de hasta 6 × 6 micrones. En este segundo caso, en cada milímetro cuadrado de una imagen son analizados por el computador nada menos que ¡27 778 cuadraditos!

—Cuadraditos o puntos que el computador convertirá en números, de acuerdo con las diferentes tonalidades de los colores...

—Exacto. Y lo bueno es que cada uno de esos puntos, más que cuadrados, puede ser ampliado después por los ordenadores hasta 2 500 veces su tamaño original. La máquina «construye» esas formidables ampliaciones como si fuera un tablero del juego de «las damas» en el que cada casilla o cuadrado nos mostrará una tonalidad de gris proporcional al valor numérico encontrado en el correspondiente cuadradito.

»Ésta es la primera y gran ventaja que nos conceden las computadoras, y me refiero, naturalmente, al caso de las figuras encontradas en el interior de los ojos de la Virgen, ya que podemos volver a reconstruir la figura, pero a una escala infinitamente más grande.

Seguí absorto en aquel mágico vaivén de mi documento nacional de identidad. ¡Quién hubiera podido imaginar que aquel «monstruo» mecánico —el «microdensitómetro»— me estaba convirtiendo en miles de números...!

De pronto, la máquina se detuvo. El «barrido» había concluido. El profesor pulsó otra decena de clavijas y botones luminosos y retiró el carnet de la plataforma circular.

—Aquí tiene. Muchas gracias.

—No..., gracias a usted. Le aseguro que es la primera vez que me «reducen» a simples números...

Tonsmann sonrió y acudió a la segunda máquina, procediendo a levantar el cristal que protegía al computador.

Retiró un disco de color claro en el que —según me dijo— se encontraba la cinta magnética que contenía la «ensalada» de números y me invitó a abandonar aquel inolvidable recinto.

—Hemos concluido la primera fase de la operación. En esta cinta, como le he dicho, «está» su foto, pero convertida en dígitos. Ahora la introduciremos en otra computadora, que se encargará de «leerla» y «traducirla» a una nueva imagen...

—Una imagen formada, única y exclusivamente, por números. Lo sé, pero, ¿podría decirme por cuántos?

—Sí, claro. Al momento. Y el científico sacó una minicalculadora.

—Verá... Ha sido un «barrido» de 430 columnas verticales por 612 líneas horizontales... Eso hace un total de... 263 160 dígitos.

Preferí no complicarme más la existencia y renuncié a nuevas preguntas sobre aquellas «columnas» y «líneas horizontales». Lo importante es que la fotografía de mi cabeza había sido reducida a la «insignificancia» de un cuarto de millón largo de números.

Y José Aste Tonsmann me condujo hasta la planta baja del apacible chalet que constituye el Centro Científico de IBM en la capital de la República de México.

Un sinfín de ordenadores se alineaban tras una puerta de cristal. Tonsmann la abrió y nos dirigimos hacia uno de los extremos de la espaciosa sala. Varias computadoras emitían un zumbido sordo pero penetrante, mientras sus discos giraban con brevísimas interrupciones. Sobre el inmaculado piso, uno de los ingenieros había colocado una ancha y larga tira de papel con un dibujo que no tardé en reconocer. Se trataba del mapa de México. Me detuve unos segundos y, mientras lo contemplaba, Tonsmann comentó:

—Aquí tiene una de esas imágenes a la que antes me refería. Los satélites artificiales con los que trabajamos nos envían las fotografías digitalizadas del territorio mexicano y nosotros, con estos ordenadores, las transformamos.

En efecto. Aquel mapa estaba compuesto por cientos de miles —quizá millones— de números, letras y otros signos que no logré identificar.

—Gracias a satélites como el *Landsat* o el meteorológico *Goes,* por ejemplo, podemos realizar estudios periódicos con vistas a programas agrícolas, previsión de huracanes o índices de humedad en diversos estados de la República. En estos momentos —prosiguió Tonsmann— trabajamos en varios proyectos muy prometedores: el atlas biológico del Estado de Veracruz, con el que podemos tener una visión de conjunto de las especies animales existentes en dicho territorio, grado de lluvia o de granizo, etc.

—¿Y todo captado por los satélites?

—Sí, pero somos nosotros, con nuestros ordenadores, quienes «desciframos» la información que encierran estas fotografías espaciales.

—¿A qué otros proyectos se refería?

Aste Tonsmann se situó frente a uno de aquellos computadores de dos metros de altura y me rogó que le disculpara. Introdujo el disco que llevaba en las manos en el ordenador y se concentró una vez más en la programación de la máquina. Según me había explicado, la cinta magnética que contenía mi foto debía ser «leída» por aquella computadora y, por último, aparecería mi imagen, pero formada por esos 263 160 números...

—Una vez «leída» la cinta por el ordenador —intervino nuevamente Tonsmann, mientras me señalaba al disco que acababa de empezar a girar— utilizamos dos sistemas para «reconstruir» la imagen.

»Primero: por medio de una impresora. Este aparato, vinculado a la computadora, es algo así como una poderosa máquina de escribir que va "imprimiendo", línea por línea, y a una tremenda velocidad, sobre esas largas tiras de papel perforado que ha visto antes en el suelo.[118]

»Segundo: mediante fotografías tomadas directamente de las pantallas que se encuentran conectadas con las computadoras. Y si me lo permite, voy a mostrarle primero este segundo sistema dé "reconstrucción" de imágenes. En cuanto lo vea lo comprenderá a las mil maravillas. Este ordenador necesita todavía un buen rato para "leer" la cinta magnética y reconstruir su foto a través de la impresora.

Allí se quedó mi «amiga», la computadora, «procesándome»...

Tonsmann me rogó que le acompañara y, tras abandonar la sala de ordenadores, el científico se situó frente a un bloque de pequeñas pantallas, similares a las de cualquier televisor. Tomarnos asiento al, pie de aquella «batería» de monitores —todos ellos conectados a otros tantos ordenadores— y Aste, por enésima vez, comenzó a teclear sobre el panel de mandos de la nueva consola.

—Me preguntaba antes qué proyectos teníamos entre manos...

[118] Para disponer de las distintas tonalidades de gris, necesarias para la reintegración de las imágenes, se utiliza la sobreimpresión. Cada línea es impresa cuatro veces con distintos símbolos o caracteres (generalmente se utilizan números y letras). De esta manera, el blanco se produce, simplemente, no utilizando carácter alguno en las cuatro impresiones sobre la parte correspondiente (sólo se verá el papel blanco). Para obtener el negro, los cuatro símbolos a usar son seleccionados de tal forma que, en conjunto, producen un manchón muy oscuro. De la misma forma, se dispone de treinta y dos conjuntos que al ser impresos forman treinta y dos niveles ascendentes de gris, incluyendo blanco y negro.

Asentí mientras contemplaba maravillado cómo aquel científico hacía aparecer en una de las pantallas una serie de claves —palabras, números y símbolos—, todas ellas de un verde eléctrico, que constituían uno de los programas más fascinantes que he conocido.

—Aquí tiene usted lo que el profesor Corona, encargado del desarrollo de este proyecto, llama «tomografía de positrones».

—¿En qué consiste?

Tonsmann siguió tecleando y leyendo las claves que aparecían y desaparecían constantemente en la pantalla. De pronto, y mientras yo aguardaba una explicación, en otro de los monitores vi dibujarse una figura multicolor.

—Ahí tiene usted un corte transversal de un cráneo humano... Gracias a este proyecto, realizado en colaboración con la Universidad de Nueva York, se intenta conocer la actividad cerebral del ser humano, ante determinados estímulos y circunstancias.

—¿Ha dicho usted actividad o estructura cerebral?

—Actividad.

Observé la figura con mayor atención y, efectivamente, en el interior del cráneo se veían unas manchas de distintas tonalidades, formas y dimensiones.

—Veo que esas «manchas» —le comenté a Tonsmann— atraviesan el hueso y parecen salir fuera de la cabeza...

—Así es. Se trata, ni más ni menos, de la actividad cerebral de ese individuo, en ese momento concreto.

No pude remediarlo e hice el siguiente comentario:

—Me recuerda el aura humana...

Tonsmann no respondió. Pero yo estaba tan entusiasmado con esta experiencia científica que seguí interrogándole:

—Entonces, y por lo que veo aquí, ¿es posible fotografiar la actividad cerebral?

—Se trabaja en ello.

—¿Qué beneficios puede reportar para el hombre?

—Muchísimos. Por ejemplo, localizar o «fotografiar», como usted quiera, determinados tipos de locura. A estos comportamientos anómalos del cerebro humano le corresponden también unas formas específicas de actividad cerebral. Y eso, como le digo, puede ser detectado y estudiado. Un hombre esquizofrénico, por ponerle un ejemplo, presentará en estas mismas pantallas un tipo de actividad cerebral. Si conseguimos estudiar a fondo esa forma concretísima de actividad cerebral quizá tengamos al alcance de nuestras manos la solución para muchos trastornos mentales.

—¿Podría ser «fotografiada» también la actividad cerebral de un asesino o de un genio?

—Por supuesto.

Me quedé en silencio, tratando de absorber hasta el último detalle de aquella imagen. Tonsmann me había rogado que no hiciera fotos y mis cámaras permanecían en el interior de mi inseparable bolsa negra. ¡Estaba perdiendo una gran oportunidad...! Pero había dado mi palabra de honor.

Era fascinante comprobar —y ver— cómo la actividad cerebral de un ser humano llega, incluso, a traspasar las paredes de su propio cráneo, extendiéndose a cinco o diez centímetros del hueso..., ¡y en todas direcciones!

—Quiero mostrarle otro proyecto.

Tonsmann borró del monitor la figura casi «milagrosa» del cráneo, y tecleó en busca del nuevo programa. En aquella «borrachera» de tecnología esperaba ya cualquier cosa...

El científico interrumpió durante segundos su tecleo en los mandos de la consola y, dirigiendo la vista hacia sala de ordenadores, musitó:

—La «lectura» de la cinta debe de estar a punto terminar... No se impaciente. Pronto verá su fotografía digitalizada y aumentada.

La verdad es que no sentía la menor impaciencia. Todo lo contrario. Disfrutaba como un niño ante aquella «ventana» al futuro.

El profesor de Investigación de Operaciones en la Universidad Iberoamericana de México comprobó por última vez las «claves» del nuevo proyecto e hizo aparecer en otra de las pantallas del terminal de la computadora la pequeña cruz blanca llamada cursor.

—Con este mando puede mover el cursor a su antojo.

Situó ante mí una pequeña esfera negra, parecida a una pelota de goma, semienterrada en una caja de plástico y unida al ordenador por un largo cordón umbilical.

Al mover la «pelota», el cursor se deslizaba instantáneamente por la pantalla del monitor. Era como un juego.

—El proyecto consiste en un estudio matemático-estadístico de los posibles puntos de referencia que utiliza todo ojo humano ante cualquier visión: paisaje, persona, cosa, antes de llegar a la identificación del mismo.

Mi gesto de extrañeza debió de alarmar a Tonsmann porque, acto seguido, añadió:

—Parece complicado, ¿no? Trataré de explicárselo con un ejemplo. El hombre funciona básicamente a través de «señales» o «mensajes» que le están llegando constantemente del exterior y que su cerebro, en millonésimas de segundo, recoge, clasifica y trata de identificar. Una vez terminado este proceso, el cerebro le «dice» al individuo «que está, por ejemplo, ante una rosa roja». Pero, para que el ser humano termine por identificar a esa flor ha sido necesario un previo «reconocimiento» visual del objeto en cuestión. El ojo, a una velocidad que ni siquiera las computadoras pueden igualar por el momento, lleva a cabo una especie de «barrido» de la rosa y «transmite» la información al cerebro. Pues bien, este proyecto consiste en averiguar qué pun-

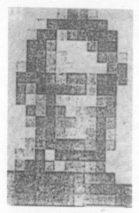

A veces «los árboles no nos dejan ver el bosque». Éste podría ser el caso del presente grabado que «dibujó» la computadora. Sólo mirándolo a una cierta distancia se llega a descubrir que se trata de la cabeza del presidente Lincoln.

José Aste Tonsmann, descubridor de las enigmáticas figuras en lo más profundo de los ojos de la Virgen de Guadalupe.

La imagen completa de la Guadalupana «convertida» en cientos de miles de números», merced al proceso de digitalización. Tonsmann inició los trabajos en febrero de 1979. (Foto J. J. Benítez)

tos básicos de cualquier objete persona o paisaje «elige» o «recorre» el ojo del hombre en ese proceso inmediatamente anterior a la identificación.

—¿Y cómo se las arreglan para investigar algo que casi es instantáneo?

—Estudiamos las trayectorias que pueden seguir los ojos en esta identificación con un ejercicio que casi parece un juego de niños. El ordenador tiene preparado rostro de una persona mundialmente conocida: un político, un artista de cine, etc. Pero el sujeto que va a ser sometido a la experiencia no sabe de quién se trata.

—¿Y en qué consiste el juego?

—Usted mueve el cursor y lo sitúa en cualquier punto de la pantalla. Una vez colocado donde el sujeto quiere, el responsable del proyecto acciona el ordenador y, justamente en ese lugar donde estaba la cruz, aparece una pequeña parte de la cara del personaje anónimo. El «juego», lógicamente, consiste en adivinar de quién es el rostro.

»Lo normal es que la persona que está llevando a cabo el ejercicio necesite de otras pequeñas partes de la cara para averiguar la identidad del personaje público. En cada ocasión deberá mover el cursor y el computador precisamente va registrando y analizando esas pocas o numerosas trayectorias que, en definitiva, realizan los ojos del jugador hasta reconstruir totalmente el rostro.

»Si repetimos este ejercicio un número suficiente de veces es posible que encontremos algunas constantes en esas trayectorias de identificación que llevan a cabo los ojos. Y en eso estamos.

Me presté gustoso al juego y debo reconocer que no salí muy bien parado. Sólo al final, cuando el rostro misterioso estaba ya casi ultimado, supe que se trataba del fallecido presidente egipcio Sadat. Pero, al menos, me sentí satisfecho por haber aportado mi granito de arena a este curioso experimento...

—Bien, el ordenador ha terminado la «lectura» de la cinta magnética —anunció Tonsmann—. En cuestión de minutos tendrá su imagen en estas mismas pantallas. El profesor penetró nuevamente en la sala de ordenadores, cerciorándose del final del proceso de digitalización.

Minutos después se sentaba a mi lado y tecleaba por última vez sobre la consola de los monitores.

Como un «milagro», mi fotografía del carnet de identidad fue apareciendo en dos de las pantallas Conrac.

—¡Pero es inmensa! —comenté con asombro al ver la ampliación.

Tonsmann sacó su calculadora de bolsillo e hizo una rápida operación.

—La computadora la ha ampliado 258,5 veces. Era increíble.

—¿Cuántas tonalidades de grises ha encontrado?

—En total, 112 niveles de gris.

—Le parecerá una pregunta infantil pero, ¿cuántos grises puede captar el ojo humano?

—Lo normal oscila entre 16 y 32 tonalidades, aunque se puede llegar a distinguir hasta 40.

Había llegado al punto final en aquella instructiva jornada en el Centro Científico de IBM. Ahora sí estaba en condición de entender un poco mejor el interesante descubrimiento del doctor Tonsmann en los diminutos ojos de la cara de la Virgen de Guadalupe.

Antes de dar por concluida aquella nueva entrevista con José Aste, el profesor arrancó y me entregó la larga tira de papel perforado sobre la que había trabajado la impresora. Allí estaba la misma imagen que yo había contemplado en las pantallas: era la gran ampliación de mi fotografía, formada por 263 160 números, letras y otros signos. Mientras uno de los ordenadores «reconstruía» mi cabeza a través de las pantallas, otra computadora había transmitido la misma información a la citada impresora, Y allí estaba el resultado: un pequeño-gran «milagro» de la informática.

Los espectaculares descubrimientos del doctor Tonsmann

Como comprenderá el lector, este preámbulo en torno al sistema para «traducir» una fotografía a números o dígitos mediante ordenadores no es gratuito ni casual. Dada la complejidad técnica del descubrimiento del doctor Tonsmann, creí oportuno repasar algunos conceptos básicos —casi elementales— sobre estos menesteres y, de paso, mostrar a cuantos sientan interés por el misterio de Guadalupe que José Aste Tonsmann es un científico de gran preparación y prestigio.

Hecha esta precisión, pasemos ya al hallazgo propiamente dicho. Mucho antes de celebrar mi primera entrevista con Tonsmann —que tuvo lugar antes de la referida experiencia en el Centro Científico de IBM[119]— yo había tenido ya en mis manos las imágenes de las supuestas figuras encontradas en el interior de los ojos de la Señora del Tepeyac. Y digo «supuestas» porque —en honor a la verdad— el lector debe saber que, por el momento, las investigaciones se hallan en pleno proceso y se necesitará algún tiempo para alcanzar una conclusión definitiva. Una vez más debo evitar todo sentimiento personal y ajustarme a los hechos...

Y debo decir también que aquellas figuras —«rescatadas» del fondo de los ojos de la imagen de la Virgen por los

[119] La visita al Centro Científico IBM fue realizada en un segundo viaje a México, en mayo de 1982.

 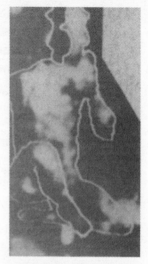

A la izquierda, la figura del «indio sentado», con la pierna derecha flexionada y la izquierda pegada al suelo. En la figura de la derecha, el cursor ha servido para perfilarla y hacerla más «comprensible».

El llamado «hombre con barba» (silueteado), «descubierto» también por los ordenadores da IBM. En el grabado da la derecha, una gran ampliación del «hombre con barba», tal y como se aprecia con oftalmoscopio y a simple vista. Ambas imágenes se hallan en el ojo derecho de la Imagen. El hallazgo de Tonsmann ha ratificado plenamente el descubrimiento de Marcué y posteriormente de Salinas: en la imagen obtenida por computador se aprecia también el hombro, brazo, antebrazo y mano derechos. El hombre aparece en actitud Contemplativa, agarrándose la barba con la referida mano derecha.

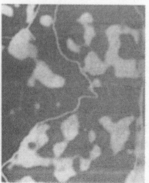 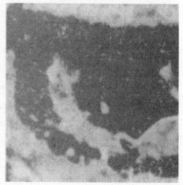

mismos ordenadores que había visto trabajar en «IBM»— me parecieron en los primeros momentos un enloquecido conjunto de manchas. Cuando me mostraron las fotografías necesité tiempo y no pocas indicaciones para «localizar» la cabeza del anciano, al indio sentado y no digamos al «traductor», la negrita al servicio de Juan de Zumárraga y al propio indio Juan Diego...

Aquello, lo reconozco, me desanimó. Y casi me situó en contra de las investigaciones del profesor Tonsmann.

«Todo es cuestión de imaginación —pensé—. Yo podría "descubrir" en este "rompecabezas" de luces y sombras otras formas y siluetas, a cuál más caprichosa...»

Cuando le planteé mi problema a José Aste, en una larga conversación sostenida en su domicilio y a la que asistió mi buen amigo Manuel Fernández, Tonsmann respondió:

—Le comprendo. Es indudable que no estamos acostumbrados a ver imágenes como éstas. En el proceso de observación visual de una imagen reconstruida por computadoras, se presentan dos problemas: en primer lugar, si el tamaño de los cuadraditos es muy grande en proporción al de la imagen total, la figura quedará deformada y perderemos muchos detalles. El segundo y más importante problema es el provocado por el entrenamiento a que estamos sometidos en la civilización en que vivimos.

—No le comprendo...

—Verá, al observar una imagen que está formada por trozos o partes muy regulares, como es el caso de los cuadraditos, inconscientemente nos percatamos de que, siendo estas formas tan regulares, no han podido ser fruto de la casualidad, sino que alguien las ha hecho a propósito y con alguna intención. El entrenamiento a que hemos estado sometidos durante años para «interpretar» las imágenes publicitarias en televisión, murales, periódicos, etcétera, hace que, sin quererlo, estemos tratando de hallar el «mensaje»..., «que debe de haber sido puesto en esas figuras tan concordantes».

De esta forma nos concentramos en descifrar los cuadraditos y perdemos de vista lo que representa el conjunto.

—¿Algo así como si «los árboles no nos dejaran ver el bosque...?

—Exacto. Permítame que le recuerde un estudio que se hizo con una tribu salvaje del Amazonas. Los científicos mostraron a los indios fotos y dibujos de periódicos. Pues bien, algo que para nosotros resulta clarísimo, para aquellas gentes no lo fue tanto: los hombres y mujeres del Amazonas sólo vieron puntos blancos, negros y grises... »La utilización de ordenadores en la digitalización de imágenes tiene muchas ventajas, como es el caso de las formidables ampliaciones, pero también encierra algunos inconvenientes. Éste es uno de los más graves.

—¿Es posible resolverlo?

—Sí, con los llamados filtros «suavizantes». Enmascaran las formas regulares de esos elementos que constituyen las figuras.[120] Pero quizá uno de los métodos más simple y efec-

[120] Podemos mejorar las imágenes resultantes, mediante reasignaciones de grises a los números originales de la figura. Recordemos que los grises que pueden ser registrados por el «barredor» llegan hasta 256, mientras que de los que disponemos son solamente 32. Esto nos obliga a agrupar varios números para cada tono del gris. Es evidente que esta concentración nos hace perder detalles de la imagen, sobre todo cuando en la misma zona por reconstruir existen simultáneamente unas partes muy claras y otras muy oscuras. En estos casos podemos dividir las zonas en subzonas más homogéneas (mosaico), a manera de resaltar pequeños detalles y determinados matices de gris.

Otra forma de mejorar la imagen es merced a la aplicación de los citados «filtros». Realizando operaciones aritméticas con los números representativos de la imagen, podemos preparar figuras resultantes equivalentes a las que se habrían obtenido si la fotografía original hubiera sido tomada con un filtro óptico. Aquí, la ventaja indudable es que con la computadora podríamos rápidamente obtener muchas alternativas de filtros.

tivo para eliminar la rigidez de esos módulos es entrecerrar los ojos al mirar los grabados o bien observarlos desde lejos.

—Las preguntas que debo hacerle son tantas que no sé por dónde empezar... Tonsmann se sirvió una taza de café y me insinuó que hiciera otro tanto.

—¿Y por qué no por el principio? Una vez más, aquel sencillo ingeniero, profesor en la Universidad de Nueva York, tenía razón. Apuré mi café y me dejé llevar por mi instinto periodístico.

—Supongo que esta pregunta se la habrán hecho decenas de veces, pero, dígame, ¿por qué se le ocurrió «digitalizar» los ojos de la imagen de la Virgen de Guadalupe?

—Hacía un año que yo residía en México. Fue en las primeras semanas de 1979. Recuerdo que acababa de hacer una visita al Perú, mi patria, y había estado conversando con un eminente científico, el doctor Rabínez, sobre los sistemas y procesos de digitalización de imágenes. Como usted ya sabe, mi trabajo consiste precisamente en eso: el procesamiento de imágenes que transmiten los satélites artificiales y otros proyectos[121] en los que también intervienen los ordenadores. Ahora mismo, por ejemplo, IBM está desarrollando un estudio muy interesante, en colaboración con el Instituto de Biología de la Universidad Nacional Autónoma de México. Se trata de ampliar hasta un millón de veces las fotografías que se han obtenido de un parásito que vive en el cuerpo humano y que es el responsable de una enfermedad llamada «oncocercosis», que puede provocar

Podemos «comprobar» también la existencia de determinadas imágenes, aplicando ciertos filtros que hacen desaparecer automáticamente las manchas aisladas que pudieran existir, a la vez que resaltan los cuerpos realmente presentes en la imagen, remarcando sus formas.

[121] Algunos de los más importantes proyectos en los que trabaja actualmente el profesor José Aste Tonsmann —a través del Centro Científico de IBM de México— han sido detallados en el capítulo anterior.

la ceguera. Gracias a las computadoras, esas imágenes, que ya vienen muy amplificadas por los microscopios electrónicos, son aumentadas mucho más y, de esta forma, los médicos y biólogos intentan probar una teoría: que el intruso, una vez en el interior del cuerpo humano, se camufla con un «escudo» de proteínas y ello impide que las defensas lo detecten.

»De esta forma, y gracias al ordenador, yo puedo «desnudar» al parásito y los médicos y biólogos tienen entonces la oportunidad de destruirlo.

—Una vez más me deja usted perplejo... Veo que el procesamiento de imágenes por computadoras tiene un futuro espléndido. Pero no nos desviemos de la pregunta inicial: ¿cómo se le ocurrió meter una foto de los ojos de la imagen guadalupana en las computadoras?

—Yo trabajaba, y trabajo, en estos procesos de imágenes y desde que llegué a México sentí la curiosidad de ampliar y analizar algunos de los símbolos característicos de la vida y de la cultura de este país. Pensé, por ejemplo, en el calendario azteca y en la Virgen de Guadalupe.

Puedo dar fe de que en las paredes del despacho del doctor Tonsmann, en IBM, se encuentran infinidad de imágenes digitalizadas —anteriores al descubrimiento de las figuras en los ojos de la Señora del Tepeyac— y que corresponden a fotografías de algunos de los más destacados monumentos arqueológicos del imperio azteca y tolteca: Teotihuacan, las gigantescas cabezas «negroides», etc.

—Pero ¿por qué precisamente Guadalupe?

—Siempre me interesó el tema.

—Cualquiera puede pensar, profesor, que usted conocía ya el hallazgo del «hombre con barba» en los ojos de la imagen y que, por tanto, esas pretendidas figuras humanas que usted ha descubierto son muy «forzadas»...

El murmullo de la lejana conversación de la mujer y algunos de los cuatro hijos de Tonsmann se filtraba hasta el amplio salón donde conversábamos. Aquel sabio de 54 años me observó con un cierto cansancio en la mirada. ¡Quién sabe cuántas veces había tenido que repetir estas mismas explicaciones...!

—No, no... Cuando yo coloqué por primera vez una diapositiva de la imagen de la Virgen de Guadalupe en la plataforma circular del «microdensitómetro», yo no tenía noticia de ese descubrimiento de un busto humano o de un «hombre con barba» en los ojos... Fue después, y por casualidad, cuando llego a mis manos la revista *Visión*, con un pequeño artículo sobre este suceso.

—Pero, entonces, ¿qué buscaba usted en aquella primera ocasión, cuando metió la transparencia en el ordenador?

—Nada en particular. Y la prueba es que mi primera «digitalización» de la imagen de la Virgen fue de todo el cuerpo. Y, lógicamente, no encontré nada... Amplié las manos, la cabeza, la luna, etc., pero no vi nada especial... Y justo en aquellos días leí la nota de la revista, con la opinión del dibujante, señor Salinas.

—¿Justo en aquellos días?

—Sí.

—¿Usted cree en la casualidad?

Tonsmann se quedó serio.

—... Aunque soy un científico, creo sobre todo en la Providencia.

—¿Recuerda en qué fecha llegó aquella revista a sus manos?

—No muy bien. Sólo sé que era un sábado de febrero de 1979. Lo que sí puedo asegurarle es que el artículo, que era muy chiquito, hablaba de un hecho ocurrido veinticinco años antes: el hallazgo de ese busto humano en uno de los ojos de la imagen. Yo no tenía ni idea de la existencia de ese «hombre barbudo» y pensé: «Si este busto está ahí yo podré ampliarlo mejor que nadie con las computadoras...». Ahí empezó todo. Era un sábado y nada más desayunar me fui a la oficina. Y puse manos a la obra. Coloqué las diapositivas en el «microdensitómetro» y esperé a que el ordenador «tradujera» a números los ojos de la imagen. Pero las ampliaciones de la computadora me desilusionaron: allí no había nada...

—¿No estaba el «hombre con barba»?

—No. Después supe por qué. En esa ocasión yo había trabajado con una diapositiva en la que aparecía la Virgen de cuerpo entero y, para colmo, debía tratarse de una pintura y no de la verdadera imagen que aparece en el ayate original.

—¿No se sintió tentado de abandonar la búsqueda?

—Pues no. Comenté el hecho con algunos amigos y me prometieron información y una fotografía, tomada directamente del ayate que se guarda en la basílica de Guadalupe. Esas personas hablaron, en efecto, con el periodista Manuel de la Mora y éste me brindó una muy buena foto, en blanco y negro, de la cabeza de la Virgen. Con aquella imagen sí era posible llevar a cabo el proceso de digitalización.

—¿Y qué ocurrió?

—Ese mismo día que me llevaron la fotografía aproveché la hora de la comida y procedí a la digitalización de la imagen de los ojos.

—¿Por qué ojo empezó?

—Por el izquierdo. Tomé las coordenadas y el «microdensitómetro» se encargó de hacer el correspondiente «barrido», transformando los blancos, negros y grises a dígitos. Después, como usted sabe, el ordenador «leyó» la cinta magnética y la impresora me ofreció la primera gran ampliación de aquella parte del rostro de la Señora.

Tonsmann señala el huarache o sandalia del «indio sentado».

A mayor distancia, la cabeza del anciano —digitalizada con los ordenadores de Tonsmann— se aprecia con más nitidez.

Aste Tonsmann sitúa un dibujo del «anciano» junto a la verdadera imagen de este. A la derecha del supuesto fray Juan de Zumárraga puede distinguirse con gran claridad media cara del también supuesto «traductor» del obispo. (Foto J. J. Benítez)

El famoso cuadro de Cabrera. El parecido del obispo Zumárraga con la cabeza Cubierta por Tonsmann es considerable.

—Un momento, doctor. ¿Por qué hizo el trabajo en la hora del almuerzo?

—Porque no era un proyecto oficial de IBM. Se trataba de algo particular y consideré que debía emplear mis ratos libres. Y así ha sido durante los casi tres años que llevo investigando sobre los ojos...

—¿Qué sucedió cuando el ordenador le ofreció aquel a primera gran ampliación del ojo izquierdo de la imagen.

—En esta ocasión, el descubrimiento del «indio sentado» fue fulminante.

—¿Recuerda la hora y la fecha?

—Debían de ser las 13.30, pero no anoté el día. Era febrero de 1979.

—Entonces, ¿no descubrió todas las figuras a un mismo tiempo?

—No. El proceso fue muy laborioso.

—¿Qué impresión le produjo el descubrimiento de aquella primera figura?

—En este caso vi con claridad, y desde el primer momento, que podía tratarse de un indio. Quedé tan desconcertado que necesité varios días para reaccionar.

—Pero ¿cómo podía estar seguro que se trataba de un indio? ¿Por qué precisamente un «indio sentado» y no otra figura u otra cosa?

—Creo que está claro. De todas formas, estuve reflexionando y llegué a pensar que quizá mi afán por encontrar algo me hacía ver lo que no existía. Al principio creí, incluso, que aquel indio era el que ya había descubierto Salinas...[122]

»Así que me decidí a mostrar la imagen a otras personas. Algunas lo vieron y otras no. Por la noche se la mostré a mi

[122] El «indio» a que hace referencia Tonsmann es el famoso «hombre barbudo», que Salinas consideró como el indio Juan Diego.

mujer y a mi hija. E inmediatamente, mi niña dijo: «Aquí hay un indio».

Era curioso. A mi regreso a España, yo también hice algunas pruebas con niños y adultos. Sin proporcionarles información previa sobre las figuras y el sistema de obtención de las mismas, les mostraba las fotografías y la casi totalidad de los niños y muchachos acertaban: «Eso es un indio y una cabeza de un viejo», me comentaban al primer vistazo. Los mayores, en cambio, tropezaban en general con serias dificultades y necesitaban de mucho más tiempo a la hora de la «visualización» de las figuras. Tal y como afirmaba Tonsmann, creo que la mente de los niños se halla mucho menos «intoxicada» que la de los adultos.

—No comprendo por qué no fue usted directamente a una digitalización del «hombre con barba». Después de todo, acababa de verlo en la fotografía de la revista que había llegado providencialmente a su poder...

—No lo hice por varias razones: porque esa foto que aparecía en *Visión* era extremadamente pequeña y por pésima calidad de la misma. Luego supe, además, que dicha imagen había sido reproducida al revés.

—Volvamos al que usted llama «indio sentado». Aunque ya conozco el proceso material que siguen las computadoras, ¿recuerda hasta qué límites fue ampliado ese ojo izquierdo?

—Tanto en el izquierdo como en el ojo derecho, y siempre según el detalle que se pretendía observar, preparamos ampliaciones que oscilaron entre 30 y 2 000 veces el tamaño original. Es decir, en las digitalizaciones realizadas utilicé varios tamaños de cuadrícula o «ventana». Variaban desde 25 micrones (1 600 cuadritos por milímetro cuadrado), hasta 6 micrones por lado (casi 28 000 cuadraditos dentro de un espacio de un milímetro por lado de la fotografía).

El tamaño de cada «ventana» fue definido, en cada caso, de acuerdo a las necesidades de la ampliación a realizar, así como de la escala de la fotografía.

—¿En qué lugar exacto del ojo izquierdo descubrió esta primera figura?

—En su extremo derecho.

—Supongo que se hizo usted muchas preguntas...

—Ya puede imaginarse... ¿Qué hace este indio aquí? ¿Quién es? ¿Por qué se encuentra en el ojo de la Virgen?... Las dudas y la emoción fueron tantas y tan intensas que no pude conciliar el sueño en muchos días.

—No me extraña. Pero, antes de proseguir con las siguientes figuras, descríbame a ese «indio sentado», según lo ve usted...

—Según lo veo yo, no. Más bien, según lo ha «visto» la computadora...

Rectifiqué con mucho gusto. Tonsmann se dirigió a un caballete de madera en el que había dispuesto algunas de las anchas tiras de papel perforado, que contenían las imágenes —tremendamente ampliadas— de las misteriosas figuras que había ido «rescatando» del fondo de los ojos de la Virgen. Buscó la del «indio sentado» y señaló:

—Aquí tiene la cabeza del indio, ligeramente levantada y como mirando hacia arriba. Está sentado y su pierna izquierda aparece extendida sobre el piso, al tiempo la derecha está doblada sobre la otra. Se trata de una postura muy común entre las personas que no usaban sillas.

»Tiene sus manos en una actitud parecida a la de una persona que reza y, evidentemente, está casi desnudo.

»Las formidables ampliaciones de los ordenadores nos han permitido descubrir otros detalles muy interesantes. Por ejemplo: la sandalia o huarache en el pie izquierdo. Se observa la correa que lo sujetaba y cuyo ancho es de apenas unos 120 micrones. A pesar del pequeñísimo espacio que ocupa el «indio sentado» en la tilma, los detalles son de una precisión asombrosa.

—¿Cuál es ese espacio?

—La anchura total del cuerpo es de algo más de un milímetro y su altura, de unos cuatro milímetros.

Por más que lo intenté, no pude distinguir la correa de la sandalia. Pero guardé silencio. Tonsmann apuntó hacia la cabeza del indio y siguió explicando:

—Este individuo presenta una frente muy despejada. Cabe la posibilidad de que se la hubiera afeitado, tal y como tenían por costumbre algunos indios de la cultura mexica prehispánica...

—Un momento, profesor, ¿quiere decir que esta figura y las restantes pudieran corresponder a personas que vivieron en el siglo XVI?

—Es una hipótesis de trabajo, lo sé, que resulta muy difícil de probar científicamente. Por lo menos desde mi especialidad: la digitalización de imágenes...

Sin querer me había adelantado en el proceso explicativo de Tonsmann. Y opté por frenar mis ímpetus. Antes de penetrar en el arduo capítulo de las posibles explicaciones necesitaba más datos y una exhaustiva información de conjunto. Así que le rogué a José Aste que continuara con la descripción del «indio sentado».

—... Es interesante resaltar cómo el cabello del indio aparece amarrado a la altura de las orejas, para quedar suelto después.

»Por último, las ampliaciones de las computadoras nos ofrecen otro detalle espectacular: en la oreja derecha del indio se aprecia un aro o quizá una arracada[123] que le atraviesa el lóbulo.

[123] Arracada: un arete con un adorno colgante.

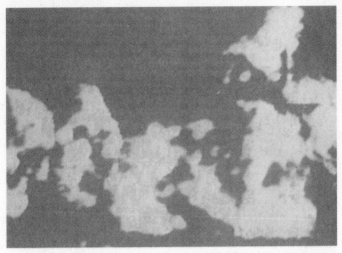

Las ampliaciones de la computadora mostraron al científico un personaje con una especie de sombrero en forma de cucurucho.

A la izquierda, la figura del supuesto indio Juan Diego, tal y como fue descubierta por el profesor Tonsmann (ha sido perfilada por el propio científico). Y otra sorpresa desconcertante: en el ojo del indio se ve una segunda figura; otro cráneo (imagen de la derecha). ¿A quién pertenece? Los misterios se suceden sin cesar en la tilma mexicana.

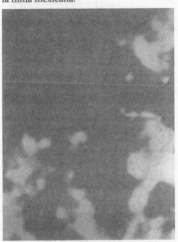

A la derecha de la cabeza del supuesto obispo de México, un dibujo del gran pintor Fernando Calderón. Nariz recta, barba blanca, ojos hundidos y calva grande y brillante. Éstos son los rasgos más destacados de este impresionante cráneo descubierto por Tonsmann en los ojos de la Virgen de Guadalupe.

En el recuadro —y dibujados por Tonsmann sobre las figuras originales— las cabezas del «obispo» Zumárraga y del supuesto «traductor». En el recuadro interior, el llamado «grupo familiar», otro misterio desconcertante.

—¿Una especie de pendiente?

—Sí, un adorno.

Forcé mi vista al máximo, pero tampoco me acompañó la fortuna. Sinceramente, me fue imposible ver tal arete

—... La computadora ha facilitado las siguientes dimensiones: 120 micrones para el diámetro exterior de la arracada. Su grosor apenas ocupa 10 micrones en la tilma.

—Siguiendo el orden cronológico de sus descubrimientos, ¿cuál fue la segunda figura que «apareció» en el ordenador?

—El «hombre barbudo». Pero este segundo hallazgo tuvo lugar en el ojo derecho de la imagen. En realidad no fue un «descubrimiento», propiamente dicho, ya que Salinas y un tal Marcué lo habían detectado mucho antes.

—¿En qué zona del ojo derecho se encontraba el «hombre con barba»?

—En la más cercana a la nariz.

Tonsmann situó sobre el caballete la lámina en la que había sido impresa la imagen del busto humano. Al igual que las restantes, estaba formada por miles de números y letras.

—Aunque este personaje es perfectamente visible con lupas y oftalmoscopios, incluso a simple vista, con las gigantescas ampliaciones del ordenador ha sido posible la confirmación definitiva de su presencia en los ojos. Por supuesto se aprecia con mucha más nitidez en el derecho que en el izquierdo.

—Tanto Salinas como Marcué han afirmado que se trata del indio Juan Diego. ¿Qué opina usted?

—Que no. Sus facciones son las de un europeo. Quizá un noble o un sacerdote español.

»Está en una actitud contemplativa. Parece ensimismado por algo... El hecho de que esté agarrando o acariciando su barba con la mano derecha corrobora esta teoría sobre una posible actitud de concentración y sumo interés.

»Fíjense en su mano derecha: el dedo pulgar está escondido en el interior de la barba.

»Por supuesto, en estas ampliaciones se observan también el hombro, brazo y antebrazo del personaje.

—¿Qué me dice de la triple imagen de Purkinje-Samson? ¿Fueron ratificadas por los ordenadores?

—Totalmente. En el ojo derecho aparecen con gran nitidez.

Aquella figura, sin duda, era una de las más claras. Para mí había quedado perfectamente visualizada días antes, al Conversar con los médicos y conocer sus informes. Ahora, la digitalización de imágenes no había hecho otra cosa que apuntalar aquel primer y fascinante misterio.

Le pedí a Tonsmann que siguiera con el orden cronológico de sus hallazgos. Y el científico destapó una de las figuras que mayor impacto ha causado en mí: el anciano.

Como dije anteriormente, en un primer momento tuve serios problemas para «localizar» y «asimilar» estas figuras. La del anciano fue una de las más «duras de pelar». Pero también es cierto que —una vez «descubierta»—, la impresión que causó en mí fue tal, que aún no se ha borrado. Cuanto más la contemplo, más me maravilla.

—Éste fue mi tercer descubrimiento. Puedo asegurarle que ha sido uno de los más interesantes. Al principio, cuando llevé a cabo la primera ampliación, apareció una mancha blancuzca. Creí que podría tratarse de otro indio, sentado al lado del primero. Estaba tan intrigado que un sábado me fui al Centro Científico y me quedé hasta muy tarde, tratando de aclarar el misterio. A fuerza de mejorar la imagen con «filtros», eliminando incluso el fondo, apareció lo que, en un primer momento, asocié con una calavera...

—¿Creyó usted que se trataba de un cráneo?

—Pues sí. Y me preguntaba: «¿Qué hace aquí una calavera?» Pero no había nada escrito sobre este asunto. Todo eran conjeturas...

»Pasé muchas horas contemplando aquella nueva imagen, tratando de recordar dónde había visto yo antes algo parecido.

—No me diga que la había visto anteriormente...

—No, claro. Lo que pasa es que esta figura me recordaba a otra que había contemplado en algún sitio. Comencé a repasar museos, pinturas famosas, documentación, etc., hasta que un día recordé: se trataba de un famoso cuadro de Miguel Cabrera, pintado en el siglo XVIII, y en el que se ve al primer obispo de la Nueva España, fray Juan de Zumárraga, arrodillado y mirando la imagen que había aparecido en la tilma de Juan Diego. La cabeza del obispo era muy parecida a la que yo acababa de descubrir con las computadoras.

Aste Tonsmann llevaba razón. La semejanza entre ambas figuras es alta.

—¿Qué cree usted que puede significar ese parecido?

—Cabrera era un pintor de reconocido prestigio en América e hizo multitud de copias de la imagen que aparece en el ayate de Juan Diego. Usted sabe que todo buen pintor trata de documentarse antes de trabajar en una obra y mucho más si se trata de personajes reales. Es posible que hiciera lo propio con Zumárraga antes de plasmar su imagen ese lienzo. Pudo consultar otros cuadros y afinar al máximo los rasgos del obispo vasco.

»De cualquier forma, el parecido entre ambas cabezas es desconcertante...

—¿Considera entonces que podríamos estar ante la imagen del primer obispo de México, el franciscano Juan de Zumárraga?

Tonsmann se encogió de hombros.

—Como hipótesis de trabajo, podría ser.

—¿Qué detalles ha descubierto en esta tercera figura?

—En mi opinión se trata de un anciano. La calva es grande y brillante, aunque parece disfrutar aún de parte de su cabello. El pelo guarda la clásica forma de la tonsura de algunas órdenes religiosas. Los franciscanos, precisamente, lucían entonces ese cerquillo alrededor del cráneo.

»La nariz es recta y grande y sus arcos superciliares,[124] muy salientes.

»Está mirando hacia abajo y sobre su mejilla parece rodar una lágrima.

—¿Una lágrima? Tonsmann señaló un punto blanco en el rostro del anciano, pero yo seguí sin «ver» lágrima alguna...

—Este detalle me fue marcado en una conferencia, aquí, en México, por un médico.

—¿Y usted piensa que puede tratarse de una lágrima?

—Es difícil de comprobar, por supuesto.

—¿Encontró algo más en las facciones de este hombre?

—Los ojos están muy hundidos y también las mejillas. En cierta ocasión, otro médico me informó que quizá este anciano se hallaba gravemente enfermo o muy atribulado por problemas.

»Su barba, perfectamente cana, es espléndida.

(A mi regreso a España, la fotografía del supuesto fray Juan de Zumárraga fue examinada también por diferentes Médicos, especialistas sobre todo en huesos y en cirugía Plástica. Uno de estos eminentes galenos, el doctor Antonio Hermosilla Molina, cirujano y traumatólogo, me refería en una breve pero sustanciosa carta:

[124] Superciliar: reborde en forma de arco que tiene el hueso frontal en la parte correspondiente a la ceja.

«... Indudablemente pertenece —se refiere a la cabeza del anciano— a un viejo muy mayor: ochenta o noventa años. La frente es correcta, abultada y están muy marcados los arcos superciliares. Esto es muy peculiar del sexo masculino y no es una singularidad. La nariz, dentro de una forma normal, tiene la zona media o de cartílagos nasales muy desarrollada, y una hendidura en el centro, algo del tipo de nariz llamada en "silla de montar".

»No tiene dientes. Existen ambas encías hacia adentro y hacen que los labios se aprieten uno con el otro y se proyecten hacia la cavidad bucal. El hueso malar derecho, que es el único que se ve, está normal si bien ha desaparecido la grasa submalar —los carrillos—, llamada bolsas o bola de Bichat. Este fenómeno es normal en los viejos y en los desnutridos.

»El ojo está, al parecer, hundido pero no se ve bien.

»El gesto de la cara es inexpresivo, aunque parece estar atento o pensando en algo, con la rigidez de expresión, estereotipada, de los ancianos. Habría que ver el conjunto. Las arrugas algo más marcadas de lo que es usual en las personas de edad avanzada...»).

La localización de este tercer personaje o, para ser más exactos, del cuadro de Miguel Cabrera, fue de gran ayuda en las investigaciones de Tonsmann.[125]

[125] El cuadro a que se refiere Tonsmann es un óleo sobre tela, firmado y fechado por el propio Miguel Cabrera en 1752. Se trata de un óvalo de 85 centímetros. Cabrera nació en la población mexicana de Oaxaca (Guajaca) en 1695 y falleció en México en 1768. Fue el pintor más prolífico en temas relacionados con la Virgen de Guadalupe, alcanzando —según los expertos— una perfección poco común. No se sabe a ciencia cierta quién fue su maestro, aunque el propio Cabrera cita como tal a José de Ibarra, nacido en Guadalajara en 1680. Cabrera llegó de Oaxaca a México en 1719. Ahí estableció su taller y formó escuela. Sus obras relacionadas con la Señora del Tepeyac se cuentan

Veamos por qué.

—Al comprobar el notable parecido entre el obispo Juan de Zumárraga, que pintó Cabrera, y el perfil del anciano extraído por el ordenador, tuve una idea.

—¿Una «inspiración», quizá?

—Podría llamarse así... Estudié a fondo la posición de los personajes en el mencionado cuadro y pensé que la figura del indio Juan Diego quizá estuviera frente a la cabeza del supuesto fray Juan de Zumárraga. Así que busqué con la computadora en esa zona de los ojos.

—Pero esto podría considerarse como una «mediatización» en la investigación...

—Ya le he dicho que no hay nada escrito sobre estos descubrimientos con ordenadores. Si quería encontrar nuevas figuras debía seguir cualquier pista.

—¿Qué descubrió en dicha área?

—La figura de otro individuo, con una especie de sombrero, y con aspecto de indio.

Tonsmann había trazado una línea que perfilaba con claridad el contorno del supuesto indio. De no ser por la «aclaración» dudo mucho que hubiera «detectado» la nueva figura...

—... En mi opinión —continuó el especialista en computadoras— se trata de un hombre de edad madura.

—¿Por qué dice usted que tiene aspecto de indio?

por centenares: desde los grandes lienzos en los que se describen paisajes con la figura de la Virgen, pasando por copias de la imagen en lodos tamaños, pinturas de retablos barrocos, pequeños escudos de monjas y hasta miniaturas en las que la Guadalupana es representada con suma perfección. Sus cuadros más importantes se encuentran en Zacatecas (museo Regional), Popotla (iglesia de la Merced de las Huertas), Querétaro (iglesia de Santa Rosa), Taxco (iglesia de Santa Frisca), San Luis de Potosí (iglesia de la Compañía) y en Murcia —España—, en la parroquia de San Juan Bautista, entre otras.

—Por sus pómulos, muy salientes; por su nariz aguileña y por su escasa barba y bigote, pegado a la cara. Las ampliaciones del ordenador nos muestran también un sombrero con forma de cucurucho, de uso corriente entre los indios, según los entendidos en la materia.

»Pero lo que hace más interesante a esta figura es el ayate que, al parecer, lleva anudado al cuello. El brazo derecho del indio se encuentra extendido bajo dicha tilma, como mostrándola en dirección al lugar donde se halla el anciano. Y otro detalle: los labios del indio parecen entreabiertos.

—Dice usted, doctor, que esta nueva figura muestra lo que podría ser un ayate como el que llevaba Juan Diego en el siglo XVI y en el momento del llamado «milagro de las rosas». ¿Ha investigado si en esa tilma aparece alguna imagen?

—He pasado muchas horas analizando la superficie de la tilma y puedo asegurarle, sin lugar a dudas, que no existe imagen alguna sobre ella.

—¿Tampoco rosas o flores?

—Nada de nada.

—Deduzco que este personaje sí le resulta a usted muy familiar...

El profesor sonrió.

—Éste sí. Por la posición que ocupa en el conjunto de la escena, por sus rasgos típicamente indios y, sobre todo por la tilma que parece estar mostrando, uno termina por deducir que se trata de Juan Diego.

—Es una deducción un poco arriesgada, ¿no cree?

—Es posible. Pero no olvidemos que estoy hablando en hipótesis.

—¿Este supuesto «indio Juan Diego» fue descubierto también en el ojo izquierdo?

—Así es. Pero todas las imágenes, como creo que usted ya sabe, aparecen también en el derecho. En el caso de los posibles «Juan Diego», «Juan de Zumárraga» y del llamado «traductor», las computadoras descubrieron que sus figuras son algo más pequeñas en el ojo derecho que en el izquierdo.

—¿Y están en las mismas posiciones en ambos ojos?

—Sí.

—¿Se repiten las figuras en los dos ojos?

—Todas, aunque los tamaños y el grado de luminosidad varían.

—Esto es muy importante...

—Desde luego: elimina la posibilidad de azar.

Aquella categórica afirmación de Aste Tonsmann me dejó nuevamente perplejo. Si la «escena» aparecía repetida en ambos ojos —tal y como ocurre con el «hombre barbudo»— el asunto no tenía vuelta de hoja: aquello no era fruto de la casualidad ni tampoco el capricho interpretativo de un investigador.

—Y ya que hablamos del indio Juan Diego —apuntó Tonsmann hacia el rostro del supuesto vidente del Tepeyac—, escuche lo que voy a decirle: mientras en el ojo izquierdo aparece de cuerpo entero, con la tilma, el ordenador sólo ha detectado su cabeza en el ojo derecho... Y lo asombroso es que, al llevar a cabo una nueva ampliación, en el ojito del indio apareció otra figura...

El profesor me mostró la gigantesca ampliación y, en efecto, allí vi lo que parecía un nuevo cráneo, perfectamente centrado en el ojo del supuesto indio Juan Diego. ¡Era para volverse loco! ¿Cómo es posible que hubiera surgido una segunda figura, precisamente en el ojo de la imagen del indio?

Mi cerebro se negó a funcionar y le rogué a Tonsmann que me proporcionara más café.

—...Este nuevo rostro —añadió el profesor, que se había percatado de mi profunda confusión— parece pertenecer a un hombre de nariz grande y aguileña. Al efectuar ampliaciones más potentes noté que, a pesar de la lógica deformación que ocasionan estas considerables ampliaciones, se lograba distinguir sus ojos semiabiertos, los labios, los pómulos salientes y la oreja izquierda.

En ese momento intervino Manuel Fernández y le recordó a Tonsmann una anécdota sucedida con otro personaje que fue localizado por la computadora, justamente detrás del indio Juan Diego.

—Se trata, efectivamente, de una mujer. Al parecer, una negra. Está de pie y detrás de Juan Diego, como mirando por encima de los hombros de aquél. Sus ojos son penetrantes y parece estar contemplando la escena que se está desarrollando en el lugar en aquel instante. Mi primera impresión al ver aquel rostro con rasgos negroides fue de confusión total. ¿Qué hacía una negra en una supuesta escena de 1531 en América? Aquella presencia distorsionaba la posible homogeneidad del conjunto y de los personajes que, a primera vista, parecían indígenas y europeos.

»Me resultaba tan chocante que casi preferí guardar silencio. ¿Cómo podía demostrar que en el siglo XVI había negros en México? Y lo que es peor: ¿cómo confirmar que estaban en la casa o palacio del obispo?

»Hasta que un buen día, en una conferencia que pronuncié en el Centro de Estudios Históricos Guadalupanos, aquí en el Distrito Federal, comenté el asunto y reconocí que podía tratarse de un error de los ordenadores. Cuál no sería mi sorpresa cuando uno de los estudiosos me hizo saber que Hernán Cortés había traído negros a México-Tenochtitlán y que entraba dentro de lo posible que alguno de estos esclavos hubiera estado al servicio del primer obispo de la «Nueva España». Después, leyendo la *Historia de la Iglesia en México*, del padre Mariano Cuevas, pude comprobar cómo fray Juan de Zumárraga, en su testamento, concedió la libertad a la esclava negra que le había servido en México.

Tonsmann tenía razón. En el testamento de Zumárraga —llevado a cabo la víspera de su muerte y que fue ejecutado por su inseparable y fiel mayordomo, Martín de Aranguren— puede leerse textualmente: «... declaro que ahorro y hago libres de toda subjeción e servidumbre, a María, negra, e a Pedro, negro, su marido, esclavos que están en casa, para que como tales personas libres puedan disponer de sí lo que quisieren.

»Ítem, digo y declaro que ahorro e liberto y hago libres a todos los esclavos indios e indias que tengo, ansí los que tienen "libre" en los brazos, como a los que no lo tienen, para que sean libres y exentos de toda subjeción y servidumbre y como tales puedan disponer de sí y de sus personas lo que quisieren, y tuvieren por bien.

»Ítem, declaro que ahorro y hago libre a Juan Núñez, indio natural de Calicud, cocinero de casa, para que sea libre de toda servidumbre; a los cuales dichos esclavos de suso declarados, los hago libres agora y para siempre jamás, con condición que sean obligados a me servir y sirvan los días que yo viviere, y después de mi fallecimiento sean libres, como dicho es».

Era sorprendente. El profesor Tonsmann había «descubierto» la presencia de una negra en la casa del primer obispo de México, sin tener conocimiento previo de este documento. Las computadoras se habían encargado de demostrar la validez histórica del testamento de Zumárraga... ¡450 años más tarde!

—¿Cómo son los rasgos de esa negra?

Óleo anónimo de Juan González. La tradición asegura que fue confesor y traductor de Zumárraga.

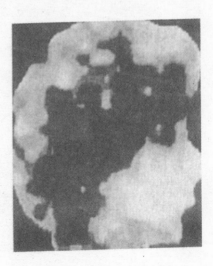

Una joven de finas facciones aparece en el denominado «grupo familiar». En su cabello aparece algún tipo de tocado.

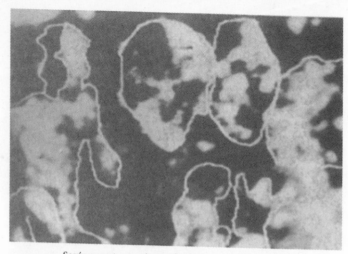

Según expertos en pintura, las figuras sí guardan proporción entre sí,
excepción hecha del «grupo familiar»

El grupo familiar, previamente silueteado por Tonsmann. La mujer parece
llevar un niño a la espalda, al estilo indio. Delante se aprecia también a
otro niño. Frente a la joven, un hombre con sombrero.

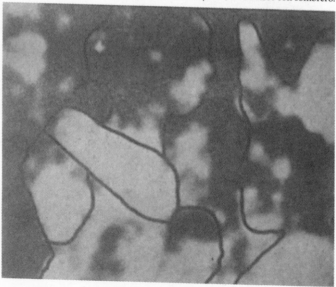

—Tiene en la cabeza algo parecido a un turbante.

—¿Es alta o baja?

—Eso no se ve. Sólo se aprecia la cara y muy atrás... Es posiblemente el personaje más retirado. Está de frente y sus ojos, como le decía, llaman poderosamente la atención. Son muy intensos y expresivos.

—¿Por qué dice que se trata de una mujer negra?

—Porque sus rasgos son negroides: nariz achatada, la tez es oscura, labios muy gruesos...

—¿Es joven?

—Yo diría que sí.

—Por cierto, ¿se puede averiguar la edad de cada uno de los personajes a través de las computadoras?

—Quizá en el caso del supuesto obispo y en el hombre que está a su lado y que nosotros hemos llamado «el traductor». Pero ¡ojo!, no porque el ordenador esté preparado para facilitarnos las edades, sino por el aspecto físico que presentan dichas figuras.

—¿Quién es ese «traductor»?

—Otra de las imágenes que ha localizado el computador. En el ojo izquierdo se presenta con mayor claridad. Se encuentra inmediatamente a la izquierda de la cara del anciano y parece un hombre joven. Es muy notable la naturalidad de las expresiones de ambas caras.

—¿Por qué le llaman «el traductor»?

—Dada su proximidad al obispo, pensé que era posible que se tratase del hombre que servía de intérprete a Juan de Zumárraga. El primer obispo de México no sabía náhuatl y Juan Diego, a su vez, tampoco hablaba el castellano. Históricamente está probado que el padre Juan González fue su traductor. Por aquella época, el tal González era muy joven.

—¿Qué rasgos ha sacado la computadora?

—El personaje mira casi de frente y en la ampliación pueden verse sus ojos, nariz, boca, mejillas y una frente estrecha.

Tonsmann situó la lámina correspondiente al «traductor» y a la cabeza del anciano en el caballete y recorrió el perfil del supuesto Juan González. Pero fue inútil: volví a «perderme». Mientras el cráneo del «obispo» sí se presentaba nítido, la figura del «traductor» se me antojaba como un informe «borrón». Prudentemente guardé silencio y el científico, con una paciencia que nunca agradeceré suficiente, pasó a explicarme el último «grupo» de la insólita escena: el conjunto de figuras que Aste ha bautizado como «la familia».

—Lo he dejado intencionadamente para el final —me dijo— porque, si las restantes figuras son difíciles de explicar, éstas rompen toda lógica...

»Siguiendo con el ojo izquierdo, y en pleno centro, descubrí lo que podríamos llamar «un grupo familiar indígena». Allí había una mujer muy joven, un hombre con un sombrero y unos niños que parecen controlados por la joven. Y, por último, otra pareja que contempla la escena.

»Quizá el personaje más claro es la primera mujer. Presenta unos rasgos muy finos y luce un tocado o sombrero, rematado en su parte superior por un adorno circular. A su espalda aparece un bebé, sostenido por el rebozo, tal y como aún acostumbran a llevar a sus hijos muchas indias. En las ampliaciones posteriores de cada uno de estos personajes observé, incluso, la cinta que parece sostener a bebé al cuerpo de la jovencita y los sombreros en las cabezas del hombre y del niño situado de pie y delante o la mujer. Ésta, como le señalaba antes, da la impresión de estar sujetando al niño.

»Se trata del grupo más pequeño y sin conexión aparente con el resto de los personajes. No hay proporción entre estas figuras y las anteriores y, a pesar de todo, me sigue pareciendo lo más interesante del ojo.

—Antes de preguntarle las razones por las que usted considera al llamado «grupo familiar indígena» como el más interesante, dígame: ¿está también «la familia» en el ojo derecho?

—Naturalmente. La joven de finas facciones está en el centro del grupo, mostrando, tanto el curioso tocado en sus cabellos, como lo que en un principio pensé que podía tratarse de un pliegue del manto que llevaba a su espalda y que, insisto, posteriormente descubrí que podía ser un bebé.

»En este ojo derecho aparecen igualmente esos dos indios, de pie y a espaldas de la joven, y como mirando la escena. Todos se revelan a la misma escala y mucho más pequeños que los personajes que se reflejan en el resto del ojo.

—Hablaba usted, doctor, de algunas «particularidades» de este grupo que lo hacen especialmente «interesante»...

—Sí. Podría darle algunas razones. Por ejemplo: el «grupo familiar indígena» está ubicado precisamente en el centro de ambas pupilas; los individuos de este grupo no parecen guardar relación alguna con las otras personas descubiertas en los ojos. Por último, comparando los tamaños de las imágenes de «la familia» con los del anciano y el «traductor», uno deduce que estos últimos debieron estar más cerca de los ojos de la Virgen. Si esto fue así, ¿cómo es que no ocultaron con sus cuerpos las figuras de aquéllos?

—¿Ha encontrado alguna respuesta?

—Por ahora no. De lo que estoy convencido es de que ese «grupo familiar» constituye algún «mensaje»...

—¿Para quién? —Si consideramos que sólo ahora, con nuestra moderna tecnología, ha sido posible descubrirlo, no parece descabellado pensar que se trata de «algo» destinado al hombre del siglo XX.

—¿Y qué puede querer decir ese «mensaje»?

—Lo ignoro.

Me aproximé al caballete y comencé a fotografiar aquellas desconcertantes imágenes. Pronto me di cuenta que era necesario alejarse lo más posible de las láminas para «ver» las figuras con mayor claridad.

Al terminar aquella primera ronda de fotos volví a sentarme junto a Tonsmann y le solté a «quemarropa»:

—A pesar de todo, ¿cómo puede tener la seguridad científica de que estamos ante verdaderas figuras humanas?

—Han sido muchas horas de estudio y de comprobaciones. Yo mismo llegué a situarme en esa misma postura de usted: como abogado del diablo de mi propio hallazgo. Y confeccioné un programa especial, a base de filtros de «comprobación», para despejar, definitivamente, la incógnita de si eran o no auténticas figuras o simples manchas. Esos filtros, siempre de forma automática, debían eliminar las manchas o puntos aislados y resaltar los cuerpos o figuras.

Aste Tonsmann me señaló los miles de números que daban forma a los supuestos personajes e hizo un nuevo paréntesis en la explicación:

—Observe usted que esos puntos o manchas aislados que aparecen en las ampliaciones de las computadoras son valores numéricos; es decir, números. Pues bien, eso fue lo que hizo el filtro en cuestión: borró las manchas sueltas y conservó y destacó aún más las figuras. Ahí ve usted al «indio sentado», por ejemplo... Ha quedado totalmente resaltado.

—¿Practicó esta experiencia con todas las imágenes?

—Por supuesto. Y en ambos ojos.

—Ya me ha dicho que las figuras aparecen repetidas pero, amén de los hallazgos individuales en cada ojo, que ratifican esta repetición, ¿destinó usted algún otro programa especial para verificar un hecho tan decisivo?

—Sí, lo que llamamos «mapeo». Se lo explicaré en dos palabras: como ya le dije, yo no pude trazar un programa previo de trabajo porque no sabía qué era lo que me iba a encontrar. Ni siquiera tenía conciencia de que llegara a descubrir nada... Las etapas fueron sucediéndose de acuerdo siempre con los hallazgos y con las comprobaciones respectivas. Los primeros descubrimientos fueron hechos en el ojo izquierdo, pero algunas de las imágenes no aparecían en el derecho. Ello me llevó a practicar la citada técnica del «mapeo», que no es otra cosa que la aplicación de un método estadístico. Le pondré un ejemplo: si tenemos dos mapas de una misma zona, es indudable que existe una correlación entre los puntos de ambos mapas. Si usted localiza un pueblo en uno de los mapas, bastará con trasladar las coordenadas de ese lugar al otro mapa para que allí aparezca el mismo pueblo.

—¿Eso fue lo que hizo con los ojos?

—Claro. Busqué las coordenadas y el propio computador se encargó de encontrar el punto exacto donde debía ampliar. Al hacerlo, y con gran alegría por mi parte, aparecieron las mismas imágenes, aunque con distinta iluminación, volumen y ángulo. Todo ello muy lógico, puesto que estas figuras estaban sometidas a los efectos de la visión estereoscópica. Esto me ha dado una nueva idea: tratar de reconstruir las figuras, es decir, la escena completa, en tres dimensiones.

—¿Cómo podría conseguirlo?

—Tengo los tamaños de las imágenes y las distintas proporciones. Con simples fórmulas trigonométricas podría saber a qué distancia está cada personaje de los ojos de la Virgen. Eso nos permitiría «reconstruir» la escena.

—¿Cuándo tendrá listo ese proyecto?

—No lo sé. Necesito tiempo...

El doctor Wahlig, su hija Carol y la esposa de aquél posan frente a la señora
Gebhardt, hija también del doctor Wahlig. Sus imágenes —como se aprecia en
el grabado inferior— quedaron reflejadas en los ojos de la señora Gebhardt. Así
lo captó el fotógrafo (nótese cómo en los ojos las imágenes aparecen en otra
posición).

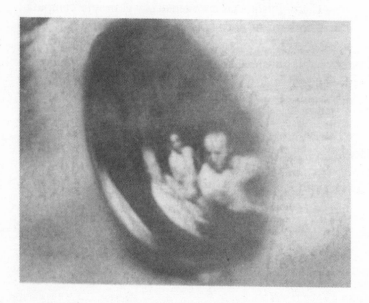

—Por cierto, y ahora que habla usted de proporciones, ¿no le parece que la cabeza del supuesto Juan de Zumárraga no guarda proporción con la figura del «indio sentado» y con algunas otras?

—No estoy conforme con esa apreciación. Depende de la distancia a que se encuentra cada sujeto. En cierta ocasión sometí estas imágenes a los expertos de una academia de pintura y quedaron asombrados ante la proporción y perfección de las figuras.

—¿También entre los personajes de ambos ojos?

—Sí, los tamaños son bastante reales.

—En su opinión, ¿qué personaje estaba más cerca de la Virgen?

—El «hombre con barba».

—Se me olvidaba, doctor... Antes comentaba usted el paralelismo existente entre las figuras de uno y otro ojo, pero ¿hay algún personaje que no esté repetido o que, al menos, no haya podido descubrir aún en ambos ojos?

—Sí, la negrita. Hasta hoy sólo ha aparecido en el izquierdo.

—¿Por qué?

—Quizá se deba a la mancha blanca que existe en d ojo derecho y que corresponde precisamente a la segunda imagen óptica de Purkinje-Samson del «hombre barbudo». Lo he intentado infinidad de veces pero ha sido inútil. Tenga en cuenta que el número de grises que puedo manejar con la impresora es de 32 y 16 en la pantalla. Entonces, al presentarse esta mancha blanca tan intensa, los grises prácticamente desaparecen. Esto sucede también con la pareja de indios del llamado «grupo familiar». Están en uno de los ojos, pero en el otro no los he podido descubrir aún.

—¿Piensa que en un futuro se registrarán nuevos descubrimientos?

—Estoy seguro. La tecnología marcha muy rápida y eso favorecerá y abrirá nuevos caminos en este tema. Pero también es importante que cambie la mentalidad; especialmente la de la gente mayor, anclada en principios que quizá puedan chocar con un hallazgo como éste.

—No recuerdo si se lo he preguntado pero, ¿usted cree en los milagros?

—Sí.

—¿A pesar de ser un científico?

—Soy católico antes que científico. Sin embargo, ambas posiciones no son antagónicas. Hay muchos hechos que la ciencia no puede explicar aún. Y éste puede ser uno de ellos.

—No sé si es usted consciente de la trascendencia de estos hallazgos.

—Posiblemente no. Tenga en cuenta que el proceso ha sido muy lento. Lo he vivido paso a paso, muy despacito, y ello, quizá, me ha restado perspectiva.

—Por último, ¿ha hecho algún otro descubrimiento del que no tengamos noticia?

—No he hablado de un par de muebles o utensilios que aparecen en el ojo izquierdo. Uno de ellos está a los pies del «indio sentado» y me recuerda un recipiente. Pero el otro no sé qué es. No he logrado identificarlo. Y quizá tenga una explicación muy lógica: aunque hayan pasado 450 años, las caras siempre son las mismas en los seres humanos. Pero no sucede lo mismo con los muebles. Éstos han variado y siguen cambiando, de acuerdo con las culturas, necesidades, etc.

—Tiene usted razón. No había caído en la cuenta de que, si esa escena tuvo lugar en alguna habitación o patio del palacio, junto a los protagonistas deberían aparecer también los distintos enseres... ¿Qué clase de recipiente puede ser?

—Bueno, la imagen que aparece en la computadora es una esfera con algo en la parte superior. Algo así como el cuello de un ánfora...

—¿Una botella quizá?

—No sabría precisarle. Está junto a la rodilla del indio, pero no sé más.

—¿Por qué dice que el otro descubrimiento podría tratarse de un mueble?

—Porque se le ven unas patas.

—Supongo que seguirá investigando en los ratos libres...

—Sí, ya le dije que lo he tomado como un *hobby*. Eso sí: un «juego» que ha cambiado mi vida...

—¿En qué sentido?

—Hombre, un descubrimiento así no es habitual. El suceso, se lo aseguro, me ha hecho pensar y muy profundamente. Por supuesto, estoy convencido que al «otro lado» hay algo. Ésta es una simple prueba...

Yo tampoco había quedado fuera del radio de acción del descubrimiento. A pesar de mi simple papel de transmisor de la noticia, «algo» me había «tocado» en lo más profundo. «Algo» que yo conocía muy bien...

Lo conseguido hasta ahora

Tuve la fortuna de celebrar otras entrevistas con el profesor José Aste Tonsmann. De todas ellas salí enriquecido y convencido de la honradez y bondad de este especialista en ordenadores.

Si tuviera que hacer un brevísimo balance de sus hallazgos creo que lo resumiría así:

1. En febrero de 1979, y mediante la utilización de sofisticadas computadoras, este ingeniero civil y doctor por la

Universidad de Cornell (Nueva York), descubre la figura del «indio sentado» en el ojo izquierdo de la imagen de la Virgen de Guadalupe.

2. Cronológicamente, el «hombre con barba» fue el segundo hallazgo, esta vez en el ojo derecho.

3. Tonsmann «rescata» a un tercer y cuarto personajes: el anciano —supuesto fray Juan de Zumárraga— y al «traductor» (ambos en el ojo izquierdo).

4. Aparece la figura del supuesto indio Juan Diego extendiendo la tilma. Las computadoras no «ven» imagen alguna y tampoco flores en la superficie del ayate que parece extender Juan Diego.

5. Los ordenadores «descubren» a un personaje —la negra— que, según todos los indicios, era una esclava al servicio del primer obispo de México, Juan de Zumárraga (ojo izquierdo. En el derecho, en cambio, no aparece).

6. Mediante el sistema de «mapeo», Aste Tonsmann localiza en el ojo derecho las mismas figuras que había descubierto en el izquierdo. Esto desarticula toda posibilidad de casualidad en la formación de las imágenes.

7. Tonsmann apura todas las posibilidades técnicas y lleva a cabo un interesante ejercicio. Hizo que tomaran una fotografía de los ojos de una de sus hijas (sin estar él presente, por supuesto) y sometió la foto al mismo proceso digital con el que había obtenido las conocidas imágenes en los ojos de la Guadalupana. Ante la sorpresa general, el científico adivinó qué personas —además del fotógrafo— estaban reflejadas en los ojos de la muchacha en el momento de hacer la fotografía. Estas personas —como ya vimos en el fenómeno de la triple imagen de Purkinje-Samson— estaban reflejadas en las córneas de la hija.

8. Repitió después el experimento con unos ojos pintados en un cuadro, pero sólo obtuvo manchas informes, como en

las restantes áreas del lienzo. Estas experiencias —en opinión de los estudiosos del tema— fueron concluyentes.

9. Aparecen en ambos ojos el llamado «grupo familiar», que rompe toda la posible lógica de la escena. En opinión de Tonsmann, este grupo encierra algún «mensaje» que no ha podido ser desvelado aún.

10. Los diferentes volúmenes, grado de luminosidad y ángulos que presentan las mismas figuras de ambos ojos encajan perfectamente en el fenómeno de la visión estereoscópica. Los alargamientos de algunas de las imágenes —según Tonsmann— corresponden a la reflexión de las mismas en una superficie convexa, como es el ojo humano. «Una figura plana —dice el descubridor— hubiera provocado la desconfianza...».

11. Aun con la tecnología actual sería imposible «pintar» imágenes de estas dimensiones con la precisión y detalles que aparecen en las doce figuras «rescatadas» por las computadoras y mucho menos teniendo en cuenta el tosco material que constituye el ayate. (Recordemos que el diámetro real de las córneas en la imagen original que aparece en la tilma de Juan Diego es de siete a ocho milímetros).

12. En una segunda fase de su investigación, el doctor Tonsmann trata de lograr la reconstrucción de la escena en tres dimensiones.

Hipótesis de Tonsmann: «La Virgen estaba presente, aunque invisible»

He dejado para el final la explicación que el profesor Tonsmann esgrime en la actualidad para estos desconcertantes descubrimientos en los ojos de la Virgen. Se trata, como él mismo repite una y otra vez, de una hipótesis de trabajo y, en consecuencia, de una suposición imposible de comprobar con nuestros actuales medios. Tendrá que ser el lector quien, en suma, acepte o rechace dicha teoría, con base en la información aquí aportada y, sobre todo, porque así se lo dicte su corazón.

Para Tonsmann —y siempre según las figuras encontradas por la computadora—, en los ojos de la imagen que aparece en la tilma del indio Juan Diego se presentan dos escenas que no guardan relación aparente entre sí: de un lado, la «escena principal», si se me permite la expresión, integrada por seis o siete personajes (el «indio sentado», la cabeza del supuesto fray Juan de Zumárraga, el «traductor», el también supuesto indio Juan Diego, la negrita y el «hombre con barba»).

La segunda «escena» la formarían el llamado «grupo familiar indígena».

El científico, como ya dije, tiene una explicación para esa primera «escena». No así para la segunda.

—Siguiendo el relato de las apariciones de la Virgen en el Tepeyac —me explicó el profesor de la Universidad de Cornell—, sabemos que Juan Diego tuvo que esperar bastantes horas antes de ser recibido por el obispo. En ese tiempo, los sirvientes de la casa de Zumárraga quedaron intrigados por «algo» que el indio ocultaba en el interior de su tilma. Y dice la narración del *Nican Mopohua* que aquellas gentes miraron en el fondo del ayate y vieron extrañas flores «que desaparecían de sus manos cuando trataban de agarrarlas...».

»No es de extrañar, por tanto, que la curiosidad empujara a cuantos se hallaban aquella mañana en la casa de Juan de Zumárraga a rodear al indio cuando éste, finalmente, fue recibido por el obispo de México. Esta circunstancia explicaría por qué aparecen tantas personas en el momento en que Juan Diego abre su ayate y caen las rosas al suelo.

»Mi teoría —continuó Tonsmann— hay que fijarla en esa décima de segundo, inmediatamente anterior al hecho físico de la caída de las flores. Me explicaré con más calma:

»En mi opinión, la Virgen se encontraba presente en aquella habitación o patio donde tuvo lugar el llamado «milagro de las rosas». Y tenía que estar relativamente cerca del obispo, del indio Juan Diego y del resto de los asistentes. El «hombre con barba», por ejemplo, era la persona más cercana a Ella: 30 o 40 centímetros.

»Pero nadie se percató de su presencia por la sencilla razón de que no fue vista. La Señora tenía que ser invisible a los ojos de los humanos.

»Aunque nosotros no podamos comprenderlo, esa invisibilidad no tenía por qué significar una presencia irreal. En otras palabras: que la Virgen podía estar física y materialmente presente junto a estos personajes, pero no visible. Y en sus ojos debían estar reflejándose las figuras de estas personas, especialmente la del «hombre barbudo», dada su proximidad.

»Cuando Juan Diego abrió su manta y las rosas y demás flores cayeron al piso, la imagen de la Señora quedó misteriosamente impresa en el tejido del ayate..., llevando en sus ojos el reflejo de todo el grupo.

»Quizá yo no he podido hallar con la computadora la imagen de la Virgen en la tilma desplegada del personaje que parece ser Juan Diego porque, como le decía en otra ocasión, en ese instante dicha imagen aún no se había «grabado» en el ayate. Estamos manejando tiempos infinitesimalmente pequeños, pero suficientes como para que una «tecnología o poder superiores» logren semejante prodigio.

»El mencionado texto náhuatl, el *Nican Mopohua,* dice con claridad que la impresión de la imagen de la Señora en la tilma se registró en el momento en que las flores cayeron delante del obispo y de las demás personas. En esa

Lámina del códice *Magliabecchiano*. Cuatro aztecas juegan al *patolli*. El situado en parte inferior izquierda presenta su pierna derecha flexionada sobre la izquierda al igual que el «indio sentado» descubierto por los ordenadores de Tonsmann. En el lado derecho, otros dos jugadores se sientan de idéntica forma, aunque en estos casos las piernas flexionadas son sendas izquierdas.

décima de segundo, o menos, en que pudo tener lugar la extensión y caída de las rosas, insisto, pudo suceder lo que acabo de exponerle.

Después de darle muchas vueltas, de consultar con otros estudiosos del fenómeno, y aceptando, naturalmente, que las figuras halladas en los ojos son ciertas, la hipótesis de José Aste Tonsmann me parece verosímil. ¿Por qué rechazar la posibilidad de que la Señora estuviera frente al grupo, aunque invisible a los ojos de aquellos hombres de 1531?

Hoy, gracias a la fotografía y al desarrollo de la oftalmología, sabemos y podemos demostrar en cualquier momento que los ojos de un ser vivo reflejan aquello que tienen delante y que está suficientemente iluminado. Precisamente a raíz del primer hallazgo en los ojos de la imagen guadalupana —el «hombre con barba»—, se han efectuado algunas experiencias fotográficas que ratifican plenamente la presencia de imágenes en los ojos de un ser humano.

Las primeras experiencias de este tipo fueron hechas en 1957 y 1958. He aquí el documento que lo acredita, firmado y rubricado por el fotógrafo mexicano Jesús Ruiz Ribera. La carta, dirigida a Carlos Salinas Chávez, dice así:

«RUIZ» — Estudio. Retratos de calidad profesionales. Calle de Tacuba, número 50. México 1, D.F.

Muy señor mío y amigo:

Por la presente hago constar que con motivo del descubrimiento hecho por usted, del reflejo de un busto humano, en los ojos de la imagen de la Santísima Virgen de Guadalupe, a petición del señor Manuel de la Mora Ojeda, realicé en mi calidad de fotógrafo, veinte estudios, buscando lograr en una fotografía, el reflejo del busto de una persona en los ojos de otra.

Creo conveniente hacer notar que:

1° Las 20 fotografías las tomé yo personalmente, en el periodo comprendido del 7 de septiembre de 1957 al 7 de diciembre de 1958.

2° Que dichas fotografías fueron tomadas directamente a los ojos de la señorita María Teresa Salinas Salinas, quien sirvió de modelo.

3° Que en los negativos y positivos, no se hizo ningún retoque.

Señor Salinas, sólo voy a consignarle los datos del 20° y último estudio, por ser éste el más semejante en TAMAÑO, COLOCACIÓN y CLARIDAD, al reflejo del busto humano descubierto por usted.

Las personas que sirvieron de modelos fueron colocadas así: A la cabeza de la señorita Teresa Salinas, traté de darle el grado de inclinación que tiene la cabeza de la imagen de la Virgen de Guadalupe, y la otra persona que sirvió de modelo, que fue el señor licenciado Enrique Acero de la Fuente, se colocó delante, pero a un nivel inferior y a una distancia de 35 centímetros de nariz a nariz.

Se usaron dos lámparas de 500 Watts., para conseguir que de esta manera se reflejara en los ojos de la mujer con mayor claridad.

Esta fotografía se tomó con diafragma a 32 (cerrado al máximo) y tiempo de exposición de 8 segundos. Se usó película Kodak Super Pancro Pres. Tipo B. y fue revelada en la fórmula Kodak D.K. 50. Se utilizó papel Kodabromide F.3 y se reveló en la fórmula D.72. Se empleó una cámara de fabricación japonesa, para taller, tamaño 8 × 10 pulgadas, de fuelle con extensión hasta 60 centímetros. Lente alemán marca Voigtlander Sohn Ag Braunschweig Heliar, 36 centímetros de distancia focal y luminosidad 1.4.5.

Es para mí satisfactorio, con los medios técnicos de que dispuse, haber logrado una «CONTRAPRUEBA» en los ojos de dos personas vivas, del descubrimiento hecho por usted.

Atentamente.

El documento está fechado en México D.F. a 7 de diciembre de 1958, «fecha en que se terminaron los estudios».

La segunda experiencia que ha llegado a mi conocimiento estuvo a cargo del doctor C. J.Wahlig, de Woodside (Nueva York).

En 1962, el citado doctor y su esposa descubrieron en una fotografía de los ojos de la Virgen, ampliada veinticinco veces, los reflejos de otras dos personas. Wahlig tenía conocimiento del «hombre barbudo» en los ojos de la Virgen y escribió a la señora Helen Behrens, del Centro de Información Guadalupana. Pero Helen le contestó que debía de tratarse de un error. No conforme con esta respuesta, el médico norteamericano enseñó las fotos a un colega suyo, profesor de óptica en la Universidad de Columbia y el doctor Frank T. Avignone le sugirió que hiciera una serie de experimentos, para demostrar que es posible «ver» y fotografiar a una o varias personas que se están reflejando en unos ojos vivos.

El doctor Wahlig llevó a cabo unas cuarenta pruebas, con el fin de encontrar el ángulo y la luminosidad apropiados y, al fin, consiguió la fotografía de su esposa, de su hija Carol y de sí mismo, reflejados todos en los ojos de su otra hija Mary. Estas imágenes fueron remitidas a la basílica de Guadalupe, en México.[126]

Según afirma Wahlig, «la parte anterior de la córnea puede funcionar como un espejo convexo, con un radio de 7,5 milímetros aproximadamente, variando algo de persona a persona».

La tercera y última experiencia de este tipo fue hecha por el propio profesor Tonsmann, tal y como ya referí. El «ejercicio» fue redondeado con otra comprobación importante: la fotografía en cuestión, de los ojos de una de sus hijas, fue sometida por Tonsmann a las mismas computadoras y al mismo proceso de digitalización con los que había descubierto las figuras en los ojos de la Virgen y, para sorpresa y alegría general, el científico «adivinó» qué per-

[126] Estas fotografías —que aparecen también en el presente trabajo— pueden ser contempladas o solicitadas al Centro de Información Guadalupana (sección de habla inglesa).

sonas habían estado presentes a la hora de hacer dicha fotografía y cuyas imágenes habían quedado reflejadas en las córneas.

A la «caza y captura» del «indio sentado»

Una vez conocido el descubrimiento de Tonsmann, centré mis investigaciones en aquellos pequeños —o grandes— cabos que, desde mi modesta opinión, todavía quedaban sueltos. Por ejemplo: ¿era posible ratificar, desde el punto de vista histórico, etnográfico o antropológico, las afirmaciones del experto en ordenadores? ¿Era común que algunos indios del periodo prehispánico y de la conquista española se raparan la parte delantera de la cabeza? ¿Se sentaban los indios de idéntica forma a como se apreciaba en la figura del llamado «indio sentado»? ¿Qué sabemos hoy del «traductor»? ¿Es que Zumárraga no hablaba la lengua de los indios? ¿Qué opinaban los antropólogos vascos sobre ese fantástico perfil del supuesto obispo fray Juan de Zumárraga?...

Mis últimos días en la capital federal fueron particularmente intensos. Rara fue la noche que pude dormir más de cinco horas. ¡Había tanto por investigar, consultar y comprobar...!

Mi tiempo se consumió en el monumental Museo Nacional de Antropología de México, en la Biblioteca Nacional de Antropología e Historia, en diferentes departamentos y laboratorios de la Universidad Nacional Autónoma (UNAM) y sobre una ingente montaña de libros, cuadernos de notas y tesis doctorales, la mayoría encanecidas por el polvo y el olvido. Pero el esfuerzo mereció la pena. La información que llegó a mis manos fue tanta y tan provechosa que, como ya he hecho mención, en estos momentos está germinando en mí un segundo libro sobre el inagotable y misterioso ayate del indio Juan Diego. No obstante, quiero ofrecer ahora —a título de anticipo— una síntesis de lo que será ese segundo informe.

Vayamos por partes.

Inicié mis pesquisas por el «indio sentado». Si aquella figura correspondía realmente a la de un indio de 1531, y si aparecía sentado en el suelo con la pierna derecha flexionada sobre la izquierda, la postura —como me había comentado Tonsmann— debería de haber sido común entre los pobladores del caído imperio azteca. Era cuestión de buscar...

Y puse manos a la obra, consultando a historiadores y antropólogos. Aquellos estudiosos, amén de sorprenderse por lo extraño de la pregunta, no supieron darme más razón que la lista de bibliografía que yo ya conocía, así como la de los códices aztecas.[127]

Tras estos primeros fracasos me refugié en la Biblioteca Nacional de Antropología e Historia y me armé de valor: había que repasar, uno por uno, cuantos códices o copias de los famosos «libros pintados» quedaran en México. Durante varias mañanas y tardes pasaron por mis manos reproduc-

---

[127] Por códices o «libros pintados» se entienden los trabajos pictóricos con comentarios en lenguas nativas, dibujados por mayas, aztecas y mixtecas y en menor número por tarascos y otomíes. Se confeccionaban en tiras de papel raspada de venado o sobre corteza del árbol «amatl» (Ficus Bonplandia o Ficus Cotinifolla). Esta forma peculiar de «escritura» en toda Mesoamérica se remonta a periodos anteriores a llegada de los españoles En ellos se describían los rituales religiosos, los conocimientos astronómicos, las ceremonias y hechos más destacados de los respectivos imperios, así como las costumbres, leyes, conductas y ciclos de la vida indígena, entre otras cosas. Actualmente se conocen unos quinientos códices, de los cuales, catorce son prehispánicos y el resto de la época colonial.

ciones de los códices mixtecas, náhuatl y hasta mayas. Pero «mi gozo se vio en un pozo». En ninguno de los ciento treinta y tres códices de la Sala de Testimonios Pictográficos de la citada Biblioteca Nacional aparecía un solo indígena en la postura de nuestro famoso «indio sentado». Ni en las «tiras» de papel de amate o de piel curtida, ni en los llamados códices «biombo» o en los grandes «lienzos» y tampoco en las «hojas» que, como su nombre indica, son códices pintados sobre un solo pedazo de material, pude hallar un solo dibujo de un indígena con la pierna izquierda extendida sobre el suelo y la derecha flexionada.

La mayor parte de los indios habían sido pintados en cuclillas, de pie, sentados en el suelo, corriendo, en lucha o juego de pelota, de rodillas o tumbados.

Pero no soy hombre que se rinda con facilidad y lejos de desanimarme, aquellos primeros y estrepitosos fracasos me «espolearon». Revisé los códices del Archivo General de la Nación y, por último, compré cuantos libros y láminas hacían alusión a este tema.

Por fin, cuando estaba a punto de «arrojar la toalla», uno de aquellos «libros pintados» me dejó petrificado. ¡Allí estaba! Era el llamado códice *Magliabecchiano*. En realidad se trataba de una reproducción o copia del original, que, según mis noticias, está depositado en la Biblioteca Nacional Central de Florencia (Italia). El citado códice[128] representaba una escena del juego de azar llamado *patolli*, en el que participan cuatro indios, mientras una deidad (eso afirman al menos los antropólogos), «patrono» de esta actividad y a la que llamaban «Macuilxóchitl», observa sentado sobre un taburete de madera. Tres de los cuatro indivi-

[128] El códice *Magliabecchiano* tiene 92 hojas. Cada una mide 15,5 × 21,5 centímetros. Procede del Valle de México o quizá del Estado de Morelos. Es posthispánico y fue ejecutado en 1566.

duos habían sido dibujados en una postura muy parecida —casi «gemela»— a la del «indio sentado» descubierto por las computadoras de Tonsmann. El de la izquierda, con la pierna derecha flexionada sobre la otra y los dos jugadores de la parte superior derecha del códice, con las piernas izquierdas flexionadas sobre las derechas.

Me sentía tan feliz por este hallazgo que no advertí la presencia frente a mí de uno de los vigilantes.

—Disculpe —advirtió el hombre con una amplia sonrisa—, es la hora de cerrar...

A la mañana siguiente —y con una fotocopia de la hoja sobre el juego llamado *patolli*— me encaminé de nuevo al Museo Nacional de Antropología. Si aquélla, en efecto, era una postura relativamente común entre los aztecas a la hora de sentarse, era muy probable que en las salas «Mexica» o «Tolteca» —donde yo había consumido ya muchas horas de observación— quedara aún algún rincón donde no me hubiera detenido el tiempo suficiente. Había que repasarlo todo, una vez más. Desde la más fría objetividad, el descubrimiento de Aste Tonsmann del «indio sentado» había ganado muchos puntos. Los suficientes como para haber zanjado la investigación en el momento mismo que cayó en mis manos el códice *Magliabecchiano*. Pero éste, posiblemente, es uno de mis grandes problemas: como buen signo «Virgo» soy un perfeccionista...

Tras «desmenuzar» con la vista hasta la última escultura o mural de la Sala Tolteca me dirigí a la Mexica. Mi nueva visita al santuario de los «arquitectos» o toltecas[129] resultó

---

[129] Los toltecas figuran entre las razas más importantes que precedieron a la aparición y asentamiento de los aztecas o mexica en el territorio del Anáhuac. Llegaron desde el norte, probablemente antes de finales del siglo VI. Se tienen muy pocas noticias sobre este pueblo cuyos anales se han perdido. Sin embargo, y según los testimonios de las tradicio-

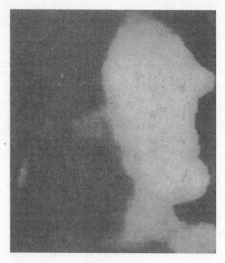

La cabeza del llamado «indio sentado», descubierta por la computadora de IBM en el ojo izquierdo de la Virgen. Según Tonsmann, el cabello aparece recogido en «cola de caballo» a la altura le las orejas.

He aquí el tipo de peinado en el *macehualli* u hombre común del siglo XVI en México. Piho Virve lo denomina «corte semilargo».

Sólo los sacerdotes denominados «cuacuacultín» presentaban rapada la parte delantera de la cabeza, excepción hecha de un mechón.

Sacerdote «cuacuacultín», en el baño ritual de un niño. (Códice «Florentino», lámina XXVI).

Sacerdote «cuacucultín», con la cabeza rapada en su zona frontal. (Códice «Florentino»)

He aquí algunos de los 49 tipos de peinados que lucían los aztecas cuando llegaron los españoles. Estas seis representaciones corresponden a peinados femeninos. 1. Tipo «cornezuelo» (mujeres en general); 2. «Cornezuelos con tlacoyales» (mujeres en general): 3. Corte con fleco (mujeres nobles); 4. Con fleco escalonado (mujeres nobles); 5. Corte debajo de las orejas, simple (mujeres y diosas); 6 Corte debajo de las orejas, escalonado (mujeres y diosas).

positiva. Algunos de los magníficos relieves y piezas allí exhibidos representaban a indios con un corte de pelo muy similar al que lucía el «indio sentado». Era la segunda confirmación. Sin duda estaba en el buen camino. Pero dejemos para más adelante el negocio del rasurado.

Al traspasar las grandes puertas de cristal de la inmensa nave donde se enseña al público lo más granado del sofisticado imperio azteca —época clave para mis investigaciones— me detuve unos minutos. Había examinado la Sala Mexica en seis o siete ocasiones. ¿Qué podía encontrar que no hubiera visto ya?

Y siguiendo un impulso para el que nunca he tenido una explicación dirigí mis pasos hacia la gigantesca maqueta del mercado de Tlatelolco,[130] formada por más de doscientas figurillas de veinte a treinta centímetros, que representan a casi todas las clases sociales que estructuraban el imperio mexica: desde los esclavos y campesinos hasta los artesanos, guerreros, jueces, sacerdotes y grandes dignatarios. Todos aparecen en el gran mercado local de la citada ciudad, próxima a México-Tenochtitlán. En aquel recinto abierto, y construido a una minuciosa escala, puede verse un sinfín de hombres del pueblo —los conocidos *macehualli*, a cuyo grupo social pertenecía Juan Diego—,en las más

---

nes, los toltecas eran un pueblo instruido en la agricultura y en la mayor parte de las artes mecánicas de primera necesidad. Trabajaban bien los metales e inventaron el complejo sistema cronológico que luego adoptaron sus sucesores: los aztecas. En una palabra: fueron la verdadera fuente de la civilización que distinguiría más tarde a aquella parte de América. Establecieron su capital en la célebre Tula, cuyos restos aún perduran.

[130] En la ciudad de Tlatelolco existía un gran mercado donde se intercambiaban productos de todas las regiones de Mesoamérica. Lo manejaban los comerciantes que ocupaban un lugar muy importante en la sociedad. Además de comerciar servían al estado como espías.

diversas posturas. Si aún me quedaba paciencia como para plantarme frente a la gran maqueta y escrutar, una a una, las doscientas figuras de barro policromado, quizá descubriera a alguno de aquellos súbditos de Moctezuma II en la postura que presentaba el «indio sentado»...

El resultado de aquellas densas horas de «espionaje» fueron diez interesantes anotaciones en mi «diario de a bordo». Diez comentarios que quiero transcribir tal y como nacieron en aquellos momentos:

OBSERVACIÓN EN «EL MERCADO LOCAL»

1º. Algunos van con tilmas; otros no. Sólo con taparrabo.

2º. Algunas figurillas llevan sandalias (¿serán los huaraches que dice Tonsmann?). Otros, descalzos.

3º. Los grandes bultos eran transportados a la espalda (como he visto en algunos puntos de Ecuador, Perú y Bolivia), sujetándolos con una correa por la frente. ¿Pudo ser ésta la causa de esos peinados indios, con un rasurado en su zona frontal? (Hay que consultar).

4º. Observo que las tilmas iban anudadas como una capa o a un costado.

5º. En la primera fila y de izquierda a derecha (siempre mirando la maqueta frontalmente), uno de los vendedores está sentado como el «indio sentado» ¡Al fin! ¡Lo he encontrado otra vez!

Tiene las piernas como el «indio sentado»; la derecha flexionada y la izquierda extendida sobre el suelo. (Pero el corte del Pelo no coincide con el de Tonsmann. Parece un vendedor de pescado).

6º. Más atrás, al fondo del mercado, veo a otro vendedor, sentado igual, pero con las piernas al revés de como las tiene el «indio sentado». (Se está tocando la cabeza con la mano izquierda).

Está casi en la esquina del mercado. Ya son dos...

7º. En la tercera hilera de vendedores —empezando por la izquierda— observo un vendedor (¿o es un comprador?) que tiene un extraño peinado: sólo un mechón de cabello en la parte delantera y central de la cabeza. El resto, rapado. ¿Pertenecerá a alguna tribu en particular? (Debo averiguar a qué obedecen esos diferentes tipos de corte de pelo.) Curioso: lleva la tilma anudada por la nuca y sobre el ayate carga algo que parece maíz o algún tipo de cereal. ¿Puede ser un comprador que se lleva el producto? Esto confirma también el modo de transporte de las flores por parte de Juan Diego...

No le veo sandalias.

8º. No veo un solo sombrero entre los campesinos. Sólo los guerreros llevan un adorno en el pelo (parte superior).

9º. En la segunda hilera (empezando por la derecha) observo otro vendedor, sentado exactamente igual que el «indio sentado» (pierna izquierda pasa por debajo de la derecha). *¡Es el mejor!*

No lleva tilma. Sólo taparrabo. (Parece estar vendiendo cuencos u objetos de cerámica. Tiene un plato en las manos.) Pero el asunto del cabello sigue siendo negativo...

10º. No logro encontrar aquí ni un solo indio con el cabello rapado o cortado por la parte delantera...

Tres de los indios que aparecían sentados en el multitudinario mercado local de Tlatelolco lo estaban en idéntica posición que el personaje que aparece en los ojos de la imagen de Guadalupe. Aquello, definitivamente, no podía tratarse de una casualidad... Desde el punto de visto histórico, la incógnita parecía despejada.

No iba a ocurrir lo mismo, sin embargo, con el peliagudo asunto del corte de pelo.

Cuarenta y nueve tipos de peinados entre los aztecas

¿Y dónde encontraba yo un indio con la parte delantera del cuero cabelludo rasurada?

Si la búsqueda de posturas similares a la del «indio sentado» fue labor de chinos, ésta no se quedaba a la zaga.

Hasta que un buen día, desmoralizado ya por lo estéril de mi rastreo, llegué hasta la mesa de trabajo de la historiadora María de los Ángeles Ojeda Díaz, una de las autoridades americanas en Iconografía Prehispánica. Ella me puso tras la pista de dos estudios fundamentales, ambos de Piho-Virve.[131]

Tras la atenta lectura de ambas obras mi desconsuelo fue aún mayor. Para el pueblo azteca, al menos para el que encontró Hernán Cortés, el cabello —más concretamente el tipo de corte y de peinado— revestía suma importancia. Baste un dato como prueba: la sociedad mexica del siglo XVI había establecido un total de cuarenta y nueve clases de cortes de pelo y peinados, de acuerdo con el sexo, edad, condición jerárquica, castigos, fiestas, cultos, hombres y mujeres destinados a los sacrificios, penitentes y hasta número de prisioneros hechos en las batallas.

En aquel envidiable «catálogo» de peinados aztecas —que hubiera hecho las delicias de cualquiera de nuestros actuales profesionales de la «alta peluquería»— sólo hallé un modelo que pudiera guardar alguna semejanza con el cabello que lucía el «indio sentado» de Tonsmann. Se trataba de un rasurado propio de «penitentes y sacerdotes»: los llamados «cihuacuacuacultín» o «quaquacuiltin».[132]

---

[131] *El peinado entre los mexica: formas y significados* (1973) y *Deidades aztecas con mechones sobre la frente.*

[132] «Quaquacuiltin» es un nombre genérico —según P. Virve— que se encuentra contenido en los nombres específicos de varios sacerdotes, según fuera su función: clase de dios al que servían, se trataba de guardianes de algún templo, ayudantes en los sacrificios humanos, etc. Un análisis en las fuentes históricas revela que estos sacerdotes tenían un papel preponderante en la fiesta llamada «Etzalqualiztli», dedicada al dios «Tláloc», donde aparecen como ayudantes súbditos de este dios. En buena medida eran también sacerdotes relacionados con el culto al agua y a la lluvia. Este último caso se ve con claridad en algunas de las ilustraciones del códice *Florentino*, donde aparecen ba-

Era toda una excepción, dentro del importante capítulo del cabello largo y pringoso (no podían lavarse) que distinguía a los sacerdotes. En su propio nombre —«cuacuacuiltin»— llevaban ya la descripción de su peinado: eran los «tomados de la cabeza»; es decir, los que han sufrido una conspicua rapada. La manera especial de corte de estos sacerdotes consistía en trasquilar todo el cabello, dejando un mechón en la corona. (Lo que correspondería al vértice y a una parte del occipucio.) El gran cronista de aquella época —Sahagún— lo describe en la forma siguiente: «... venían unos viejos que llamaban "quaquacuiltin"... trasquilados, salvo en la corona de la cabeza que tenían los cabellos largos al revés de los clérigos».

El resto de los hombres y mujeres —todos— presentaban las cabelleras de múltiples y caprichosas formas, pero ninguno con la zona frontal afeitada, tal y como propugnaba Aste Tonsmann. Suponiendo, incluso, que nuestro «indio sentado» hubiera tenido rasurada esa parte del cráneo, ¿cómo encajar la presencia de un sacerdote «quaquacuiltin» en la casa del obispo de México? Personalmente dudo mucho que uno de estos servidores del culto azteca se hubiera convertido voluntariamente al cristianismo y mucho menos que se ofreciera para prestar sus servicios en la casa de Zumárraga. Hay que descartar, por tanto, que este personaje descubierto por las computadoras de IBM fuera un sacerdote de cabeza rapada. Aunque la llegada de los conquistadores y, sobre todo, de los misioneros españo-

---

ñando ritualmente a un niño. La descripción que Sahagún hace de este corte de cabello se confirma en algunas ilustraciones de los códices. Además del ya citado códice *Florentino*, estos sacerdotes de cabeza rapada son dibujados en la lámina XXVII del libro IV y en la XIX-8 del libro III. Este adorno se encuentra en casos muy aislados en figurillas de barro.

les terminó por demoler la religión mexica,1531 era todavía una época demasiado prematura como para que se hubieran extinguido en su totalidad la fe y las creencias de buena parte del pueblo azteca.

Pero, si no se trataba de un sacerdote del culto mexica, ¿quién era este personaje? ¿Un *macehualli* quizá? ¿Un hombre del pueblo? Tampoco parece probable, si nos atenemos a la rígida costumbre de clasificar a las gentes por el tipo de peinado. Los *macehualli* —y ésta era la situación de Juan Diego— usaban el cabello suelto, pero nunca tan largo como el de los sacerdotes. La altura del corte del cabello para los hombres comunes y adultos era fijada aproximadamente entre las orejas y los hombros y corto sobre la frente. Virve denomina a este tipo de peinado —el más corriente entre el grueso de la población de México-Tenochtitlán— «semilargo». Las demás formas de peinado, bien largas o con, diferentes cortes, eran propias de sectores especiales de la sociedad.[133]

Las referencias pictográficas al peinado de los *macehualli* son muy abundantes. Los códices nos los muestran en sus diferentes actividades: agricultores, cargadores, pescadores, artesanos, músicos, jugadores, etc., y en casi todos se aprecia el mismo tipo de corte de pelo. El cabello cae suelto sobre la nuca, donde está cortado en línea y mucho más arriba que el de los nobles. A veces, estos dibujos en color

[133] Fray Diego Durán, en su *Historia de las Indias de Nueva España*, afirma que tenían el cabello «...cercenado por abajo de las orejas, aunque los reyes y grandes lo traían cercenado por junto a los hombros, por autoridad...». El largo del cabello era mantenido a cierto nivel entre la nuca y las espaldas, por medio de cortes periódicos. El del cabello crecido en el hombre del pueblo (los *macehualli*) se reducía a ocasiones especiales: afirma Pomar, por ejemplo, que, cuando los hijos se iban a la guerra, los padres y demás parientes no se cortaban el cabello hasta que ellos volviesen.

dan la sensación de que algunos de estos hombres sencillos tenían rasuradas las sienes. Pero, debido a que el cabello lateral oculta siempre las orejas, es difícil deducir de estos códices que así se hiciera.

El asunto, como vemos, se complica.

También es admisible que en 1531 —y después de más de diez años desde la llegada de los conquistadores a aquella parte de América—, las costumbres hubieran empezado a cambiar y que, por tanto, el peinado de los hombres del pueblo fuera distinto. Este hecho sí explicaría el cabello largo y atado a la altura de las orejas —como una «cola de caballo»— que presenta el «indio sentado». Es justo reconocer que Juan de Zumárraga luchó lo indecible por dignificar al *macehualli*, llegando, incluso, a escribir al Rey de España[134] pidiéndole burros que sustituyeran a los indios en las duras tareas de acarreo. Entra dentro de lo probable que, junto a la nueva religión, algunas de las costumbres del Viejo Mundo fueran impuestas velozmente. Por ejemplo: el uso de pantalones para los hombres y faldas para las mujeres, diferentes tipos de calzado y —¿por qué no?—, también los peinados europeos.

También cabe una segunda teoría, no compartida por Aste Tonsmann: ¿y si el «indio sentado» no tuviera rapada la parte frontal de su cabeza? Cuando uno escudriña la imagen, esa impresión se hace igualmente patente. Si esto fuera así, la figura del personaje en cuestión se aproxima-

---

[134] En un memorial dirigido al Consejo de Indias, dice fray Juan de Zumárraga: «Sería cosa muy conveniente que se proveyese que a costa de S.M. viniese cantidad de burras para que se vendiesen a los caciques y principales, y ellos las comprasen por premia, porque además de haber esta granjería de cuatropea [cuadrúpedos], sería excusar que no se cargasen los indios, y excusar hartas muertes suyas...» Y Zumárraga, en efecto, logró que el rey le enviase los burros, aliviando muy grandemente a los cargadores indios.

ría mucho más a la de un sirviente o *macehualli*, empleado quizá en el palacio del obispo.

También podríamos estar, naturalmente, ante un mendigo o un enfermo, acogido a la caridad de fray Juan de Zumárraga.

Sea como fuere, lo que parece claro es que el «indio sentado» debía de tratarse de un modesto *macehualli*, dada su desnudez y el aro o arracada que parece colgar de su oreja derecha. En una de mis visitas al Museo Nacional de Antropología observé cómo una de las estatuas en piedra de la Sala Mexica, y que representa a uno de estos humildes cargadores y campesinos, tenía perforados ambos lóbulos de las orejas. Aquella era una señal inequívoca de que los *macehualli* se adornaban también con estos aretes. El personaje aparecía cubierto únicamente con un taparrabo y en sus pies se distinguían las correas de las sandalias o «huaraches». La estatua guardaba gran similitud con la imagen encontrada por el ordenador aunque, en este caso, el cabello del «indio sentado» seguía siendo motivo de contradicción con el corte «semilargo» de los «plebeyos» aztecas.

Quizá debamos esperar a nuevos descubrimientos para hallar una salida. Pudiera ser que con nuevas ampliaciones o con las experiencias de tridimensionalidad que está llevando a cabo Tonsmann estemos en condiciones, por ejemplo, de saber si el «indio sentado» llevaba algún emblema o tatuaje en su cuerpo, que rematen su identificación.

¿Quién era el traductor de Zumárraga?

«Al principio —comentó Tonsmann en una de nuestras largas conversaciones—, cuando la computadora amplió aquella nueva cara, pensé que se trataba de una mujer. Sus rasgos eran finos, casi delicados... Pero pronto comprendí que estaba ante un hombre joven. Esa fue la causa de mi primer error». Aste Tonsmann se refería al que hemos «etiquetado» como el «traductor». Una calificación —a mi corto entender— muy peregrina, si tenemos en cuenta que la mancha que aparece a la derecha de la cabeza del anciano (supuesto Juan de Zumárraga) es todo menos una cara... Yo, al menos, he sido incapaz de «ver» en ella los rasgos del citado «traductor» del obispo vasco en México. Quizá hubiera sido más fácil para mí —incluso, más provechoso— unirme al carro de los que aseguran que «ahí está Juan González», pero no hubiera sido honrado conmigo mismo...

A pesar de este serio obstáculo, seguí investigando. ¿Qué había de verdad en la existencia de un traductor de náhuatl en la casa del primer obispo de México? ¿Fue Juan González ese intérprete? ¿Quién es el tal González?

Según Joaquín García Icazbalceta —uno de los más serios y documentados biógrafos de Juan de Zumárraga—, el buen vasco no llegó a aprender la lengua de los indios mexica, entre otras razones, por lo avanzado de su edad.[135] Según Icazbalceta, Zumárraga desembarcó en la Nueva España cuando contaba alrededor de sesenta años. Y como dice el padre Cuevas, «sus ocupaciones y problemas debían ser tantos que no dispuso del tiempo y de la calma necesarios como para sentarse y aprender el náhuatl...».

Revisando la correspondencia de fray Juan de Zumárraga encontré un pasaje definitivo. El propio franciscano lo reconoce en una carta fechada el 20 de diciembre de 1537:

[135] No hay unanimidad de criterios entre los historiadores respecto a la edad del nacimiento de Fray Juan de Zumárraga. Mientras Icazbalceta cree que pudo venir al mundo antes de 1468, el códice *Franciscano* apunta hacia 1475 o 76. El padre Fidel de J. Chauvet, por su parte, opina que nació a finales de 1468 o en los primeros meses de 1469.

Y yo, como estoy en el tercio postrero, antes que venga la hora en que no nos pesará del bien hecho, y por la cuenta estrecha que hemos de dar a Dios y la debemos a nuestro rey, de esta carga tan pesada que tomamos a cuestas y mayormente en no entender a estos de quienes se nos ha de pedir estrecha cuenta, a mí me parece cosa tan recia, que cuando lo pienso me tiemblan las carnes. ¿Qué cuenta podré yo dar de quien no le entiendo, ni me entiende, ni puedo conocer su conciencia?[136]

Y en otra misiva del 21 de febrero de 1545, el obispo se lamentaba en términos parecidos:

... No sabemos qué pasto puede dar a sus ovejas, el pastor que no las entiende, ni lo entienden.[137]

Está claro, en fin, que Zumárraga trataba con los indios, con la ayuda constante de un traductor. En otra carta dirigida el 28 de agosto de 1529 al emperador, al obispo no se le «caen los anillos» y expresa con toda sinceridad «que precisa de un intérprete»:

Y porque me parece que a Vuestra Magestad no se debe encubrir nada, digo que los señores de Tlatelulco, de esta ciudad, vinieron a mí llorando a borbollones, tanto, que me hicieron gran lástima, y se me quejaron diciendo que el presidente y oidores les pedían sus hijas y hermanas y parientas que fuesen de buen gusto; y otro señor me dijo que Pilar le había pedido ocho mozas bien dispuestas para el presidente, a los cuales yo dije, por lengua de un padre guardián, que era mi intérprete, que no se las diese...[138]

Si consideramos, por otra parte, que la llegada de los españoles sorprendió a muchos de los indios —incluyendo

---

[136] Ver documento núm. 33 (t.III, p. 129) de Joaquín García Icazbalceta.

[137] Ver documento núm. 46 (t. III. pp. 243-244) del autor anteriormente citado.

[138] Ver documento núm. 4 de García Icazbalceta (t. II. pp. 197 y 198).

a Juan Diego— en edad adulta, lo normal es que tampoco los mexica supieran el castellano. De ahí que los servicios de traductores fuesen absolutamente necesarios.

A través de los cronistas oficiales de la conquista se observa con frecuencia cómo los misioneros y hombres de ciencia que fueron arribando a México se preocupaban más por aprender las lenguas indígenas que por enseñar el idioma propio a los conquistados. No debió de suceder así en el suceso del «milagro de las rosas» y ello impulsa la idea de Tonsmann sobre la presencia de un intérprete o traductor junto al anciano Zumárraga.

Hasta aquí, la historia resulta bastante coherente. Ahora bien, ¿por qué se ha asociado la figura del traductor con la persona de Juan González?

En mis investigaciones encontré algunos razonamientos que, en honor a la verdad, se me antojaron poco sólidos desde el punto de vista histórico.

El canónigo Ángel María Garibay, por ejemplo, escribe lo siguiente:

Como Juan [González] había llegado a esta tierra [México] por el año 1528... queda claro que en 1531 estaba al servicio del primer obispo de México y de necesidad debió intervenir en los hechos [se refiere a Juan Diego]. Jamás supo la lengua de los indios Zumárraga, como varias veces en sus cartas lo dice, y Juan Diego no supo la castellana en los tiempos de la manifestación. Hubo de haber intérprete e intermediarios en las entrevistas. Ése no pudo ser sino Juan González.[139]

Tampoco me parece una prueba decisiva la leyenda existente al pie de un óleo anónimo que se conserva en

---

[139] Discurso pronunciado el 10 de octubre de 1960 en el Congreso Mariológico celebrado en México.

el museo de la basílica de Guadalupe y en el que se ve al padre Juan González arrodillado frente a una imagen de la señora del Tepeyac.[140] En dicha inscripción se asegura que Juan González era capellán, confesor y traductor de fray Juan de Zumárraga, primer obispo de México.

A estos frágiles argumentos se ha unido la existencia de un no menos polémico documento del último cuarto del siglo XVI, atribuido a Juan González, en el que —en idioma náhuatl— se narran de forma concisa los conocidos sucesos de las apariciones de la Señora a Juan Diego. Pero, al menos que yo sepa, ningún historiador ha podido demostrar científica y objetivamente que tal *Relación Primitiva Guadalupana de Juan González* sea en realidad del hipotético traductor de Zumárraga.

En resumidas cuentas, no conozco textos, documentos o informaciones con una base histórica suficiente, que nos permitan identificar al traductor de Juan de Zumárraga con el padre Juan González. Lo cual no imposibilita, desde luego, que este personaje estuviera en la casa del obispo en aquel histórico 12 de diciembre de 1531. Lo malo es que, hoy por hoy, esa certidumbre es tan gris e hipotética que no goza de valor histórico.[141]

[140] El cuadro, pintado sobre tela, se remonta a la segunda mitad del siglo XVIII. Tiene 2,25 × 1,25 metros.

[141] Según el Jesuita padre Rafael Ramírez Torres, Juan González fue originario de Villanueva del Fresno, en la frontera de España con Portugal, en la provincia de Badajoz (Extremadura). Fueron sus padres Alonso González y Catalina Sánchez. Los diferentes estudiosos no se muestran muy de acuerdo respecto a la fecha de su nacimiento. Para la mayoría pudo ser entre 1500 y 1510. Fue hermano de un tal Ruy, que participó en la guerra de la conquista y que había venido con la gente de Pánfilo de Narváez. Este Ruy hizo fortuna y, según dicen, fue honorable y llegó a regidor de la ciudad de México. Una vez en la Nueva España, Juan González recibió las primeras órdenes de manos del señor Garcés, obispo de Tlaxcala, pues Zumárraga, en aquel año de

Si esto es así veo muy discutible la teoría del doctor Tonsmann, cuando apunta como posible «traductor» de Zumárraga la figura descubierta a la derecha de la cabeza del anciano. (Ojalá algún día pueda rectificar estas afirmaciones).

Otro tanto ocurre con el llamado «hombre con barba». Veamos por qué.

Aunque en este caso no creo que haya problemas de «captación» y «localización» del personaje, sí me parecieron igualmente arriesgadas y carentes de todo fundamento algunas afirmaciones lanzadas sobre su filiación. Descartada, como ya vimos, la hipótesis de que el «hombre barbudo» pudiera ser el indio Juan Diego, algunos seguidores del tema han sugerido que este personaje podría ser un noble español. Concretamente don Sebastián Ramírez y Fuenleal.

He aquí los argumentos empleados por los defensores de dicha idea:

El señor Ramírez y Fuenleal fue designado en 1530 por el emperador Carlos V como presidente de la Segunda Audiencia,[142] para gobernar la Nueva España. En aquel tiempo, esta Segunda Audiencia constaba de cinco miembros; todos ellos, hombres de gran prestigio e integridad. Pues bien, los más sobresalientes fueron don Sebastián y don Vasco de Quiroga. El primero llegó a México en octubre de 1531 y —según los simpatizantes de la presente teoría—, era del todo lógico y razonable que en aquellos primeros tiempos se alojara en la casa del obispo Juan de

---

1531, no estaba aún consagrado. El sacerdocio lo recibió a finales de 1534. Según la tradición, fue intérprete del obispo de México. Éste, al morir, le dejó en su testamento «una mula para sus excursiones». Parece ser que falleció el 1 de enero de 1590.

[142] Una Audiencia era un Tribunal de Justicia que disponía de poderes militares, judiciales y políticos en una colonia española.

En algunas de sus cartas al rey de España, fray Juan de Zumárraga reconoce que no sabe la lengua náhuatl y que precisa de un traductor. En el grabado, parte de una carta de Zumárraga a Hernán Cortés.

La cabeza del supuesto «indio Juan Diego», «descubierta» por los ordenadores de José Aste Tonsmann, profesor de la Universidad de Cornell (Nueva York). La figura —delimitada por una línea oscura— presenta una nariz aguileña y una escasa barba.

La pintura más antigua en la que aparece Juan Diego. De derecha a izquierda. Hernán Cortés, el indio Juan Diego y su tío, Juan Bernardino. Personalmente no estoy muy conforme con la imagen de Juan Diego. Era muy probable que el vidente del Tepeyac no tuviera una barba tan espesa.

El cerro de Tepeyac. En el frío mes de diciembre no podían florecer rosas.

J. J. Benítez señala la nariz del «anciano». Según los antropólogos vascos, la nariz saliente, el cráneo poco alto y el mentón apuntado son rasgos típicos de la raza éuscara. Esos tres factores aparecen precisamente en este perfil descubierto por las computadoras.

Zumárraga. (Hay que señalar que don Sebastián Ramírez era también obispo de La Española).

«Esta circunstancia —concluyen— nos permite imaginar que don Sebastián Ramírez y Fuenleal se encontraba junto a Zumárraga cuando Juan Diego entregó las rosas al obispo».

Es cierto que la imagen del «hombre con barba» recuerda más a un individuo de facciones europeas que a un indio. Y es cierto también que la barba que luce este personaje poco o nada tiene que ver con los rostros barbilampiños de los aztecas. Su atuendo, incluso, parece más ajustado al de un noble o persona principal que al de un *macehualli*. Y añadiría que hasta el corta de su cabello está más en la línea de los españoles que en la del peinado semilargo de la mayoría de los indígenas...

Otro acierto de Tonsmann: Juan Diego no tenía barba

Lo primero que me llamó la atención del supuesto «indio Juan Diego» fue su sombrero. Según Tonsmann, el protagonista de esta historia fue captado por los ojos de la virgen en el instante en que aquél soltaba las flores al suelo. Hasta ahí, nada que objetar. Pero, al examinar el «sollate» que —según Aste Tonsmann— luce Juan Diego sobre su cabeza, hubo algo que me hizo dudar nuevamente: según los códices aztecas (en especial los catorce prehispánicos), era muy raro que los hombres del pueblo —los *macehualli*— llevaran sombrero. Sólo en las fiestas o celebraciones se adornaban con diferentes tocados, siempre de acuerdo con el tipo de rito. En la extensa obra de Piho Virve, *El peinado entre los mexicanos: formas y significados*, el autor señala con claridad (pág. 16) que el hombre común no era muy dado a la utilización de sombreros o tocados en lo que se refiere a la vida diaria. Buscaban, ante todo, la comodidad en su trabajo. En las festividades era distinto.[143]

Por supuesto, cabe la posibilidad de que, como quizá sucedió con el cabello del «indio sentado», la llegada de los españoles trastocara muchas de las costumbres de los *macehualli* y el sombrero de paja fuera asimilado con rapidez, en especial por aquellos que trabajaban a pleno sol. (Es corriente ver en las resecas tierras de Castilla, de Extremadura y de Andalucía a campesinos que laboran el surco o que recogen la cosecha, protegidos por sombreros muy parecidos al que lleva calado Juan Diego.)

Si repasamos los escasos datos de que disponemos, en torno al lugar de nacimiento y ámbito familiar del vidente del Tepeyac, veremos que Juan Diego[144] nació hacia el año 1474 en el «calpulli» o barrio de Tlayácac, en el señorío de Cuautitlán, al noroeste del cerrito del Tepeyac. Fue un hombre del pueblo, catalogado en la red social de los nahuas como un súbdito o tributario libre. Juan Diego debió de nacer y crecer en el seno de uno de estos «calpulli», que era una «casa grande o caserío»; es decir, una especie de asentamiento colectivo o «comuna», fundamentado por dos hechos básicos: el parentesco y el carácter gremial. De acuerdo con esto, cada señorío o reino estaba formado por varios «calpulli» o barrios, donde gente de una misma familia o de similar ocupación habitaba en ellos.

Era muy probable, y así lo especifica el *Nican Mopohua*, que el «calpulli» o barrio donde vivió Juan Diego se dedica-

---

[143] En el códice Florentino pueden verse a músicos y malabaristas que, debido a su actuación, lucen cintas y plumas galanas en la cabeza.

[144] El verdadero nombre, en náhuatl, de Juan Diego era «el que habla como águila».

ra fundamentalmente a tareas agrícolas.[145] Nuestro hombre no debió de ser una excepción y contribuyó como el resto de su familia a las faenas propias del campo, a los servicios del «calpulli» y, como tributario, a las milicias.

Aceptando, por tanto, que Juan Diego era un campesino y que sus contactos con la cultura recién llegada debieron acrecentarse a raíz de su conversión al cristianismo,[146] no resulta muy forzado imaginar que el *macehualli* terminó por admitir el uso del sombrero. Esta prenda tuvo qué resultar muy práctica, tanto como protección contra las lluvias como un alivio contra los rigores del sol mexicano.

Entra dentro de lo normal, en fin, que el indio pudiera haberse presentado ante el obispo con un sombrero y que, inclu-

---

[145] El *Nican Mopohua* dice que «había un indito, un pobre hombre del pueblo». El propio Juan Diego dice: «... Porque en verdad soy un hombre del campo, soy mecapal, soy parihuela, soy cola, soy ala, yo mismo necesito ser conducido, llevado a cuestas...»

[146] Aunque todos los documentos señalan el pueblo de Cuautitlán como el lugar donde debió de nacer Juan Diego, otros informes del siglo XVII precisan que la familia del «que habla como águila» pudo trasladarse al vecino pueblo de Tulpetlac (en Ecatepec), distante una legua (5 572 metros) del cerro del Tepeyac, donde tuvieron lugar las apariciones de la Señora. Debió de ser poco antes de dichas apariciones cuando Juan Diego se convirtió al cristianismo, caminando frecuentemente hasta México-Tenochtitlán, donde asistía a la catequesis y quizá realizase algunas compras en el mercado local.

Según el bachiller Luis Becerra Tanco, fue en esta aldea de Tulpetlac donde se produjo la quinta aparición de la Virgen al anciano Juan Bernardino, hermano del padre de Juan Diego. Este testimonio aparece en su libro *Felicidad de México*..., publicado en 1675, si bien estas noticias se habían dado a conocer desde las famosas *Informaciones de 1666* en que fueron interrogados numerosos testigos de los misteriosos sucesos.

Esta distancia —la existente entre el pueblo de Tulpetlac y México-Tenochtitlán— me parece más fácil de cubrir por un hombre que tenía que acudir con cierta regularidad a las enseñanzas de la catequesis, que la existente desde Cuautitlán, mucho más al norte.

so, no se lo hubiera podido quitar en esos momentos, en señal de respeto, por tener ambas manos ocupadas con la tilma.

Y ya que he mencionado la tilma, cuya imagen tampoco aparece con claridad en la escena que ha reconstruido Tonsmann, quiero detenerme unos minutos en el curioso lance de las rosas y flores del Tepeyac. Desde que inicié esta investigación, uno de los apartados que me preocupó sin cesar fue precisamente éste: ¿podían florecer rosas en el mes de diciembre en el citado cerro? ¿Qué opinaban los expertos en botánica?

Según el texto del *Nican Mopohua*, «la cumbre del cerrito no era lugar en que se dieran ningunas flores, sólo abundan los riscos, abrojos, espinas, nopales, mezquites, y si acaso algunas hierbecillas se solían dar, entonces era el mes de diciembre, en que todo lo come, lo destruye el hielo».

A pesar de todo, la tradición nos cuenta que Juan Diego abrió su ayate y «rosas de Castilla» y otras flores aparecieron ante los atónitos ojos de Juan de Zumárraga y de cuantos estaban con él.

Después de preguntar a los especialistas Teófilo Herrera, director del Departamento de Botánica, y Ermilo Quero, responsable del Jardín Botánico, ambos dependientes de la UNAM, así como al director del Herbario del Instituto Politécnico Nacional de México, señor Rendowsky, sólo pude llegar a una conclusión: era muy difícil —si no imposible— que en el mes de diciembre pudieran florecer, de forma natural, rosas en lo alto del Tepeyac. Ningún experto, que yo sepa, ha realizado un estudio de la flora mexicana en el siglo XVI, excepción hecha, naturalmente, de las descripciones que aparecen en las crónicas de Sahagún y B. Díaz del Castillo,[147] y en las que no se hace alusión a este fenómeno

---

[147] Sahagún: *Historia General de las Cosas de la Nueva, España* (1575). Díaz del Castillo: *Historia de la Conquista de la Nueva España*.

concretísimo del «milagro de las rosas». Es más: según los expertos en botánica, si alguien pretendiera atacar hoy este proyecto tendría que acudir —necesariamente— a las referidas fuentes históricas.

La única «pista» que pude hallar —una vez más gracias a la excelente colaboración de mi amigo Rodrigo Franyutti—, fue la opinión del director del Herbario de la ciudad de México, Guillermo Gándara, quien en carta fechada el 19 de febrero, de 1924 le exponía lo siguiente al secretario de la Academia de la Historia Guadalupana, padre Jesús García Gutiérrez, interesado, como yo, en esclarecer este punto de las «rosas de Castilla».

«El Sr. Ing. Carlos F. de Landero y Ud. se sirvieron comisionarme el año próximo pasado para estudiar la flora vernácula del Cerrito del Tepeyac, por necesitar ese estudio en la composición de otro general alusivo a la historia de Nuestra Señora de Guadalupe, Patrona, Reina y Madre de los mexicanos; y deseando cumplir con agrado tan honrosa comisión, aunque temeroso de mi falta de competencia para desempeñarla debidamente, hice mi primera excursión el mencionado lugar el 15 de septiembre de 1923 para empezar el estudio de referencia.

Ascendiendo por la calle de Quintana, que queda hacia el costado oeste de la Villa de Guadalupe, se llega al muro que limita por el norte el panteón del Tepeyac, de manera que, puede decirse que hasta ahí llega la urbanización, y por consiguiente, la recolección de especies vegetales propias de ese campo la practiqué desde ese punto hacia el norte hasta donde están las cruces y hacia los lados este y oeste, hasta donde están las canteras y hasta la base de la cordillera por dichos lados.

Las especies que encontré y que juzgo corresponden a la flora propia del suelo pedregoso y de cordillera y no del valle, son las vernáculas que bien pudieron producirse ahí desde antaño. Dichas especies son las siguientes...[148]

[148] He aquí la lista de las flores: 1. Mimosa biuncífera. — Mimosácea. 2.

Intencionalmente no colecté las especies naturalizadas ni las que siendo propias del valle de alguna manera han ido a habitar el Tepeyac, en lugares urbanizados o no.

Las 29 plantas anotadas con número fueron herborizadas, montadas e identificadas por mí y forman una colección que ruego a Ud., Sr. Secretario, se sirva aceptar en obsequio para el museo de la Academia que me comisionó para hacer este trabajo, el cual no quedará terminado sino hasta la próxima primavera en que haré mi segunda excursión para colectar las especies que entonces florezcan.

Sirva usted aceptar las consideraciones distinguidas de un afectísimo amigo atento y SS. q.l.b.l.m.

México, febrero 19 de 1924. —Guillermo Gándara».

Al pie de la histórica carta se lee la siguiente nota:

Acacia farnesiana Willd. — Mimosácea. 3. Phaseolus heterophyllus Willd. — Papilionácea. 4. Dalea alopecuroides Willd. — Papilionácea. 5. Ehloris elegans H.B.K. — Graminácea. 6. Eragrostis limbata Fourn. — Graminácea. 7. Boutelona bromoides Lag. — Graminácea. 8. Boutelona racemosa Lag. — Graminácea. 9. Hilaria cenchroides HBK. — Graminácea. 10 Montanoa tomentosa D. — Compuesta. 11. Eupatorium calaminthyfolium HBK. — Compuesta. 12. Sanvitalia procumbens DC. — Compuesta. 13. Solanum torvum S. — Solanácea. 14. Solanum Cervantesii Lag. — Solanácea. 15. Buddleia verticillata HBK. — Loganiácea. 16. Gomphrena decumbens Jacq. — Amarantácea. 17. Amarantus Palmeri Wats. — Amarantácea. 18. Pisoniella arborecens Standl. — Nictaginácea. 19. Buerhaavia viscosa Lag. et Rodr. — Nictaginácea. 20. Salvia polystachya Ort. — Labiácea. 21. Dichondra argentea Will. — Convolvulácea. 22. Justicia furcata J. — Acantácea. 23. Fradescantia pulchella HBK. — Comelinácea. 24. Jatropha spatulata Müll. Arg. — Euforbiácea. 25. Selaginella rupestris Sring. — Selaginelácea. Especies colectadas cuya habitación se duda sea propia del lugar: 26. Fagetes lunulata Ort. — Compuesta. 27. Euphorbia dentata Michx. — Euforbiácea. 28. Galinsoga parviflora Cav. — Compuesta. Especies que no se colectaron por no ser fácil su conservación en el herbario: Opuntia tunicata Lehm. — Cactácea; Opuntia sp. ? — Cactácea y Opuntia imbricata D.C. — Cactácea. Especies que han desaparecido probablemente, por encontrarse más allá de las cruces: 29. Adolphia infesta. Meisn. — Ramnácea.

El aspecto de este rostro coincide plenamente con los relatos históricos de los últimos años de la vida de fray Juan de Zumárraga. El obispo vasco tuvo que soportar graves problemas políticos y sociales, así como una enfermedad renal.

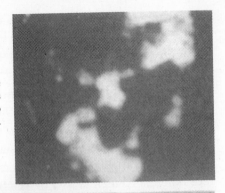

De izquierda a derecha, dos tipos vascos, con rasgos parecidos a los que presenta el cráneo descubierto por Tonsmann y que pudiera ser el perfil de fray Juan de Zumárraga, primer obispo de la Nueva España. Zumárraga, como él mismo confesó en sus escritos, era natural de Durango (Vizcaya).

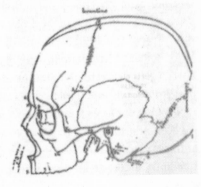

Cráneo medio vasco (masculino en trazo grueso y femenino en trazo delgado). Según los antropólogos vascos que han examinado la figura del «anciano», el cráneo de este varón guarda semejanza con el tipo vasco denominado «Pirenaico Occidental».

La flora vernácula mencionada es la que me parece que bien pudo poblar la base Sur del Cerrito, es decir hasta donde se encuentra la Basílica, antes de urbanizarse la zona.

Si la climatología de este lugar no ha variado sensiblemente desde 1531 hasta hoy, es fácil deducir que Gándara está en lo cierto y que la flora de 1923 pudo ser, más o menos, la misma que vio el indio Juan Diego cuando caminaba por tales pagos. Si tenemos en cuenta que no aparece ninguna rosa en la lista de veintinueve especies recolectadas por el director del Herbario, resulta casi de sentido común que tampoco las hubiera en el pedregoso Tepeyac hace cuatrocientos cincuenta años y muchísimo menos en pleno mes de diciembre. Estuvo más que justificado, por tanto, el susto o la sorpresa del obispo de México cuando el *macehualli* soltó su manta y las diferentes flores cayeron sobre el piso. ¿Quién pudo ser el loco que había plantado rosas en un peñascal de cuarenta y cinco metros de altitud y en una estación como el invierno? Además, ¿para qué?

Y daré por concluido este breve repaso a la misteriosa figura del indio Juan Diego, con otros detalles «a favor» de la teoría de Tonsmann: al visitar la Sala de Etnografía del Museo Nacional de Antropología de la capital federal descubrí que, en general, el perfil de los indios «náhuatl» —en especial los de la sierra de Puebla— es muy semejante al que presenta la imagen ampliada por la computadora de IBM. La nariz tremendamente aguileña de Juan Diego es corriente entre estos habitantes, descendientes directos de aquellos indios que poblaron las áreas próximas a México y en las que, como ya hemos visto, nació y vivió Juan Diego.

También la escasa barba que se dibuja en el rostro del supuesto indio Juan Diego resulta del todo razonable. Aunque la totalidad de los antropólogos e historiadores con los que dialogué me aseguraron que la barba poblada y recia no era atributo generalizado en los mexica, quise verificarlo por mí mismo. Y nuevamente bebí en las mejores «fuentes»; los códices prehispánicos y coloniales. Salvo algunas figuras consideradas como dioses, el resto de los aztecas fue pintado siempre sin barba. Y otro tanto ocurría con las estatuas, relieves, máscaras y figurillas halladas en los adornos personales.

La propia mitología náhuatl y las relaciones de los cronistas oficiales de la conquista nos proporcionan en este sentido una noticia reveladora. El padre Mendieta, por ejemplo, al hablar de la genealogía de los indios nos ofrece la descripción del más celebrado de los dioses aztecas: Quetzalcóatl.

Éste, según las historias de los indios (aunque algunos digan que de Tula) vino de las partes del Yucatán a la ciudad de Cholupa. Era hombre blanco, crecido de cuerpo, ancha la frente, los ojos grandes, los cabellos largos y negros, la barba grande y redonda; a éste canonizaron por sumo dios...

En todas las versiones que pude encontrar sobre el famoso Quetzalcóatl, este «extranjero» —además de destacar por sus conocimientos y por el gran impulso que proporcionó a la civilización indígena—, llama la atención de los indios, precisamente por su color blanco. ¡Y por su poblada barba! Algo muy parecido sucedió también con el desembarco de los primeros conquistadores españoles. Cuando los emisarios se postraron ante el emperador Moctezuma II, éstos le hablaron de hombres blancos, con barbas... Aquel aspecto físico, unido a las armas de fuego, a los barcos y a las armaduras de los cuatrocientos soldados que acompañaban a Cortés, impresionaron a los mexica hasta tal punto que, en un primer momento, el emperador se vio atormentado por un pensamiento constante: ¿eran los extranjeros los símbolos o representantes de los dioses en la Tierra?

No puedo estar conforme, por tanto, con esos retratos que circulan por el mundo y en los que se ve a un Juan Diego, barbudo, más cerca de cualquiera de los capitanes de Hernán Cortés que de un *macehualli* azteca. Y mucho menos, lógicamente, con el óleo anónimo del siglo XVIII que se conserva en el museo de la basílica de Guadalupe de México, con una leyenda que dice: «Verdadero retrato del siervo de Dios, Juan Diego». En dicha pintura, como en otras muchas, el rostro del indígena se ve adornado con un bigote y barba, dignos de un profeta bíblico...

La sorpresa de los antropólogos: puede ser un vasco

Tonsmann me lo había insinuado: «Ese perfil podría ser el de un vasco».

Después de vivir buena parte de mi vida en el País Vasco, aquella audaz teoría del científico respecto a la cabeza del «anciano», me pareció relativamente fácil de comprobar. En Euskadi, precisamente, viven los más importantes antropólogos del mundo en la raza éuscara. Y aunque reconocí en presencia de Aste Tonsmann que aquel formidable perfil que nos habían regalado las computadoras sumaba ciertos indicios y rasgos muy entroncados con los rostros vascos que yo había visto, le prometí al profesor que me ocuparía de esta parte de la investigación, nada más pisar España.

Así lo hice y éstos han sido los primeros frutos de mi nuevo «peregrinaje» por textos, bibliotecas, universidades y despachos de Bilbao, Vitoria, Ataún y Pamplona:

Los especialistas a quienes mostré la fotografía —y muy especialmente los antropólogos Barandiarán y Basabe— me expusieron que, aunque un perfil no es suficiente para dictaminar si un individuo pertenece a una determinada raza, «allí había, al menos, tres rasgos típicos que NO contradicen la posibilidad de que dicho individuo fuera un fenotipo[149] vasco».

Esos «rasgos típicos» eran los siguientes:

1. Bóveda craneal poco alta.

2. Nariz saliente (leptorrina).

3. Una cara alargada, con el mentón apuntado.[150]

Aquello coincidía con lo que yo había leído y, sobre todo, con lo que podía apreciarse, casi a simple vista, en la fotografía. Los caracteres de orden anatómico estudiados en los vascos por los antropólogos son la talla, el color de la piel, de los cabellos y de los ojos, pero —sobre todo— la configuración del cráneo. Así, el sabio naturalista Quatrefages afirmaba en su obra *Souvenirs d'un naturaliste*:

La raza vasca es muy notable por la belleza de su tipo, que, gracias a la rareza de cruzamientos, se ha conservado en una pureza sorprendente. Sus principales caracteres son cráneo redondo, frente ancha y desarrollada, nariz recta, boca y barbilla finamente dibujadas, cara ovalada más estrecha hacia abajo, ojos, cabellos y cejas negros, tinte moreno y poco colorado, talla media, pero perfectamente proporcionada, manos y pies pequeños y bien modelados.

Y el eminente antropólogo doctor Collignon añadía en este mismo sentido:

[149] Fenotipo: conjunto de caracteres hereditarios, cuya aparición es debida a la existencia de sendos genes en los individuos de una especie determinada.

[150] No es infrecuente el llamado aplanamiento obélico, que corresponde al perfil de la porción parieto-occipital de la norma posterior.

En cuanto a la cabeza de los vascos, es muy alargada en el sentido vertical antero-posterior. Cráneo subraquiacéfalo por su índice cefálico que alcanza 83.02 (en vivo), pero largo de delante hacia atrás en cifras absolutas, prodigiosamente abultado encima de las sienes.

La cara es muy larga, muy estrecha y afecta la forma de un triángulo invertido; la frente, estrecha en su parte inferior, es alta y recta. Las arcadas zigomáticas, delgadas y tenues le siguen, sin ensanchar sensiblemente la figura que luego se recoge bruscamente para terminar en un mentón extraordinariamente apuntado.

En cuanto al perfil general de los vascos, este mismo especialista asegura: «la frente es elevada, recta, la glabela sin relieve, la raíz de la nariz bastante hundida y ésta, en general, aguileña, larga y leptorrina».[151]

Todos los antropólogos de fama mundial —Hervé, Deniker, V. Vallois, Aranzadi, etc.— coinciden en suma con estas apreciaciones. Y aunque el característico abultamiento de las sienes no puede ser apreciado en la imagen de Tonsmann, sí es fácil captar los ya referidos rasgos: na-

---

[151] En relación con la nariz vasca, Telésforo de Aranzadi hace un» observación importante. «No se debe confundir —dice— con la nariz judía, en forma de "6". La del vasco se parece más al número "4". La nariz remangada es mucho más rara que la nariz aguileña». Sobre este tema, el doctor Collignon describe la nariz de los vascos en los siguientes términos: «En general es repulgada y larga, de raíz hundida: se asemejaría, pues, al pico de águila (nariz aguileña). Según las investigaciones hechas en los vascos franceses, las formas de curvatura nasal se repartirían, poco más o menos, así: narices remangadas, 12 %; narices rectas, 39 % y narices aguileñas, 49 %».

Después de indicar que el índice nasal de los vascos es inferior al de los pueblos indoeuropeos, afirma: «Estos caracteres nasales, asociados a los craniológicos y grupales, demuestran que los vascos, como los lapones, los fineses y los magiares, son extraños al grupo particular de los indoeuropeos».

riz saliente y aguileña, cara larga y delgada que se va estrechando en la parte inferior, terminando en un mentón huidizo y apuntado. Este aspecto ha sido designado por los antropólogos como de «cara de liebre», sin parecido alguno con otras razas.

... Parece un hombre maduro —añadió Basabe—, casi senescente; es decir, que empieza a envejecer...

El famoso antropólogo vasco siguió observando la imagen proporcionada por el ordenador:

... Es un varón, por supuesto. Lo refleja, no sólo la barba, sino también lo destacado de la nariz, los arcos superciliares, la forma del mentón y su morfología general, totalmente varonil... Se aprecian igualmente unos ojos hundidos... También el arranque de la nariz está muy hundido... Es probable que no tuviera dentición. Pero tampoco sería anormal, dada su edad... Si, además, se trata de un vasco, con más razón: usted ya sabrá que esta raza tiene una de las peores denticiones de España... Y, como le decía anteriormente, está claro que su cara es alargada y el mentón puntiagudo... Su cabeza, en fin, parece de mediana longitud o mesodolicocéfala.

Al concluir su estudio, Basabe sugirió la posibilidad de que estuviéramos ante un ejemplar o tipo «Pirenaico-Occidental», según el nombre ideado por Víctor Jacques.

Me sentí satisfecho. Los antropólogos consultados habían detectado en aquella cabeza algunos de los más importantes rasgos que distinguen a la raza vasca. Y fray Juan de Zumárraga era vasco.

Al menos en este personaje, todo parecía encajar con precisión casi matemática:

Las facciones coincidían con las de un hombre de raza vasca (y Zumárraga, como es sabido, nació en Vizcaya).

Se trata de un anciano (y Zumárraga contaba alrededor de sesenta y tres años en aquel histórico 1531).[152]

Su aspecto demacrado pone de manifiesto que este hombre se encontraba enfermo o angustiado por problemas. (Según algunos autores, como es el caso de Alfonso Trueba, padecía una enfermedad renal que le condujo a la muerte. Y de lo que no cabe duda es de que Zumárraga había padecido en aquella época una serie de intrigas, a cargo de los nefastos miembros de la Primera Audiencia, nombrada por Carlos V, en sustitución de Hernán Cortés. El presidente de este cuerpo colegiado, Nuño de Guzmán, y los cuatro oidores que formaban dicha Primera Audiencia —Parada, Maldonado, Matienzo y Delgadillo— fueron un azote constante para fray Juan de Zumárraga, que había sido designado en aquellas mismas fechas de 1527 como obispo de México y protector de los indios. Desde ese mismo año hasta 1531, en que llegaron los miembros de la Segunda Audiencia, el buen franciscano tuvo que sufrir todo tipo de felonías por parte de los mencionados oidores y muy especialmente por el «diabólico y codicioso» Diego Delgadillo, según palabras del propio Juan de Zumárraga en carta enviada a la emperatriz el 27 de agosto de 1529. Los crímenes y tropelías de estos españoles entre la población indígena e incluso con sus compatriotas y con Zumárraga llegaron a tal extremo que el propio obispo tuvo que viajar a pie hasta el puerto de Veracruz para entregar secretamente la citada carta.[153] A sus sesenta años, aquel duro y

---

[152] Fray Juan de Zumárraga falleció a las nueve de la mañana del domingo 3 de junio de 1548, cuando contaba alrededor de ochenta años de edad.

[153] La carta que transportó Zumárraga hasta Veracruz, con riesgo de su

peligroso viaje de cuatrocientos kilómetros tuvo que castigar seriamente la salud del animoso Juan de Zumárraga).

Otro «as» escondido

Quizá no debería escribir esto. Pero, a mi regreso a España, algunas personas que supieron de los inexplicables sucesos en los ojos de la Señora de Guadalupe me preguntaron cuál era mi opinión sobre todo ello. Ya he comentado que mi papel se limita a la búsqueda, recogida y transmisión de aquellos acontecimientos que, desde mi punto de vista como periodista, merecen ser conocidos. En todas mis investigaciones —bien lo sabe Dios— trato de ser honesto y objetivo, apurando hasta el límite mis esfuerzos por lograr la más completa información. Y a pesar de mi condición de creyente en un Dios Creador, cuando así lo requiere el tratamiento del tema, procuro mantenerme hasta el final de las investigaciones lo más alejado posible de mis propias convicciones. A veces lo consigo y muchas otras, lógicamente, me quedo a mitad de camino...

En este nuevo desafío —en el tema Guadalupe—, estimo que mi actuación ha sido prudente. Sé que todavía quedan muchos cabos por atar y espero que el futuro nos depare nuevos y sensacionales hallazgos. Pero —y trataré de ir al

vida, detallaba todos los desafueros y bandolerías de la Primera Audiencia, pidiéndole a la emperatriz de España que quitase el mando a Nuño y a Matienzo y Delgadillo. Pero los procuradores se negaron a llevar dicha carta a no ser que fuera abierta previamente. Aquello terminó de indignar al obispo quien, al fin, puso la misiva en manos de un marinero vizcaíno, que se encargó de hacerla llegar al emperador. El paisano de Zumárraga escondió los papeles en un pan de cera que arrojó en el fondo de un barril de aceite. Cuando el barco se encontraba ya en alta mar el astuto vizcaíno sacó el pan del barril y rescató la carta.

grano—, después de estos meses de estudio y observación, el «misterio del Tepeyac» me trae a la memoria aquella frase de mi querido maestro, José Luis Carreño, al referirse a ese otro formidable enigma que es la sábana santa de Turín:

«Parece —dijo el buen salesiano— como si Cristo se hubiera guardado un as en la manga...»

Así resumiría también el fenómeno de Guadalupe: parece como si el «alto estado mayor» de los cielos hubiera escondido en este viejo ayate del siglo XVI otro as... Un triunfo destinado —como en el caso del lienzo que se conserva en Turín— a los hombres del siglo XX. Dos «mensajes», al fin y a la postre, que sólo la tecnología espacial y las computadoras podían descifrar. Dos «señales» que — irremediablemente— me conducen a las mismas preguntas: ¿por qué? y, sobre todo, ¿para qué?

Dos preguntas que, también «irremediablemente», y aunque sólo pueda sospechar las respuestas, me llenan de optimismo...

Ojalá suceda lo mismo en el corazón de cada lector.

Y quiero concluir este primer trabajo sobre el misterio de Guadalupe con una confesión. Mis últimas horas en la ciudad de México las dediqué a algo que me llenó de una singular emoción.

Lentamente —muy lentamente— caminé hasta la basílica de Guadalupe. Y allí permanecí toda una mañana, sentado frente a la imagen de la Señora del Tepeyac. No sé cómo ni por qué razón, pero —de pronto—, y mientras contemplaba el «autorretrato» de aquella «Niña», las lágrimas humedecieron mis ojos...

Junio de 1982.

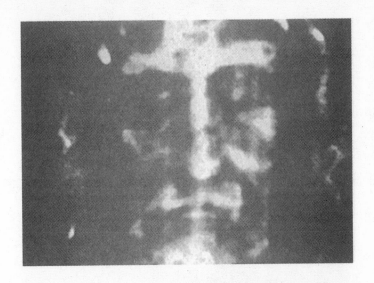

El siglo XX, con su revolu-
cionaria tecnología, nos ha
reservado dos grandes sor-
presas: la imagen de Cristo
en la sábana santa de Turín
y el «autorretrato» de la
Virgen en la tilma del indio Juan Diego, en México.
¿Dos «ases» en la manga…?

CRONOLOGÍA DE LOS PRINCIPALES HECHOS
RELACIONADOS CON LA IMAGEN DE GUADALUPE

1325 Los aztecas se establecen en un islote de la laguna de Texcoco. Allí encontraron «un águila posada sobre un nopal, devorando una serpiente». Y fundan allí la ciudad de México-Tenochtitlán.

1468 (aproximadamente). Nace en un caserío del término de Durango (Vizcaya) Juan de Zumárraga, que llegaría a ser primer obispo de la «Nueva España» (México).

1474 (aproximadamente). Nace en el «calpulli» o barrio de Tlayácac, en el señorío de Cuautitlán (norte de México D.F.), un humilde campesino o *macehualli* que años más tarde sería conocido por Juan Diego.

1505 Moctezuma II es elegido emperador.

1509 La princesa Papantzin, hermana de Moctezuma, tiene una «visión»: un ángel con una cruz en la frente le anuncia el próximo desembarco de «hombres barbudos y armados».

1519 El 12 de marzo desembarca en lo que hoy es Veracruz el conquistador Hernán Cortés. Hace amistad con los jefes de Cempoala y corre la noticia de que los hombres blancos van a librar a los pueblos del vasallaje a Moctezuma. Cincuenta soldados destruyen ídolos.

El 8 de noviembre, Cortés llega a Tenochtitlán. Moctezuma, atormentado por las profecías y «signos» que acompañaron a la conquista, cree que los «hombres barbudos» pueden ser los «enviados de los dioses» y recibe a Cortés en paz.

1520 El 20 de junio estalla la rebelión contra Moctezuma II. El nuevo emperador —Cuitláhuac— arroja a los españoles de Tenochtitlán. Los españoles asesinan a Moctezuma.

1521 Hernán Cortés pone sitio a la capital azteca. A los noventa y tres días capturan al último emperador mexica, Cuauhtémoc.

Cortés envía a su capitán Gonzalo de Sandoval al cerro del Tepeyac, donde sienta sus reales.

1525 La princesa Papantzin es bautizada en Tlatelolco y se le impone el nombre cristiano de María. Desde entonces se la conocía como «Doña María».

El indio llamado Cuauhtlatóhuac —«el que habla como águila»— es bautizado en Tlatelolco por Motolinía y recibe el nombre cristiano de Juan Diego. Con él se bautizan también su esposa y un tío suyo. Ambos serán llamados desde ese momento María Lucía y Juan Bernardino. Juan Diego debía contar unos 51 años de edad.

1527 El 12 de diciembre, Carlos V presenta o propone a Roma el nombre de fray Juan de Zumárraga como primer obispo de México.

1528 El 10 de enero, el rey de España expide la cédula que confirma a Juan de Zumárraga como primer obispo de los indios.

A finales de agosto, fray Juan de Zumárraga embarca en Sevilla rumbo al Nuevo Mundo. Con él viajan los oidores de la Primera Audiencia, que poco después se convertirían en acérrimos enemigos del durangués. El 6 de diciembre, Zumárraga pisa tierra americana por primera vez.

El 25 de septiembre, el ayuntamiento concede «merced» a Antón de Arriaga para que pueda tener ovejas en un peñol cercano al Tepeyac.

1529 Con grave riesgo para su vida, Zumárraga lleva a cabo un viaje de cuatrocientos kilómetros, a pie, hasta el puerto de Veracruz para entregar secretamente una carta con destino al rey de España. En ella se pedía la dimisión de los miembros de la Primera Audiencia.

1531 Los miembros de la Segunda Audiencia, excepto su presidente, que llegó después, hicieron su solemne entrada en, la capital mexicana el 9 de enero. Se alojaron en la casa de Cortés.

En el mes de octubre llega a México don Sebastián Ramírez y Fuenleal, obispo que fue de La Española y miembro de la Segunda Audiencia. Parece ser que se aloja en la casa de Juan de Zumárraga y surge la posibilidad de que estuviera presente en los misteriosos acontecimientos del llamado «milagro de las rosas».

Sábado, 9 de diciembre: en la madrugada, Juan Diego camina solo desde el pueblo donde reside, Tulpetlac, hacia Tlatelolco. Cuando se encontraba a una legua, en el lugar conocido por cerro del Tepeyac, se produce la primera aparición de la Señora. Esa tarde se registra la segunda aparición, cuando Juan Diego regresa hacia su casa.

10 de diciembre: tercera aparición. Juan Diego regresa a ver al obispo. Juan de Zumárraga. Este le pide una señal. Al pasar nuevamente por el Tepeyac, la «Niña» se le aparece y le dice que vuelva al día siguiente para entregarle la señal que pide el obispo. Al llegar a Tulpetlac, el *macehualli* encuentra a su tío Juan Bernardino gravemente enfermo.

El lunes, 11 de diciembre, Juan Diego no asiste a la misa en Tlatelolco. Su tío empeora y no se mueve de su pueblo.

El martes, 12 de diciembre, Juan Diego marcha a Tlatelolco para avisar a un médico y a un sacerdote, ya que su tío parece a punto de morir. Juan Diego da un rodeo al cerro para no encontrarse con la «Señora del Cielo», pero ésta se le aparece y le pide que corte algunas flores que hallará en la cima del cerro: y que deberá llevar al obispo de México. Ese martes, y a la misma hora —hacia las seis de la madrugada— la Señora se aparece a Juan Bernardino, le cura y le dice su nombre (posiblemente, «TEQUATLAXOPEUH»). Hacia el mediodía, Juan Diego es recibido por fray Juan de Zumárraga y, al dejar caer las flores, aparece misteriosamente en la tilma la imagen de la Virgen. Era el 12 de diciembre.

Del 12 al 26 de ese mes de diciembre, la tilma con la misteriosa impresión de la imagen de la Señora permanece en el adoratorio del obispo, mientras se construye una humilde ermita de paja y adobe en el lugar donde pidió la propia Señora: el cerro del Tepeyac. El 26 de diciembre se lleva a efecto el traslado de la tilma hasta su primera ermita. En el trayecto, un danzante indígena es atravesado accidentalmente por una flecha y, tras colocar el cuerpo a los pies de la tilma, el indio se levanta y vive. Se considera el primer «milagro» de la Señora del Tepeyac.

1544 Juan Bernardino muere a los 84 años de edad en Tulpetlac (era el 15 de mayo).

1548 Mueren Juan Diego y fray Juan de Zumárraga. El primero debía contar unos 74 años y el segundo, aproximadamente 80.

1550 (No hay seguridad en esta fecha. La mayoría de los estudiosos opinan que pudo ser entre 1545-1550) El indio Antonio Valeriano firma un escrito en náhuatl —el *Nican Mopohua*— en el que se relatan las apariciones. Se considera el texto más antiguo. El original no ha sido hallado.

1556 Algunos franciscanos se oponen abiertamente a que la Virgen sea llamada como «de Guadalupe». Sostienen que debe ser conocida por el nombre del lugar donde se apareció: Tepeyac o Tepeaquilla.

El segundo obispo de México, Alonso de Montúfar manda construir la tercera ermita (la segunda fue en realidad una ampliación de la primera). La imagen recibió culto en ella durante 66 años.

1560 Se acepta definitivamente el nombre de la Virgen de «Guadalupe».

1563 En las actas del Ayuntamiento se habla, por primera vez, de Guadalupe, no volviéndose a mencionar el nombre de Tepeaquilla.

1570 El arzobispo Montúfar envía un inventarío del arzobispado al rey de España, Felipe II. En él se menciona la ermita de Guadalupe, en el Tepeyac. El pueblo de Guadalupe tenía en aquellas fechas ciento cincuenta pobladores indios casados, cien indios solteros —de doce años en adelante— y seis estancias para ganado menor. Con el inventarío fue enviada también una copia de la imagen original. Esta copia, al parecer, fue colocada en uno de los barcos en la batalla de Lepanto.

1571 Andrés Doria lleva una copia de la imagen de la Virgen de Guadalupe a la batalla de Lepanto.

1574 Los frailes del monasterio de Guadalupe, en Extremadura (España) envían a un monje para que investigue sobre los sucesos de 1531 en México.

A finales de este año, el «enviado especial» de Guadalupe (España), fray Diego de Santa María, envía una carta a Felipe II, comunicándole que algunos estafadores han tratado de sacar partido del culto que se rinde a la Virgen del Tepeyac.

1575 En un escrito «de réplica», el virrey de México explica a Felipe II que el cambio de nombre de la Virgen pudo ser hacia 1560.

1622 En noviembre, el arzobispo Juan Pérez de la Serna inauguró el primer templo. La Virgen recibió culto en este santuario durante 72 años.

1629 El 21 de septiembre, la ciudad de México sufre una de sus peores inundaciones. Mueren más de 30 000 personas; huyen 27 000 aztecas y 20 000 españoles. La imagen de la Virgen es llevada en canoa hasta la catedral. Es posible que en este traslado se estropeara la parte inferior de la tilma, que pudo ser retocada.

1631 a 1666 Se reúnen las informaciones oficiales sobre las apariciones, con el fin de pedir al Vaticano una misa propia, a celebrar todos los 12 de diciembre.

1634 El 14 de mayo, en una solemne procesión, la Virgen vuelve al Tepeyac. Es llevada a pie, en acción de gracias por el final de las inundaciones...

1647-1649 El bachiller Luis Lasso de la Vega, vicario de Guadalupe, construye el segundo templo provisional (parroquia o iglesia de Los Indios). Allí se veneró la imagen durante catorce años (1695-1709). Luis Lasso publica el *Huei Tlama huizotlica*; es decir, la historia de las apariciones, copiada del *Nican Mopohua* de Antonio Valeriano.

1666 Se edifica la capilla llamada del «Cerrito», donde se produjo la primera aparición y Juan Diego cortó las flores.

1695 El 25 de marzo, el arzobispo Aguilar y Seija coloca la primera piedra de lo que será el tercer santuario.

1709 El 27 de abril, Juan Ortega y Montañés inaugura este tercer santuario, la colegiata y la basílica.

1737 El 27 de abril, Nuestra Señora de Guadalupe es proclamada «Patrona de la Capital de la Nueva España».

1751 En acción de gracias, unos marineros llevan el mástil de su barco hasta el cerro de Tepeyac. Es el origen del monumento de la Vela de los Marinos, erigido en 1942.

1754 El 25 de mayo, el papa Benedicto XIV promulga una bula aprobando a la Virgen de Guadalupe como patrona de México.

1756 El pintor Miguel Cabrera y otros pintores terminan un largo estudio de la tilma del indio Juan Diego y afirman «que es humanamente imposible pintar sobre un ayate, sin un aparejo o preparación previa de la tela». Para esas fechas, por supuesto, la imagen ya había sido ampliamente retocada.

1777 Se inicia la construcción de la capilla del «Pocito», que se concluye en 1791.

1791 Mientras un orfebre limpiaba el marco de oro y plata del marco exterior de la tilma, un frasco con ácido nítrico se derramó sobre la parte superior derecha del ayate. Sólo quedó una mancha. Para muchos, éste fue un hecho milagroso.

1802 Se levanta en Cuautitlán, y en el lugar donde se supone nació Juan Diego, una capilla que se remata en 1810.

1810 El 15 de septiembre, el cura Miguel Hidalgo y Costilla toma un estandarte con una imagen de la Virgen de Guadalupe y lo adopta como bandera de la independencia de México.

1825 El primer presidente de México, Guadalupe Victoria, compra a los Estados Unidos una corbeta y le pone el nombre de *Tepeyac*.

1828 El Congreso de México declara fiesta nacional el día 12 de diciembre.

1861 Se nacionalizan los bienes eclesiásticos, a excepción del santuario de Guadalupe.

1895 El 12 de octubre se produce la primera coronación pontificia de la «Dulcísima Aparecida de América», autorizada por el papa León XIII. (Hasta 1975 han tenido lugar 160 coronaciones solemnes en diferentes lugares: 19 pontificias.)

1900 El Concilio Plenario Latino Americano obtiene del Papa la fiesta de Guadalupe para toda la América Hispana.

1910 El 24 de agosto. Pío X declara a la Virgen de Guadalupe «Celestial Patrona de América Latina».

1921 El 14 de noviembre se registra un atentado contra la imagen. Estalla una bomba en el altar mayor de la antigua basílica. La imagen no sufre daño alguno.

1926-1929 La verdadera tilma es sustituida por una copia y el original, guardado en secreto. Se sospecha que durante ese tiempo, el rostro de la Virgen pudo ser retocado por orden de la Iglesia.

1929 El fotógrafo de la basílica, Alfonso Marcué, descubre una figura humana en el ojo derecho de la imagen. El abad de la basílica le pide que guarde silencio sobre el hallazgo.

1931 Cuarto Centenario de las apariciones.

El 22 de diciembre, por decreto, se cambia el nombre de Guadalupe por el de Colonia Gustavo A. Madero.

1932 El gobierno anticatólico trata de suprimir las peregrinaciones.

1933 El 10 de diciembre tiene lugar la solemne coronación pontificia en Roma, a cargo del papa Pío XI.

1936 El premio Nobel de Química, Kuhn, hace un análisis de varias fibras extraídas directamente de la tilma original y asegura que no hay restos de pigmentos animales, minerales o vegetales.

1951 El 29 de mayo, el dibujante Carlos Salinas «redescubre» la figura de un «hombre con barba» en los ojos de la Virgen. A partir de este momento, más de veinte médicos y especialistas en oftalmología examinan los ojos de la imagen.

El 31 de diciembre, el gran Mario Moreno, «Cantinflas», consigue recaudar más de dos millones de pesos para las obras de la Plaza Monumental.

1956 El 26 de mayo, el doctor Javier Torroella, oculista y cirujano, firma el primer certificado médico, en el que se asegura que en los ojos de la Virgen se observa una figura humana, que corresponde a la ley óptica llamada «triple imagen de Purkinje-Samson». A este certificado le siguen otros muchos. Todos los médicos se muestran unánimes: en los ojos se ve un busto humano. Ningún especialista confirma por escrito que aquella figura sea precisamente la del indio Juan Diego.

1962 Mientras observa una foto de los ojos de la Virgen de Guadalupe, ampliada veinticinco veces, el doctor Charles Wahlig encuentra dos de los reflejos que ya habían sido detectados por los oculistas mexicanos y que corresponden a la triple imagen de Purkinje-Samson. Wahlig lleva a cabo una serie de experiencias que confirman la realidad científica de estas imágenes.

1963 El Gobierno erige una estatua a Juan Diego, en Cuautitlán.

1976 El 12 de octubre se inaugura oficialmente la nueva y actual basílica de Guadalupe.

1979 En enero, el papa Juan Pablo II visita Guadalupe, en México y regala a la Virgen una diadema de oro.

En el mes de febrero, el ingeniero en computadoras y profesor de la Universidad de Cornell (Nueva York), José Aste Tonsmann, inicia un proceso de «digitalización» de la imagen de la Virgen de Guadalupe, descubriendo —gracias a gigantescas ampliaciones— una serie de misteriosas figuras humanas en el interior de los ojos. Estas imágenes podrían ser los personajes que asistieron al «milagro de las rosas» en el año 1531. Entre las figuras se destacan un «indio sentado y casi desnudo», la cabeza de un «anciano», otro indio con un sombrero que parece extender su tilma ante los presentes, una negra, un hombre joven junto al anciano, el ya conocido «hombre con barba» que había sido descubierto en 1929 y otras figuras que pudieran corresponder a una «familia indígena».

El 7 de mayo, los científicos norteamericanos Jody Brant Smith y Philip S. Callagan toman fotografías, con películas infrarrojas (color) de la imagen total de la Virgen, sin el cristal protector. Entre sus conclusiones, los científicos aseguran «que la cara, manos, manto y túnica de la Virgen no tienen explicación posible». El resto se confirma como retoques y añadidos a la imagen original.

1982 En el mes de junio, los más prestigiosos antropólogos del mundo en la raza vasca confirman en el País Vasco que la cabeza del «anciano» descubierta con las computadoras del Centro Científico de IBM en México «reúne algunos de los rasgos típicos del hombre vasco». Esto podría confirmar que tal figura pudiera ser la del obispo Juan de Zumárraga.

OBRAS CONSULTADAS

1. *Nican Mopohua* y *Nican Motecpana* (traducción de Lasso de la Vega).
2. *El culto Guadalupano del Tepeyac (sus orígenes y sus críticos en el siglo XVI)*, de fray Fidel de Jesús Chauvet.
3. *Las apariciones de la Virgen de Guadalupe en México*, de fray Chauvet.
4. *La aparición de Santa María de Guadalupe*, de Primo Feliciano Velázquez.
5. *La vida cotidiana de los aztecas*, de J. Soustelle.
6. *El conquistador anónimo. Relación de algunas cosas de la Nueva España* (edición de León Díaz Cárdenas, México, 1941).
7. *Historia verdadera de la conquista de la Nueva España*, de Bernal Díaz del Castillo (México, 1950, tres volúmenes).
8. *Historia de las Indias de Nueva España y Islas de Tierra Firme*, de fray Diego Durán (dos volúmenes).
9. *La religión de los aztecas*, de Alfonso Caso.
10. *El pueblo del Sol*, de Alfonso Caso.
11. *La civilización azteca*, de George C. Vaillant.
12. *La mitología náhuatl*, de C. A. Robelo (dos volúmenes).

13. *La literatura de los aztecas*, de Ángel M. Garibay.

14. *Historia de la literatura náhuatl*, de M. Garibay.

15. *La maternidad espiritual de María en el mensaje guadalupano*, de Ángel M. Caribay K.

16. *Historia de la Iglesia en México*, de Mariano Cuevas.

17. *Álbum histórico Guadalupano del IV Centenario de las apariciones*, de Mariano Cuevas.

18. *La Santísima Virgen de Guadalupe*, de J. de J. Cuevas.

19. *Las instituciones aztecas*, de Ceballos Novelo.

20. *Cartas y relaciones de Hernán Cortés al emperador Carlos V*, compiladas por Pascual de Gayangos.

21. *Historia antigua de la conquista*, de Clavero (volumen 1, de *México a través de los siglos*, de V. Riba Palacio).

22. *Esplendor de México antiguo*, del Centro de Investigaciones Antropológicas de México (dos volúmenes).

23. *La filosofía náhuatl*, de Miguel León-Portilla.

24. *Indumentaria antigua*, de Antonio Peñafiel.

25. *Historia general de las cosas de Nueva España*, de fray Bernardino de Sahagún (nueve volúmenes).

26. *Los milagros dice: Guadalupe*, de Allende Lezama.

27. *Guadalupe*, de Arturo Álvarez.

28. *A handbook on Guadalupe*, de Franciscan Marytown Press.

29. *Historia antigua de México*, de Mariano Veytia (tres volúmenes).

30. *Breve y sumaria relación de los Señores de la Nueva España*, de A. Zurita.

31. *El pensamiento náhuatl cifrado por los calendarios*, de Laurette Séjourné.

32. *Un milagro*, de Rafael Ramírez Torres.

33. *Juan Diego, el vidente del Tepeyac*, del Centro de Estudios Guadalupanos.

34. *Primer, Segundo, Tercero y Cuarto Encuentros Nacio-*

nales Guadalupanos, del Centro de Estudios Guadalupanos.

35. *La Virgen de Guadalupe y Juan Diego*, de Samuel Martí.

36. *Documentaría Guadalupano (1531-1778)*, del Centro de Estudios Guadalupanos.

37. *Figuras y episodios de la historia de México (Zumárraga)*, de Alfonso Trueba.

38. *Cuestionario Guadalupano*, de Lauro López Beltrán.

39. *Bases históricas del guadalupanismo*, de Lauro López Beltrán.

40. *Un radical problema guadalupano*, de A. Junco.

41. *El milagro de las rosas*, de Alfonso Junco.

42. *Trabajos inéditos del doctor A. Caso*, de Virginia Guzmán Monroy.

43. *El peinado entre los mexica*. Formas y significados, de Piho Virve.

44. *Deidades aztecas con mechones sobre la frente*, de P. Virve.

45. *El perenne milagro guadalupano*, de Jesús David Jaquez.

46. *El mensaje teológico de Guadalupe*, de Salvador Carrillo Alday.

47. *El mito guadalupano*, de Rius.

48. *Imágenes célebres de México*, de Higinio Vázquez Santa Ana.

49. *La Virgen de Guadalupe, reina del trabajo*, de Roberto Velázquez Olivares.

50. *The oldest copy of the «Nican Mopohua»*, de Ernest J. Burrus.

51. *A major guadalupan question resolved*, de E. J. Burrus.

52. *The apparitions of Guadalupe as historical events*, de E. J. Burrus.

53. *El gran documento guadalupano: 450 años después*, de Manuel Fernández.

54. *Ritos y fiestas de los antiguos mexicanos*, de D. Duran.

55. *Los aztecas*, de Nigel Davies.

56. *El desagüe del valle de México durante la época novohispana*, de Jorge Gurría Lacroix.

57. *Historia antigua de México*, de J. Clavijero.

58. *Toltecayoltl: aspectos de la cultura náhuatl*, de M. León-Portilla.

59. *Mitos y leyendas de los aztecas, incas, mayas y muiscas*, de Walter Krickeberg.

60. *Textos de medicina náhuatl*, de Alfredo López Austin.

61. *Flor y canto del nacimiento de México*, de José Luis Guerrero.

62. *Indumentaria antigua de México*, de W. Du Solier.

63. *Atlas arqueológico de la República Mexicana*, del Instituto Nacional de Antropología e Historiade México.

64. *El mundo de los aztecas*, de William H. Prescott.

65. *Iconografía Guadalupana*, de Joaquín González Moreno (dos volúmenes).

66. *450 años a la sombra del Tepeyac*, de F. J. Perea.

67. *Historia de la primitiva milagrosa imagen de Nuestra Señora de Guadalupe*, de Francisco Joseph.

68. *El guadalupanismo mexicano*, de Francisco de la Maza.

69. *Santa María: Nuestra Señora de las Américas* (compendio de 28 artículos).

70. *La estrella del Norte de México*, de Francisco de Florencia.

71. *Santa María de Guadalupe*, de Antonio Pompa y Pompa.

72. *Fray Juan de Zumárraga*, de James A. Magner (volumen 5).

73. *Álbum del 450 aniversario de las apariciones de Nuestra Señora de Guadalupe*.

74. *Revista Investigación y Ciencia* (diciembre de 1981).

75. *Milcíades* (septiembre-octubre 1981).

76. *The Wonder of Guadalupe*, de Francis Johnston.

77. *Nuestra Señora de Guadalupe y su imagen maravillosa*, del padre Bruno Bonnet-Eymard.

78. *El culto de Nuestra Señora de Guadalupe*, de Simone Watson.

79. *Maravilla Americana y conjunto de raras maravillas observadas, con la dirección de las reglas del arte de la pintura en la prodigiosa imagen de Nuestra Señora de Guadalupe de México*, del pintor del siglo XVIII, Miguel Cabrera.

80. *Am I not here*, del P. Rahm.

81. *Historia de las Indias*, de Gomara.

82. *Películas infrarrojas de Kodak* (Departamento de Fotografía Profesional).

83. *Medical Infrared Photography*, de Kodak Publication (N-l).

84. *Manual práctico de fotografía*, de Carlos Hernández.

85. *Técnica fotográfica*, de Antoine Desilets.

86. *Diccionario ilustrado de fotografía*, de Backhouse, Marsh, Tait y Wakefield.

87. *La tilma de Juan Diego: ¿técnica o milagro?*, de Callagan y Smith.

88. *El verdadero y extraordinario rostro de la Virgen de Guadalupe*, de Rodrigo Franyutti.

89. *Descubrimiento de un busto humano en los ojos de la Virgen de Guadalupe*, de José, de Carlos Salinas y Manuel de la Mora.

90. *Los ojos de la Virgen de Guadalupe*, de José A. Tonsmann.

91. *Cráneos de Vizcaya*, de Telesforo Aranzadi.

92. *Antropometría*, de T. Aranzadi.

93. *La raza vasca*, de T. Aranzadi.

94. *El triángulo facial de los cráneos vascos*, de T. Aranzadi.

95. *Antropología de la población vasca*, de José Miguel de Barandiarán.

96. *El lienzo de Tlaxcala*, de Alfredo Chavero.

97. *Las extraordinarias historias de los códices mexicanos.*

98. *Códices del México antiguo (selección)*, de Carmen Aguilera.

99. *Códice Ramírez: relación del origen de los indios que habitan esta Nueva España, según sus historias*, de Manuel Orozco y Berra.

100. *Don fray Juan de Zumárraga*, de Joaquín García Icazbalceta (tomo I).

Y reproducciones correspondientes a unos doscientos códices prehispánicos y coloniales, entre los que destacan: *Aubín* o códice 1567; *Boturini*; *Badiano*; *Borbónico*; *Humboldt*; *Laud*; *Mendoza*, de la vida náhuatl; *Borgia y Cospi*, posiblemente náhuatl; *Becker*; *Bodley*; *Nuttal*; *Selden I*; *Vindobonense*; *Magliabecchiano*; *Telleriano-Remensis*, entre otros.

MI ESPECIAL GRATITUD A

- Carlos Salinas Chávez
- Rodrigo Franyutti
- José Aste Tonsmann
- Philip Callagan
- Jody B. Smith
- Padre Faustino Cervantes
- Manuel Audije
- Francisco Peláez del Espino
- Fernando Calderón
- Manuel Fernández
- Torcuato Luca de Tena
- Alberto Schommer
- Doctor Enrique Graue
- Doctor Torija Lavoignet
- Doctor Antonio Hermosilla
- Antropólogos Basabe y Barandiarán
- María de los Ángeles Ojeda Díaz
- Javier Noguez
- Ariel Rosales
- Héctor Chavarría
- Gutierre Tibón
- Richard Greenleaf
- Hermano Bruno de Jesús
- Pilar Cernuda
- Guadalupe Apendini
- Amado Jorge Kuri
- Bellarmino Bagatti
- Ignacio Mendieta
- José Luis Detta
- Raúl Gevelín
- Mentxu Benavente
- Juan Carlos García
- Luis del Olmo
- Arsenio Álvarez

ÍNDICE ONOMÁSTICO

---

[1] Las cifras en cursiva remiten a las ilustraciones.